Magical Girl Site Sept

Text: Kentaro Sato

Zeichnungen: Toshinori Sogabe

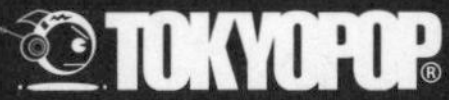

I N H A L T

SHIFT.1 Die zwei Mädchen 3

SHIFT.2 Der geteilte Mord 59

SHIFT.3 Der Zusammenbruch 95

SHIFT.4 Das Geheimnis 133

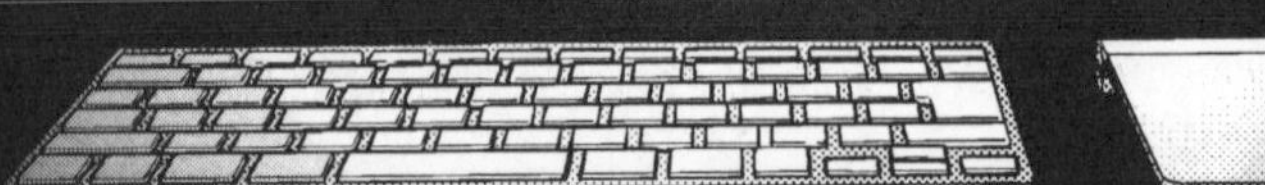

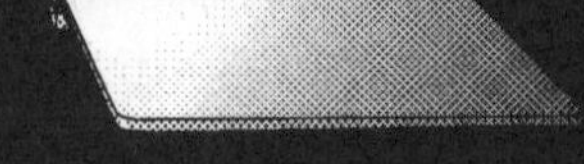

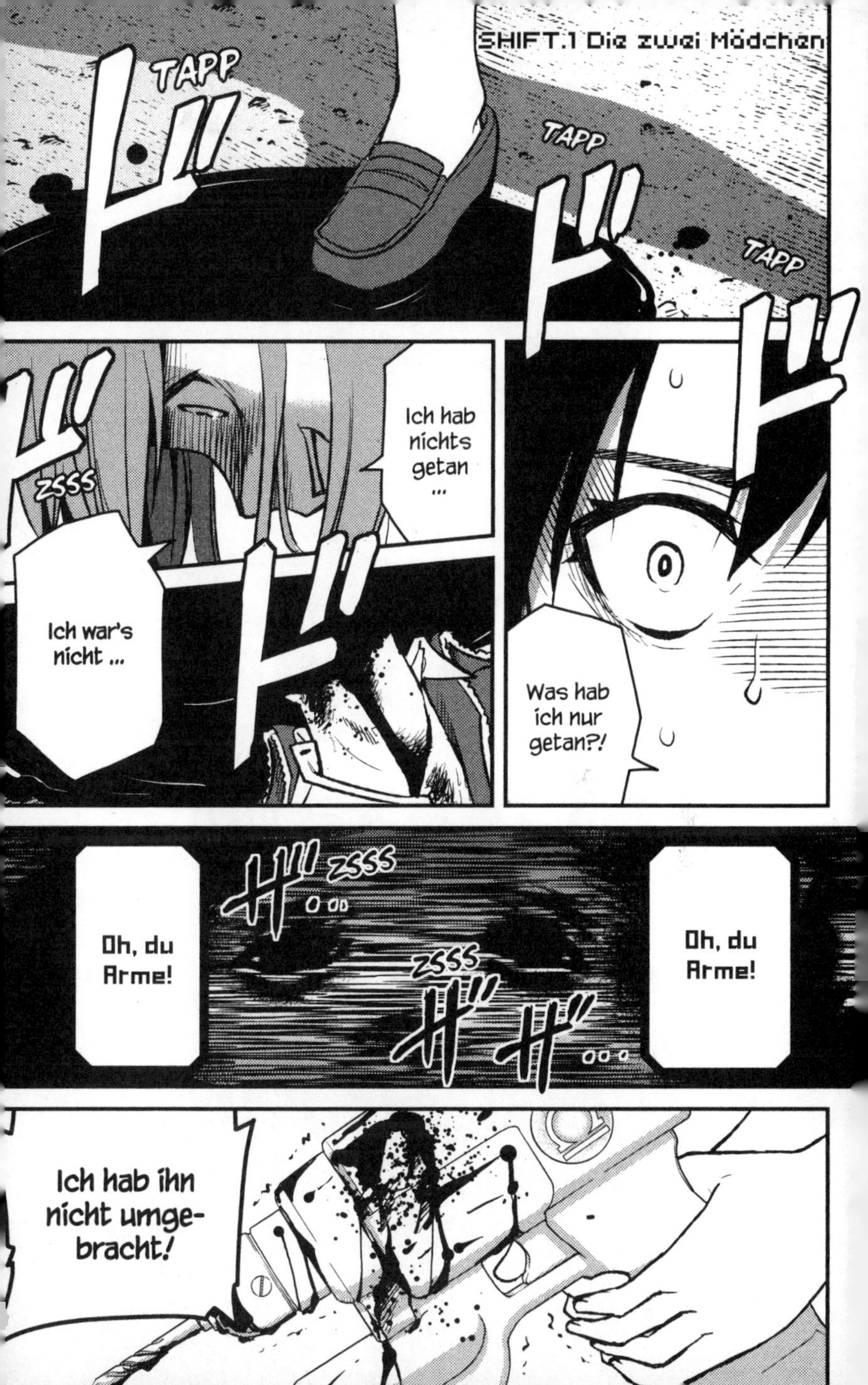
SHIFT.1 Die zwei Mädchen
TAPP
TAPP
TAPP
Was hab ich nur getan?!
Ich hab nichts getan ...
ZSSS
Ich war's nicht ...
Oh, du Arme!
ZSSS
ZSSS
Oh, du Arme!
Ich hab ihn nicht umgebracht!

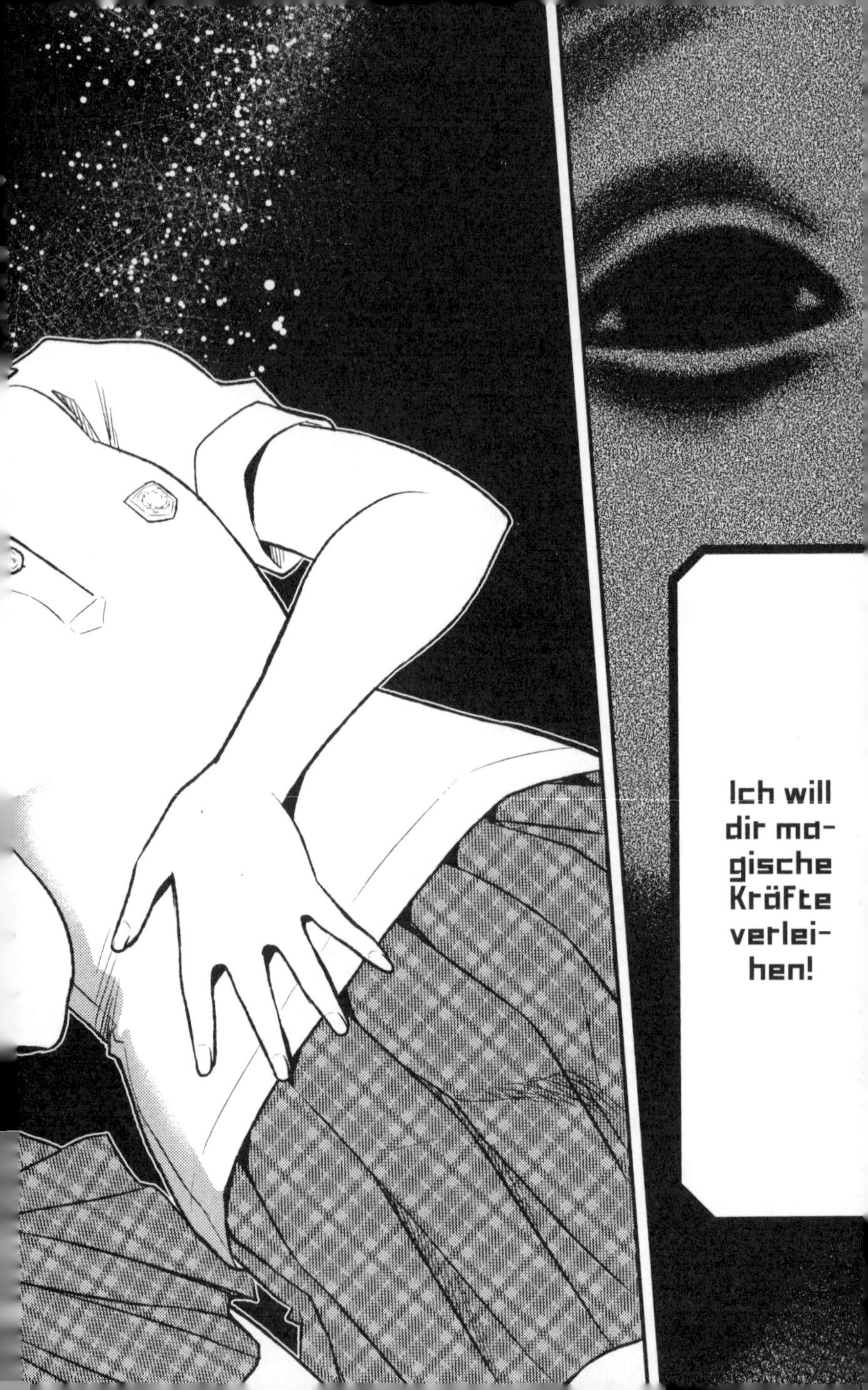
Ich will dir magische Kräfte verleihen!

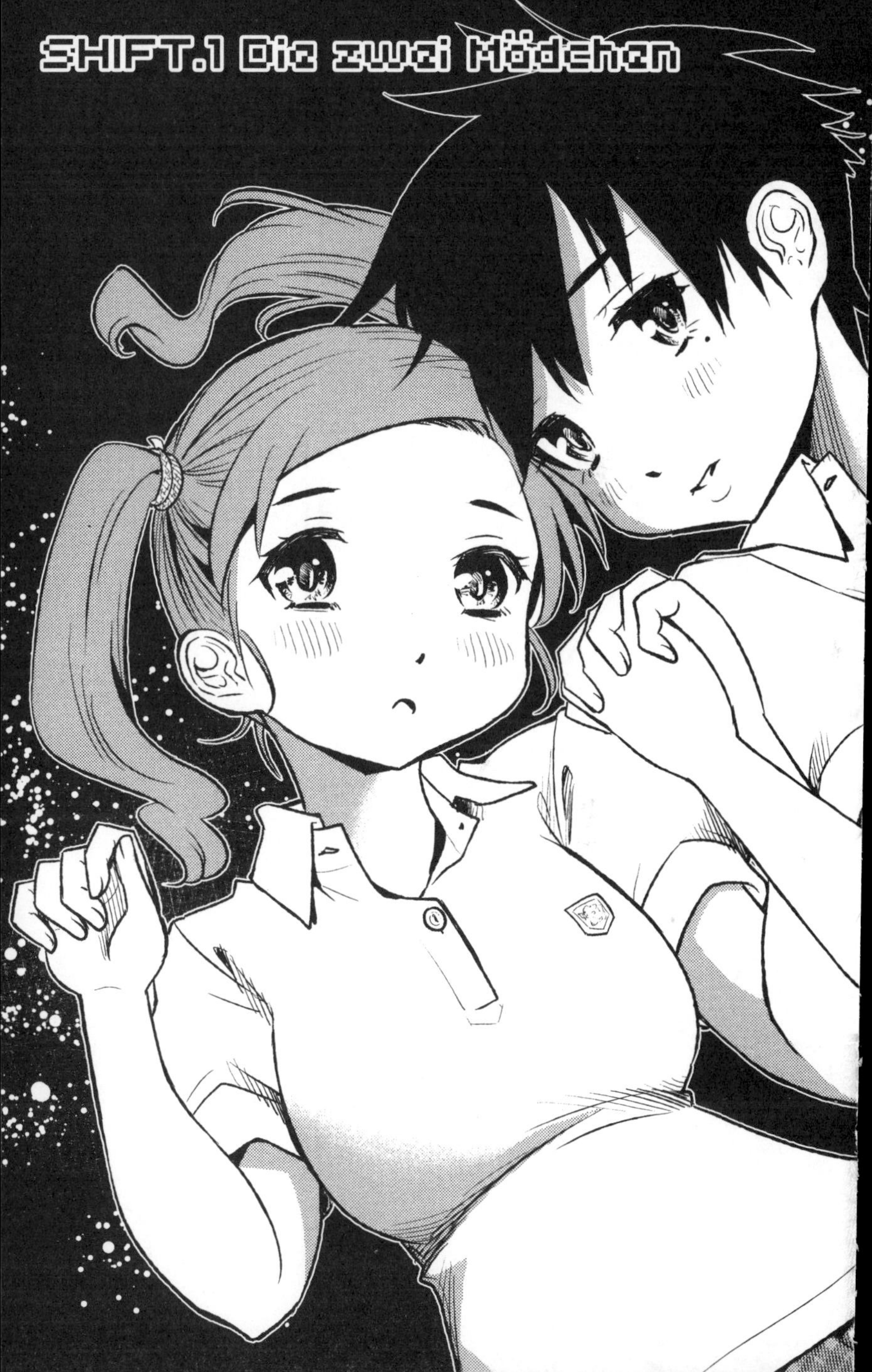
SHIFT.1 Die zwei Mädchen

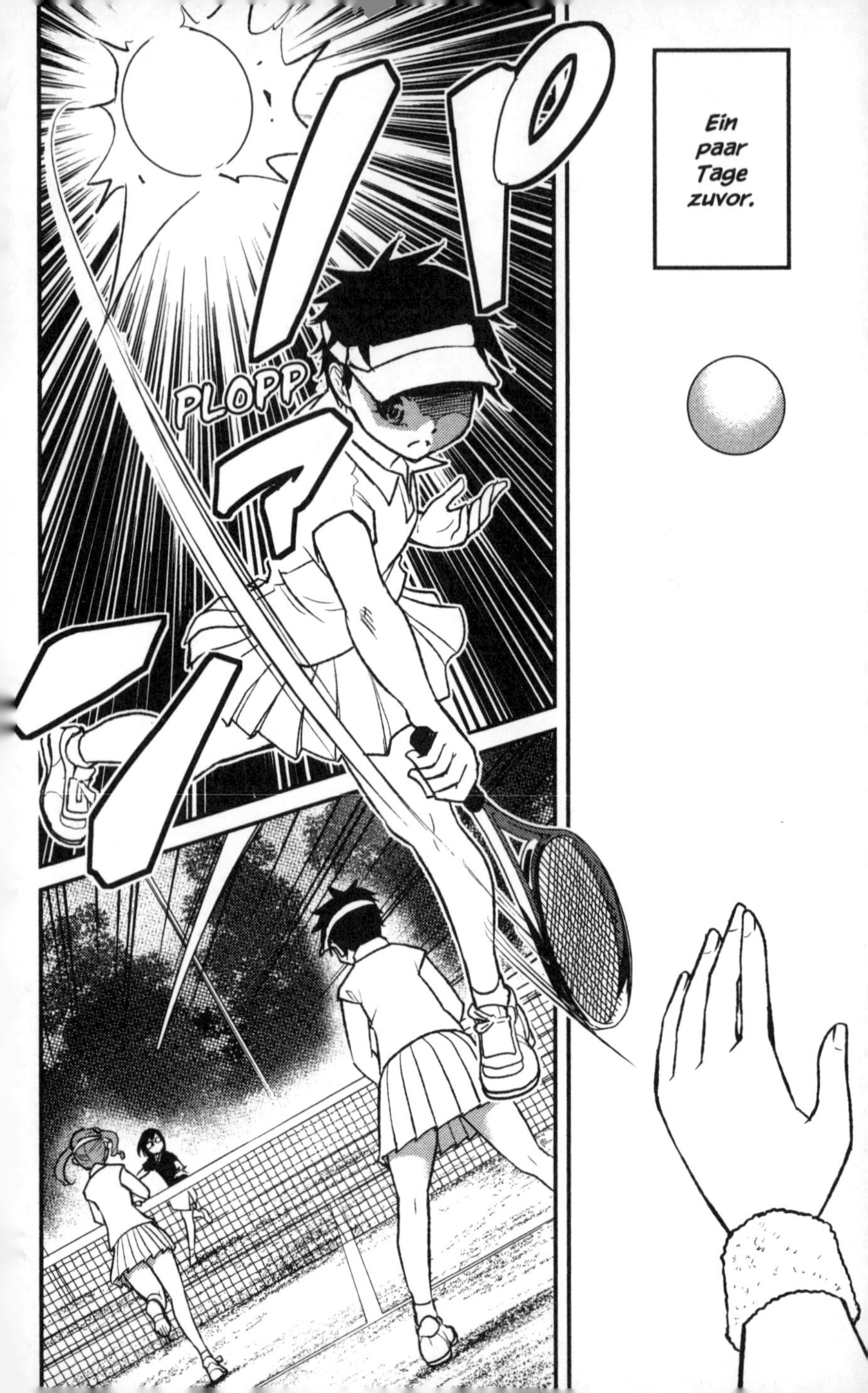
Ein paar Tage zuvor.
PLOPP

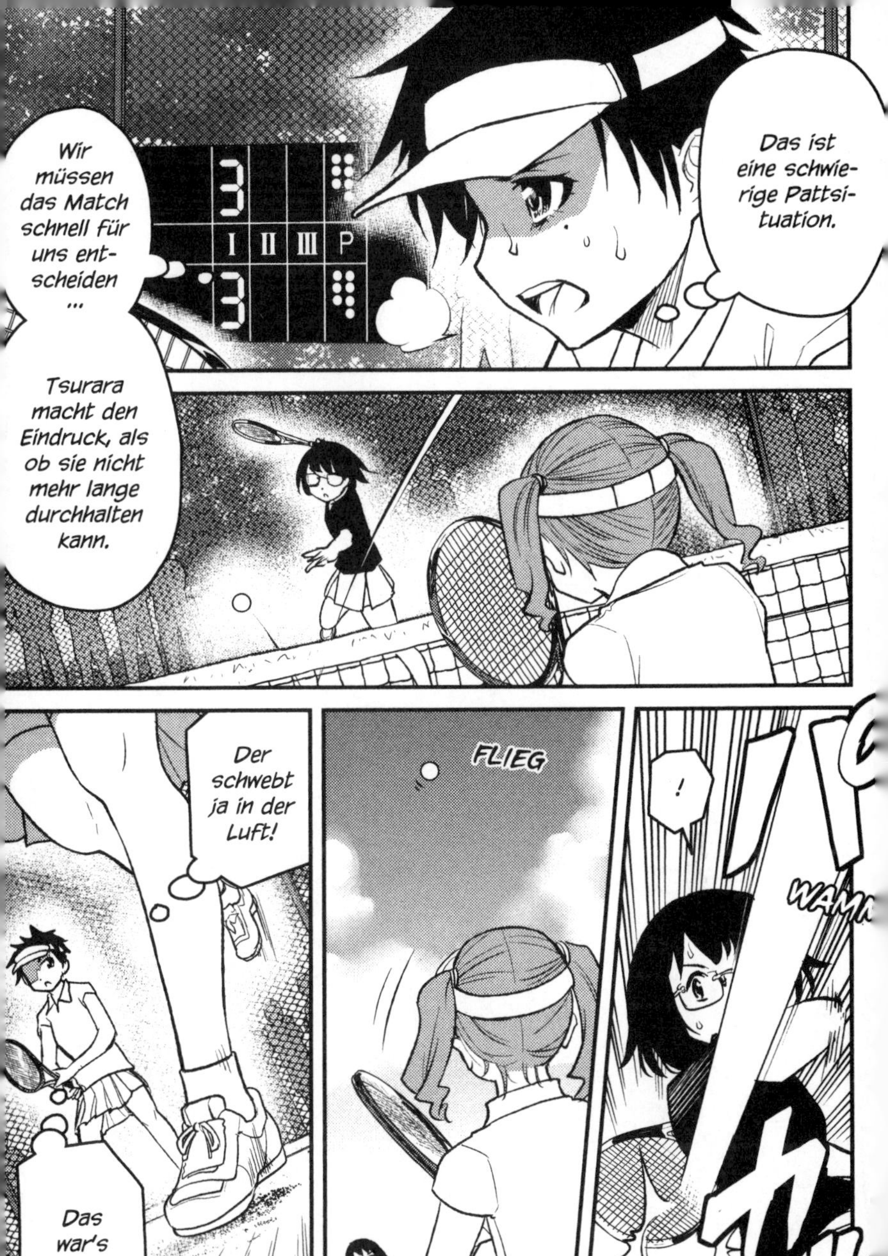
Das ist eine schwierige Pattsituation.
Wir müssen das Match schnell für uns entscheiden ...
Tsurara macht den Eindruck, als ob sie nicht mehr lange durchhalten kann.
!
FLIEG
Der schwebt ja in der Luft!
Das war's dann!

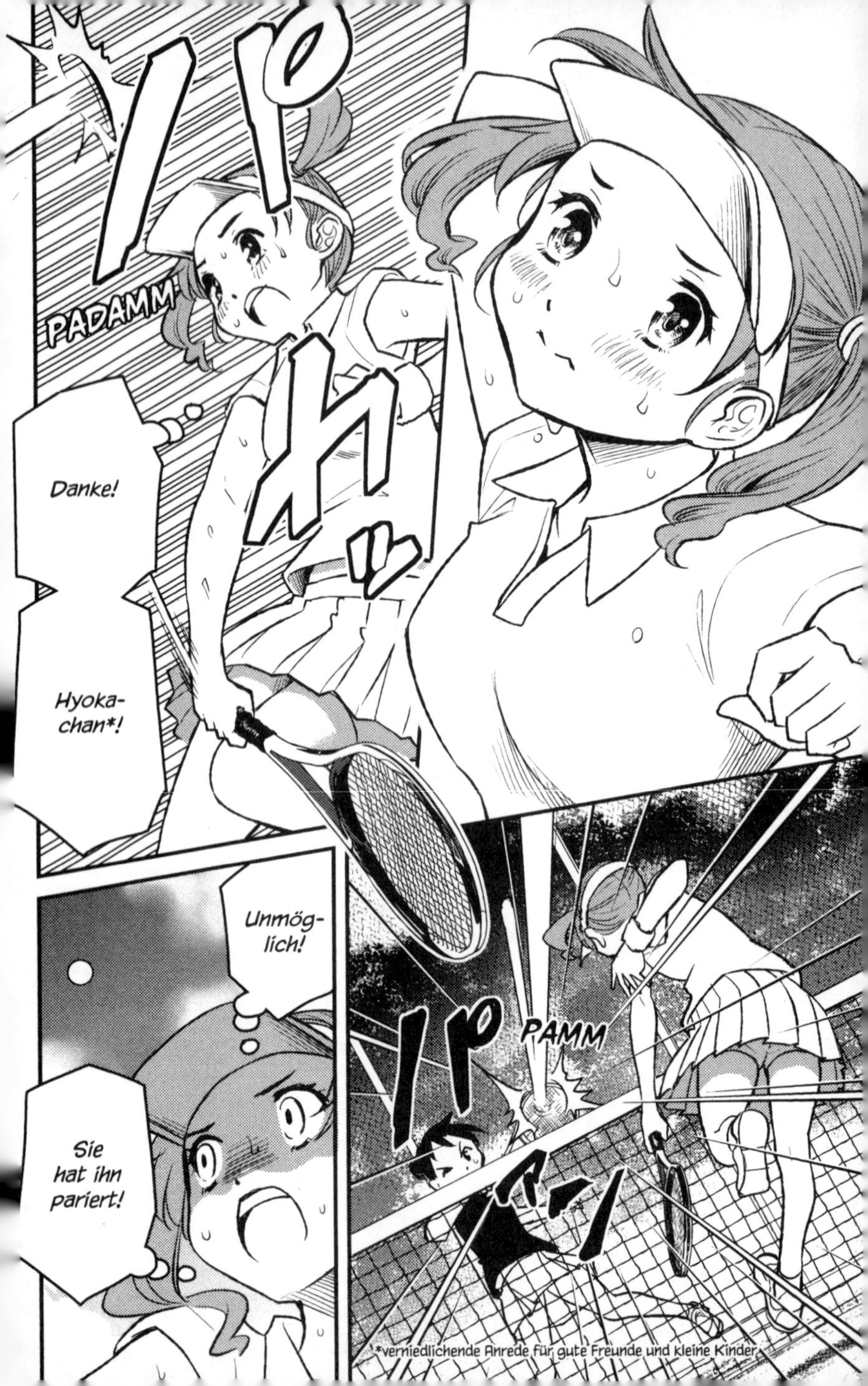

*verniedlichende Anrede für gute Freunde und kleine Kinder

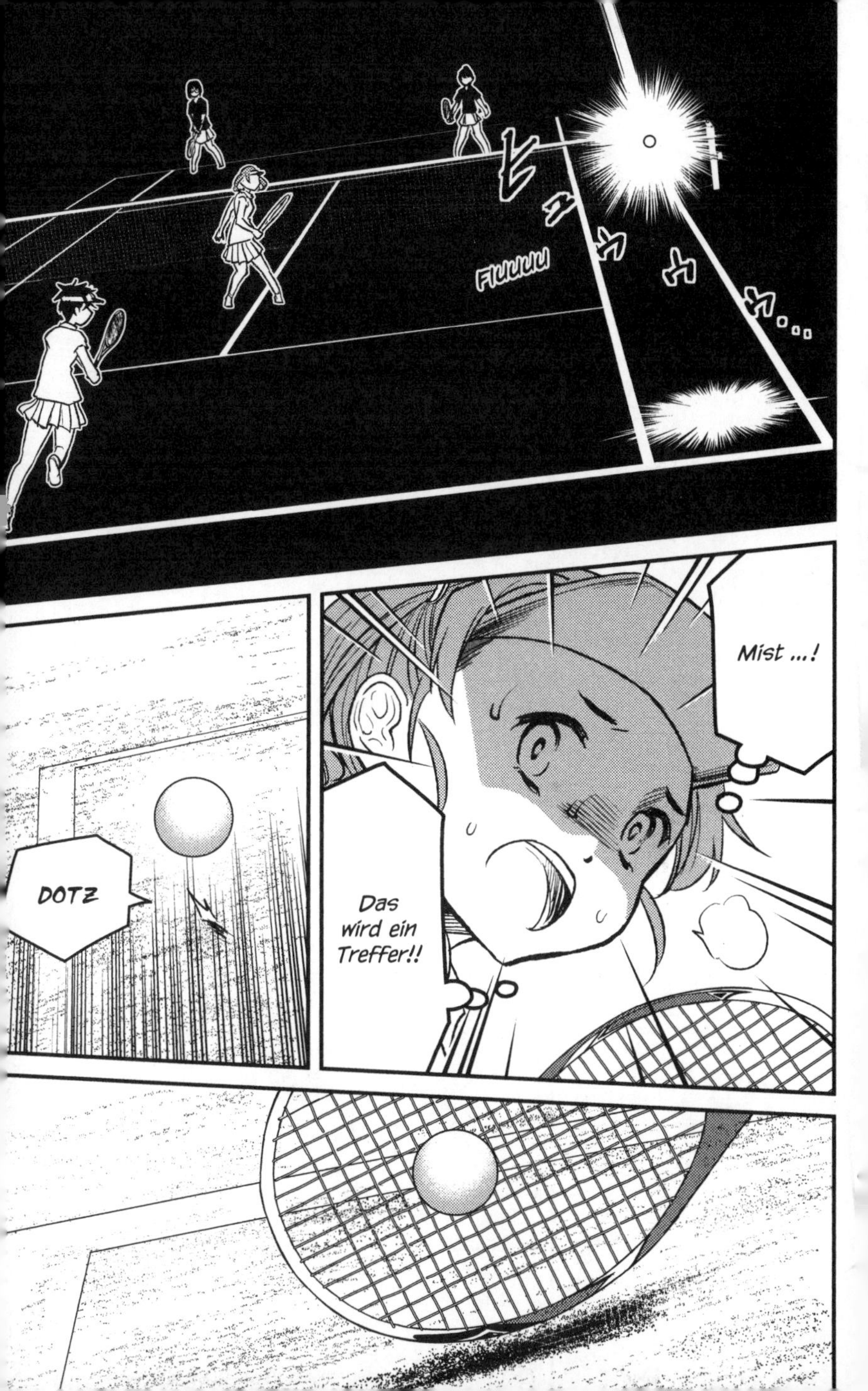
ヒュゥゥゥ…
FIUUUU
Mist ...!
Das wird ein Treffer!!
DOTZ

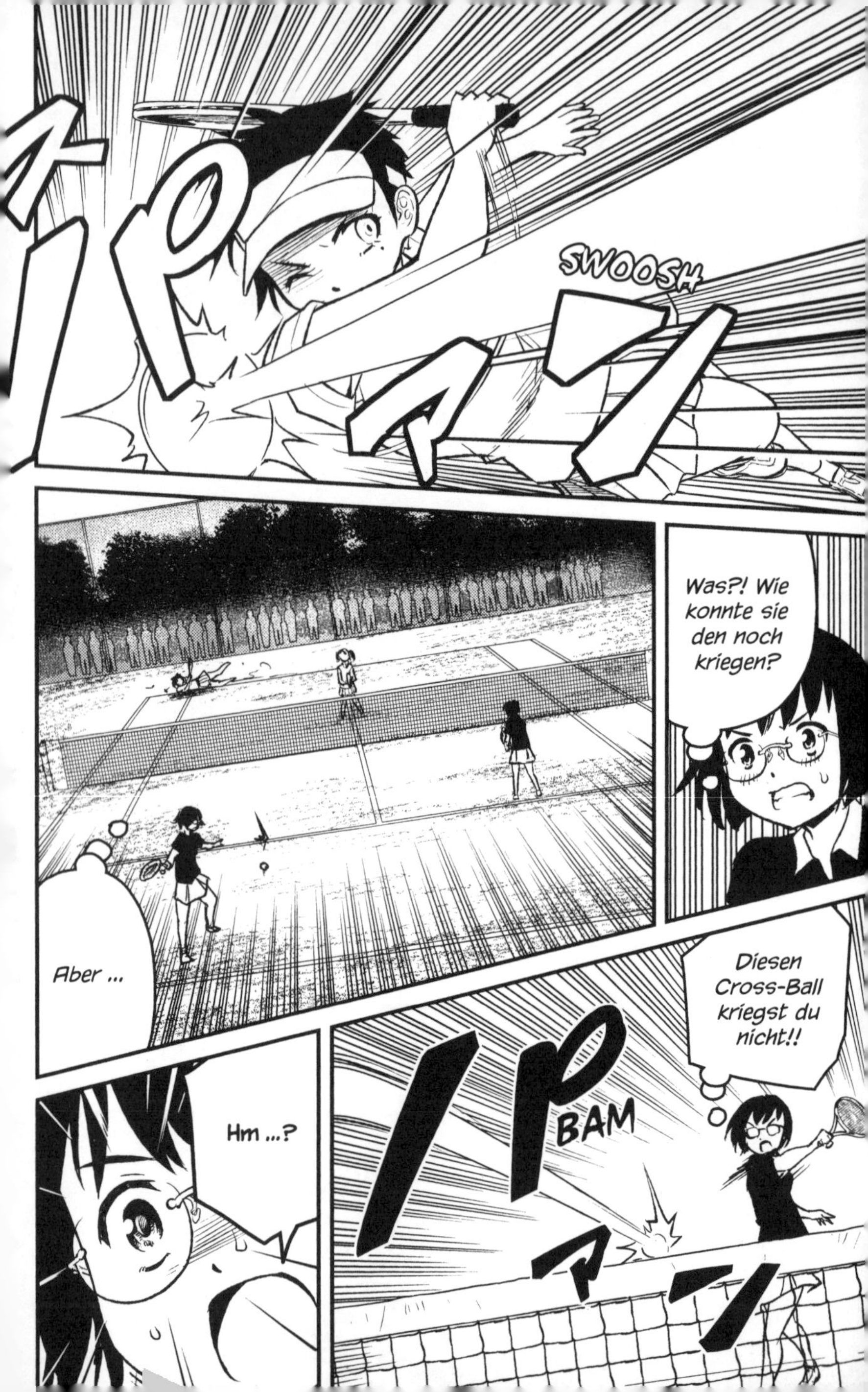
SWOOSH
Was?! Wie konnte sie den noch kriegen?
Aber ...
Diesen Cross-Ball kriegst du nicht!!
BAM
Hm ...?

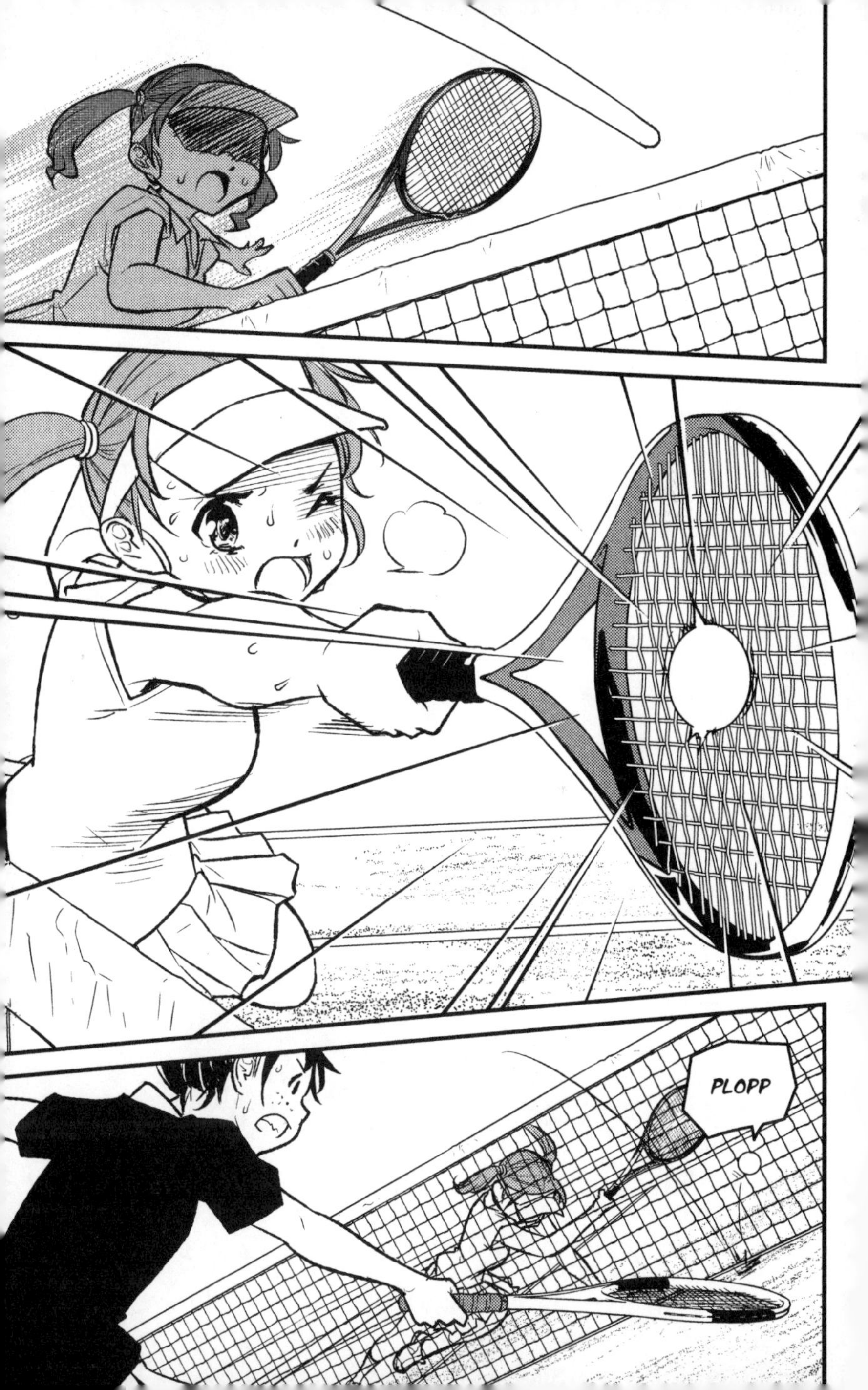
PLOPP

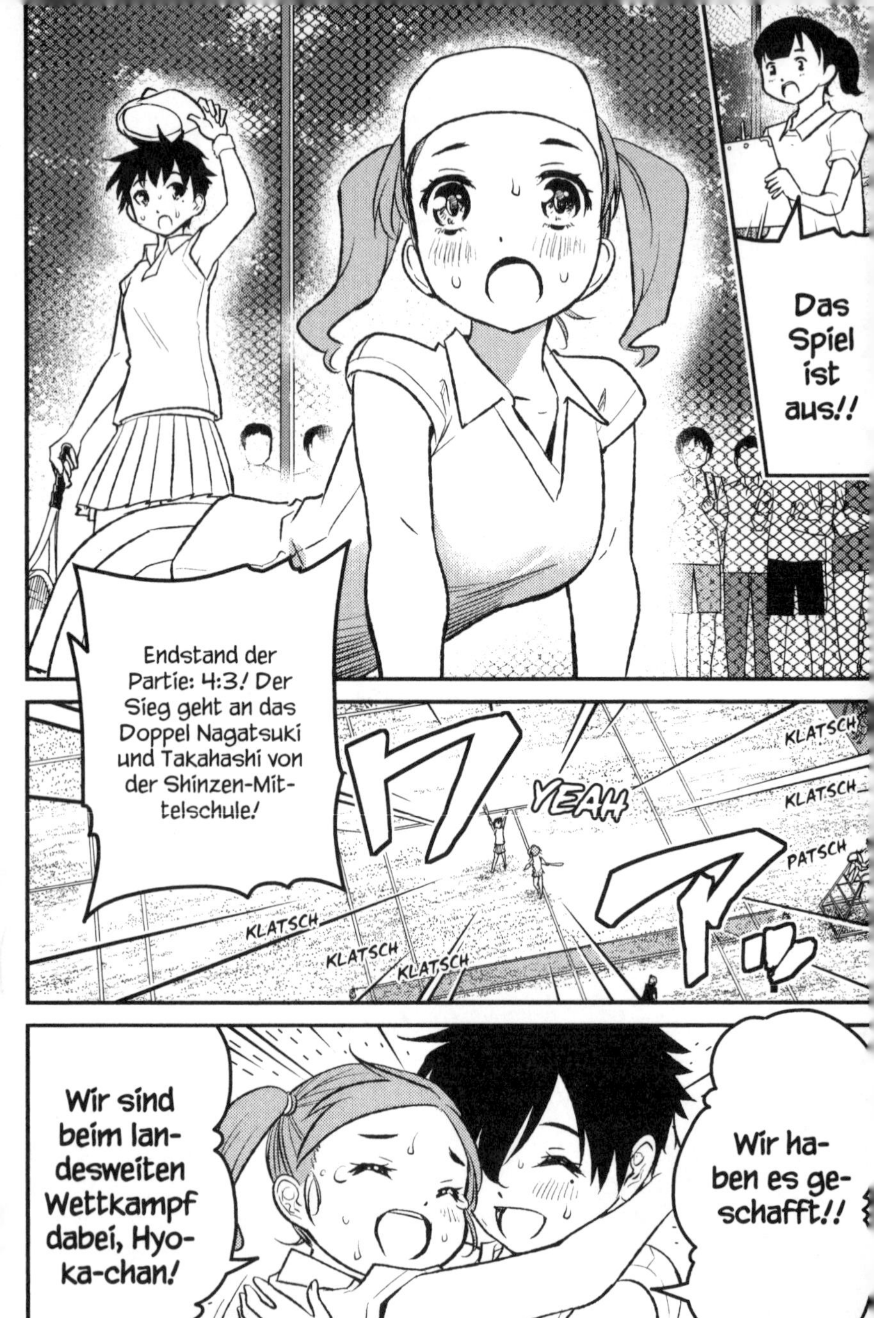
Das Spiel ist aus!!
Endstand der Partie: 4:3! Der Sieg geht an das Doppel Nagatsuki und Takahashi von der Shinzen-Mittelschule!
KLATSCH
KLATSCH
PATSCH
YEAH
KLATSCH
KLATSCH
KLATSCH
Wir haben es geschafft!!
Wir sind beim landesweiten Wettkampf dabei, Hyoka-chan!

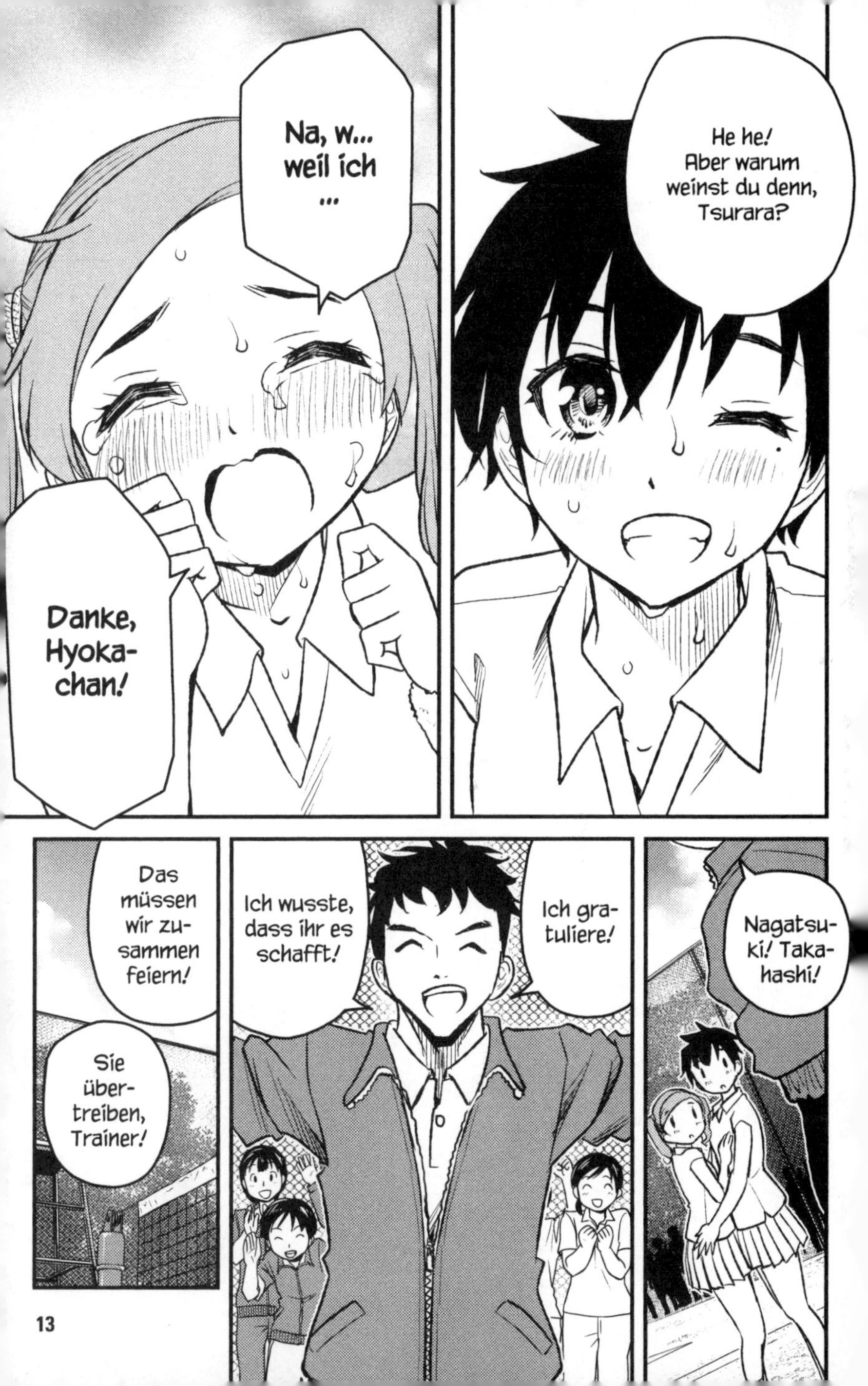

He he! Aber warum weinst du denn, Tsurara?

Na, w... weil ich ...

Danke, Hyoka-chan!

Nagatsuki! Takahashi!

Ich gratuliere!

Ich wusste, dass ihr es schafft!

Das müssen wir zusammen feiern!

Sie übertreiben, Trainer!

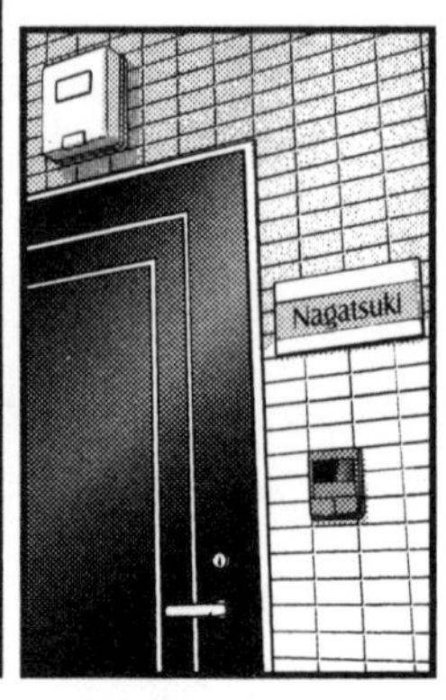
Nagatsuki

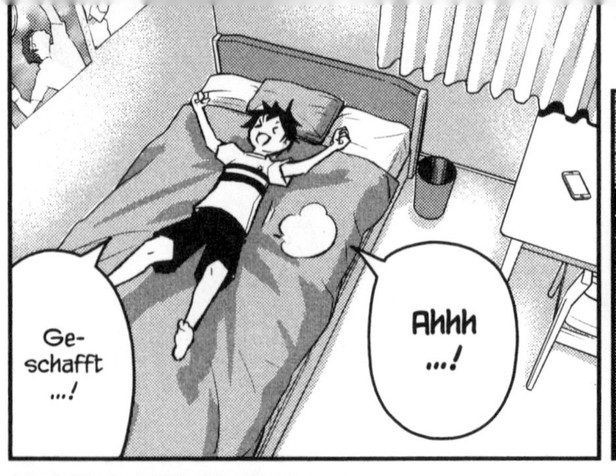
Ahhh ...!
Ge-schafft ...!

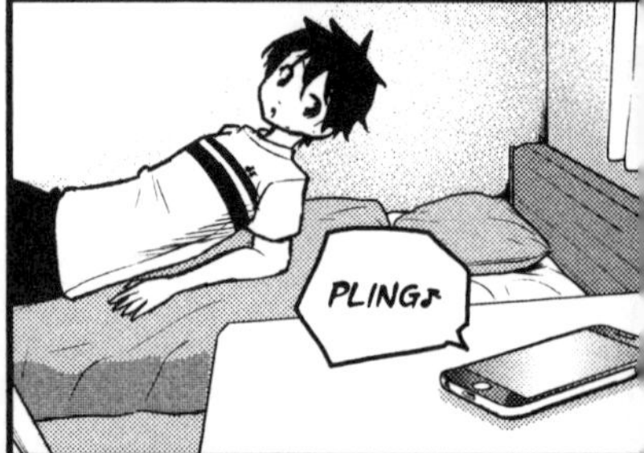
PLING♪

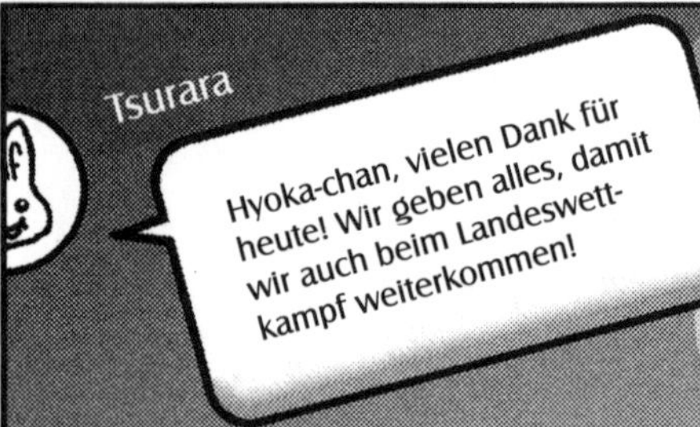
Tsurara
Hyoka-chan, vielen Dank für heute! Wir geben alles, damit wir auch beim Landeswett-kampf weiterkommen!

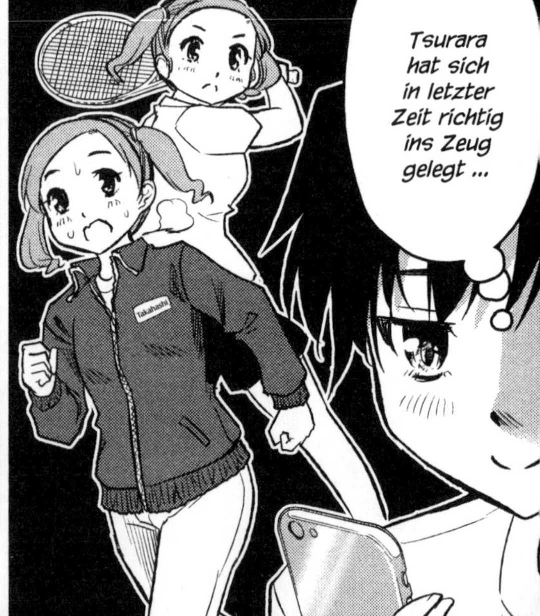
Tsurara hat sich in letzter Zeit richtig ins Zeug gelegt ...
Takahashi

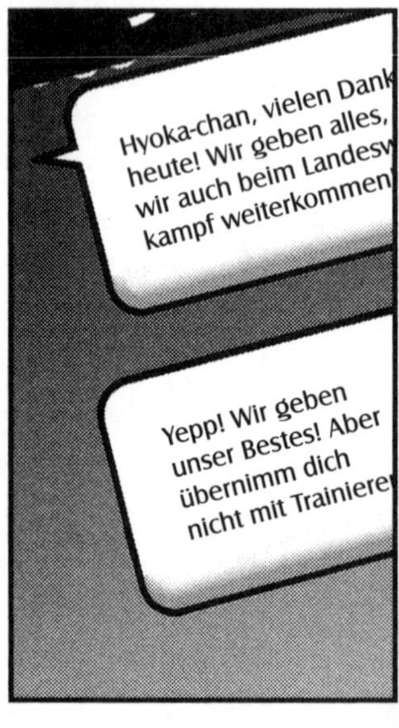
Hyoka-chan, vielen Dank heute! Wir geben alles, wir auch beim Landesw kampf weiterkommen
Yepp! Wir geben unser Bestes! Aber übernimm dich nicht mit Trainier

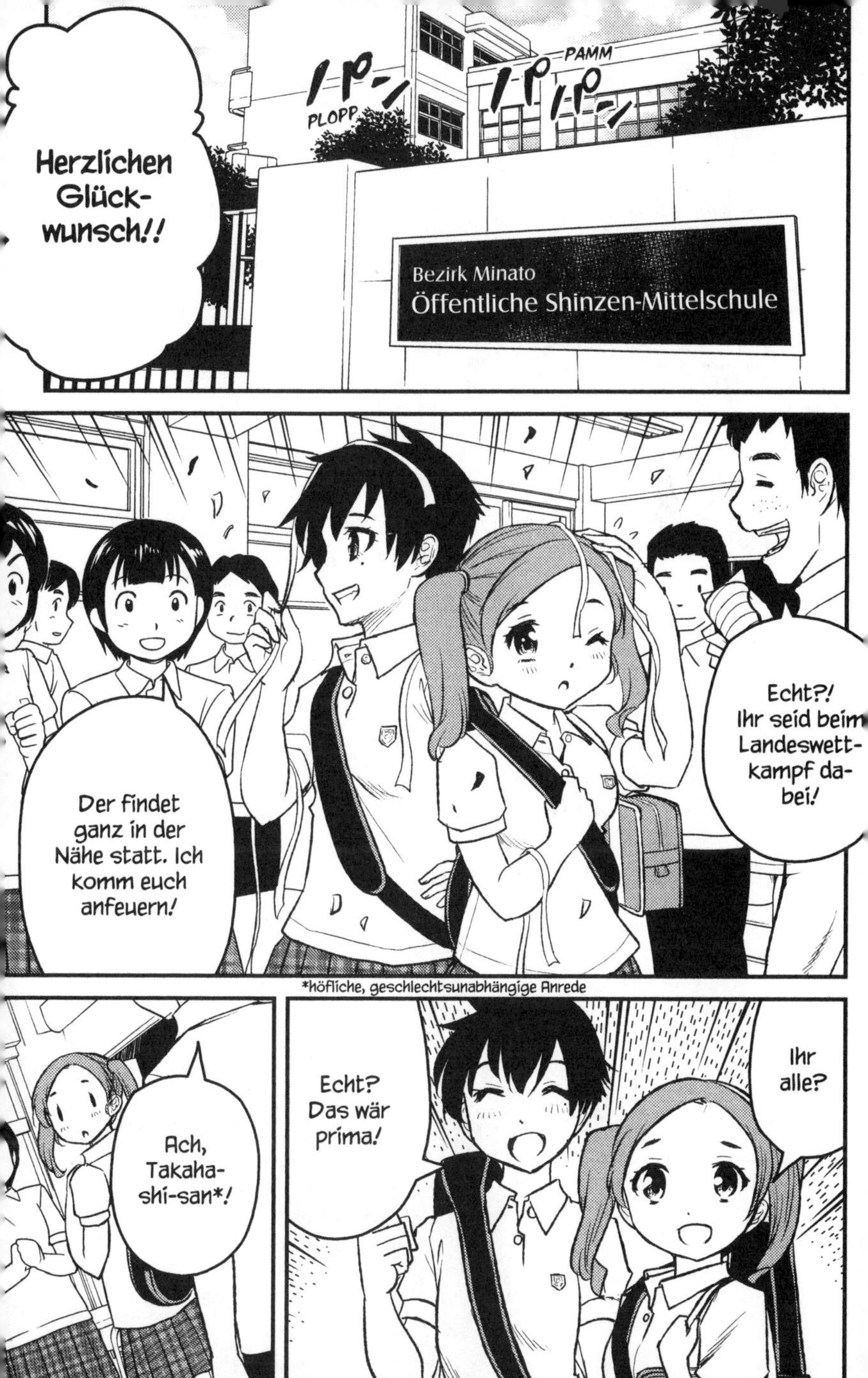

*höfliche, geschlechtsunabhängige Anrede

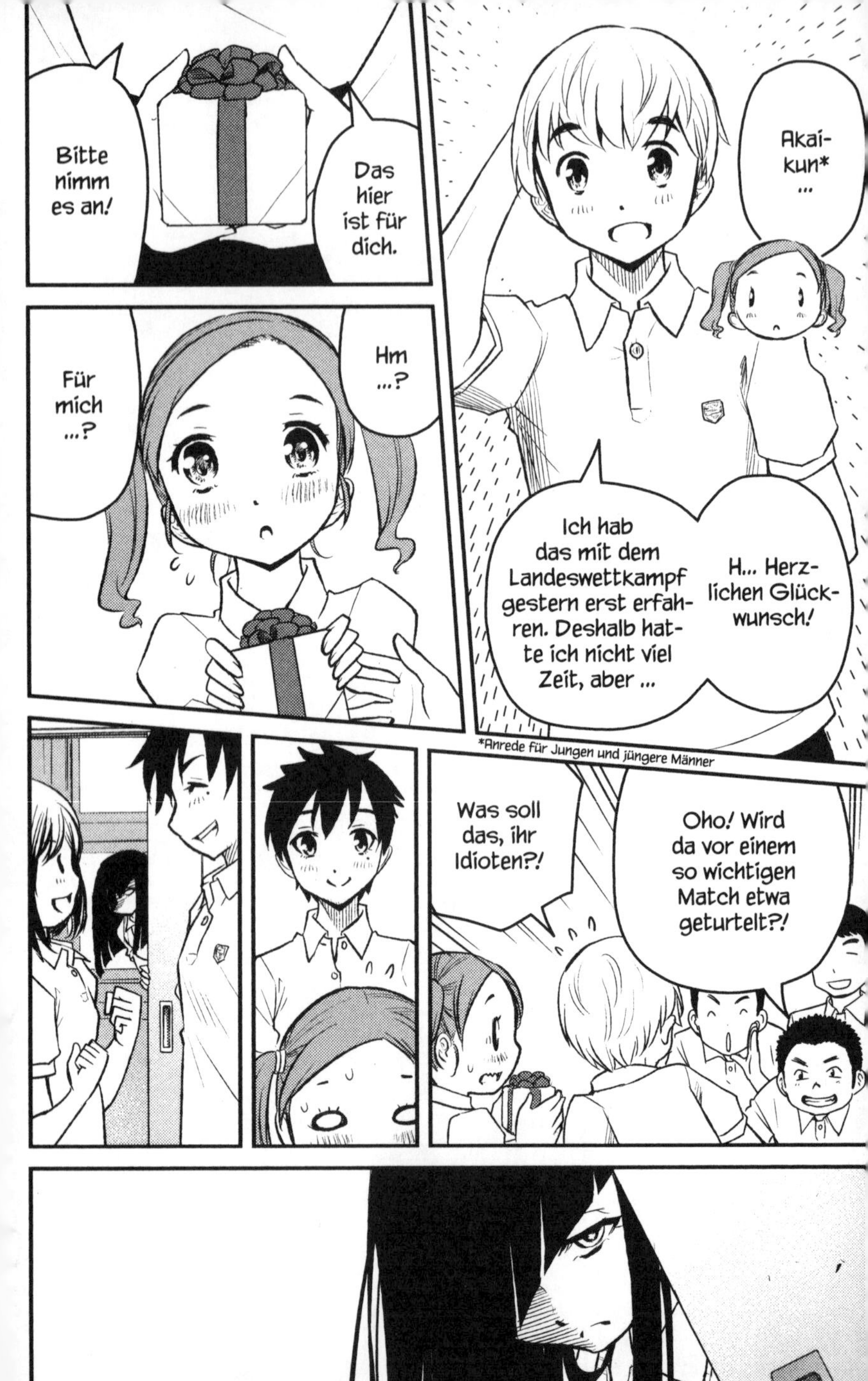
Akai-kun* ...
Das hier ist für dich.
Bitte nimm es an!
Hm ...?
Für mich ...?
H... Herz-lichen Glück-wunsch!
Ich hab das mit dem Landeswettkampf gestern erst erfah-ren. Deshalb hat-te ich nicht viel Zeit, aber ...
*Anrede für Jungen und jüngere Männer
Oho! Wird da vor einem so wichtigen Match etwa geturtelt?!
Was soll das, ihr Idioten?!

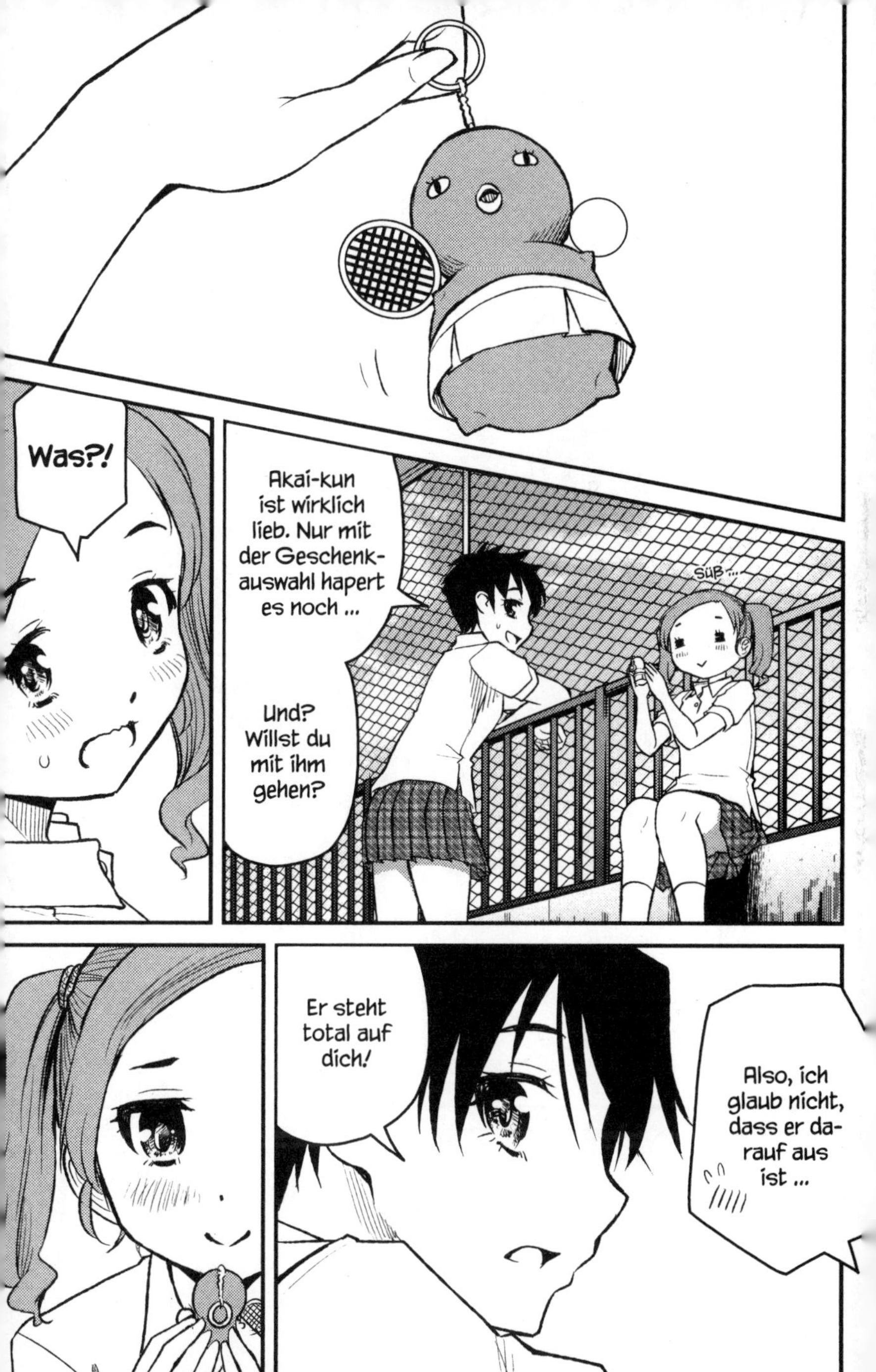
Akai-kun ist wirklich lieb. Nur mit der Geschenk-auswahl hapert es noch ...
Süß ...
Was?!
Und? Willst du mit ihm gehen?
Er steht total auf dich!
Also, ich glaub nicht, dass er da-rauf aus ist ...

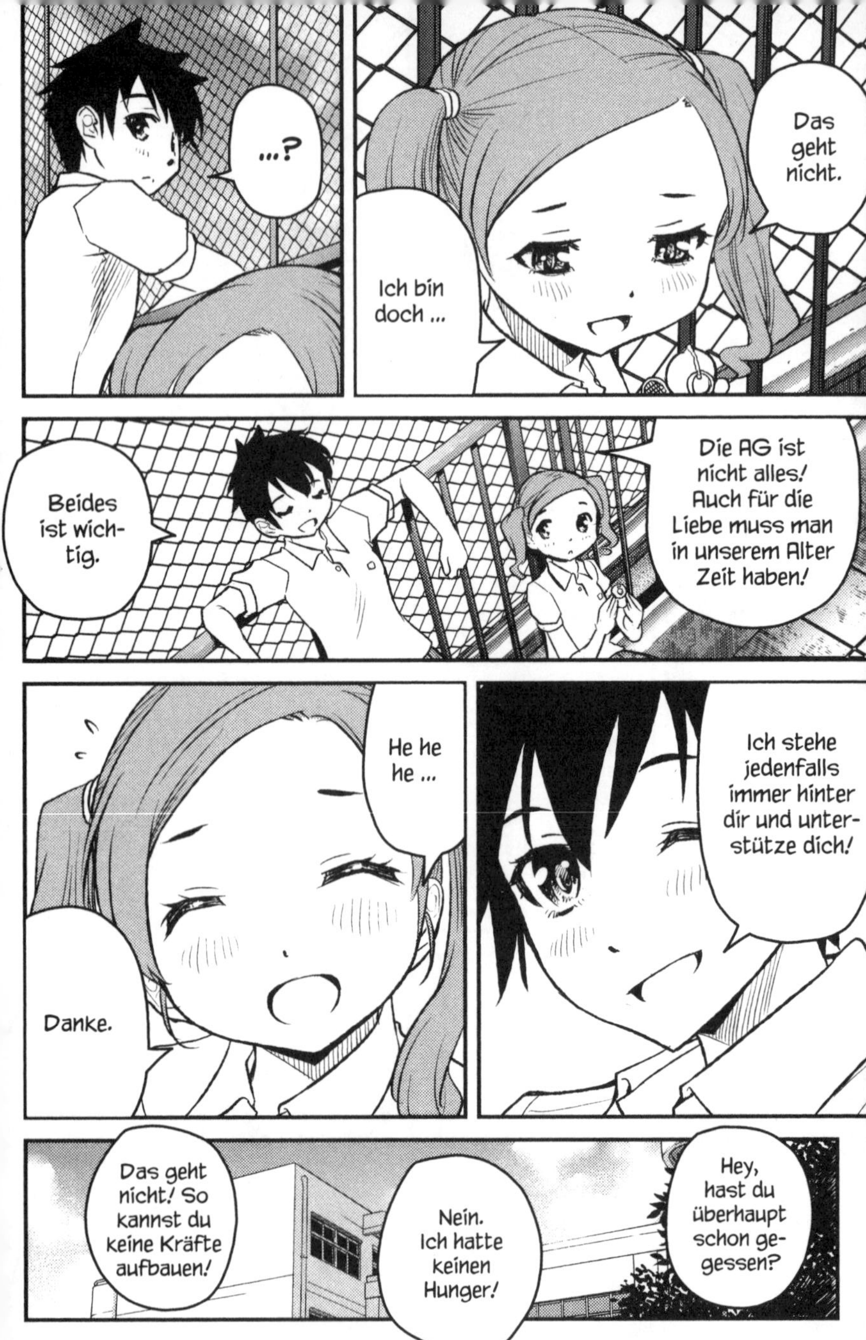
Das geht nicht.
Ich bin doch ...
...?
Die AG ist nicht alles! Auch für die Liebe muss man in unserem Alter Zeit haben!
Beides ist wichtig.
Ich stehe jedenfalls immer hinter dir und unterstütze dich!
He he he ...
Danke.
Hey, hast du überhaupt schon gegessen?
Nein. Ich hatte keinen Hunger!
Das geht nicht! So kannst du keine Kräfte aufbauen!

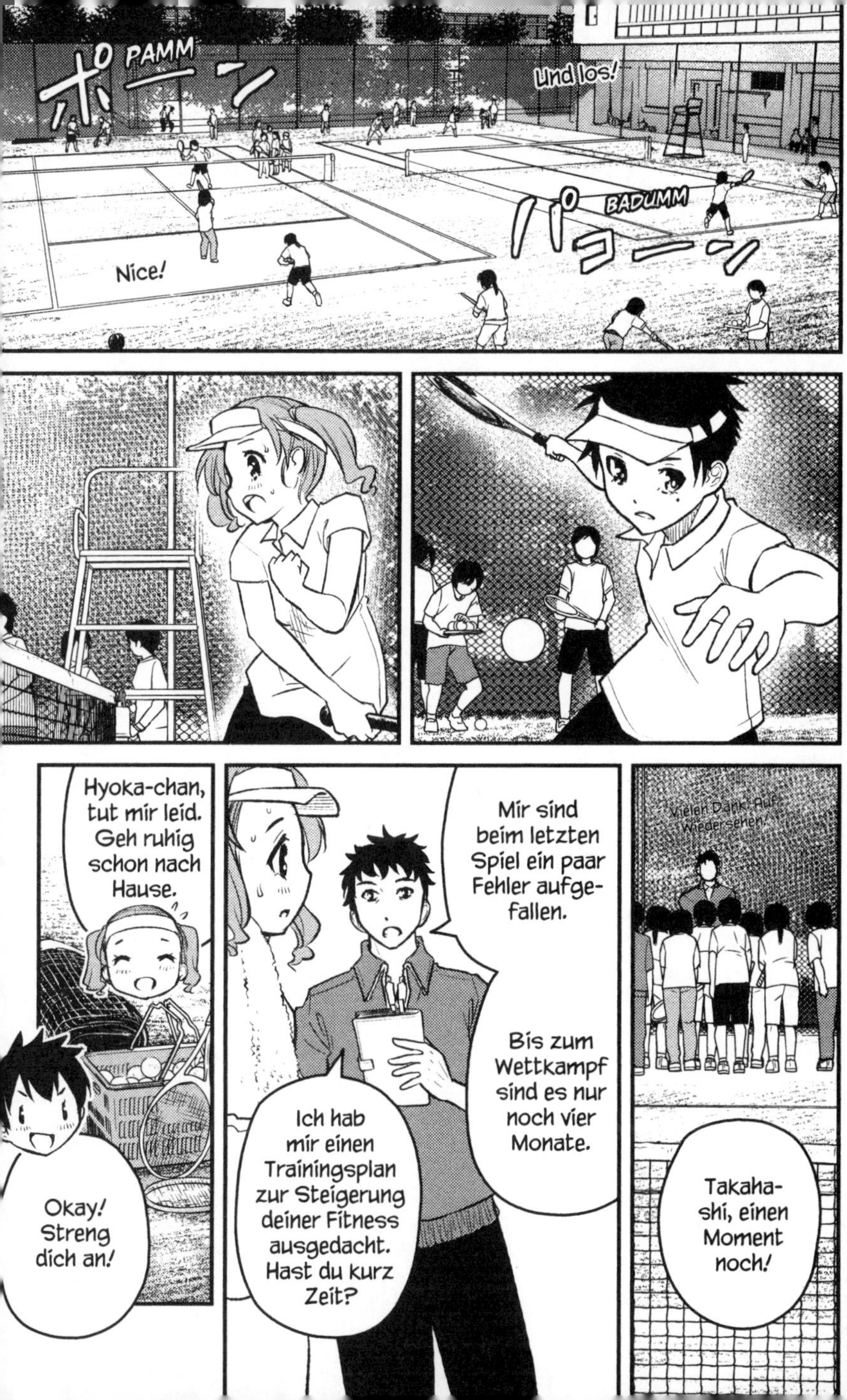

PAMM

Und los!

BADUMM

Nice!

Vielen Dank! Auf Wiedersehen!

Takahashi, einen Moment noch!

Mir sind beim letzten Spiel ein paar Fehler aufgefallen.

Bis zum Wettkampf sind es nur noch vier Monate.

Ich hab mir einen Trainingsplan zur Steigerung deiner Fitness ausgedacht. Hast du kurz Zeit?

Hyoka-chan, tut mir leid. Geh ruhig schon nach Hause.

Okay! Streng dich an!

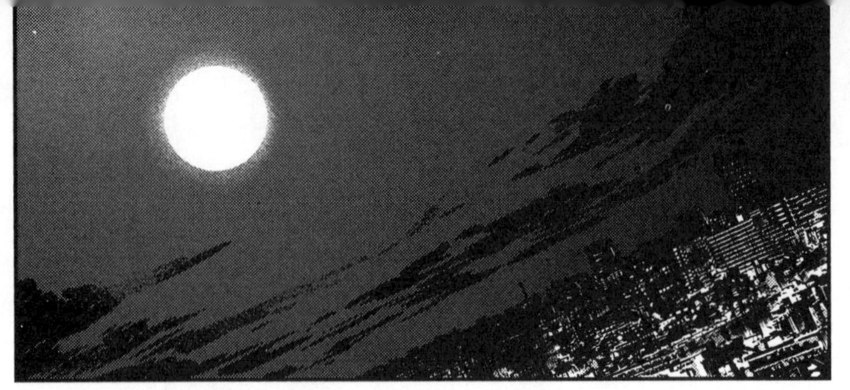

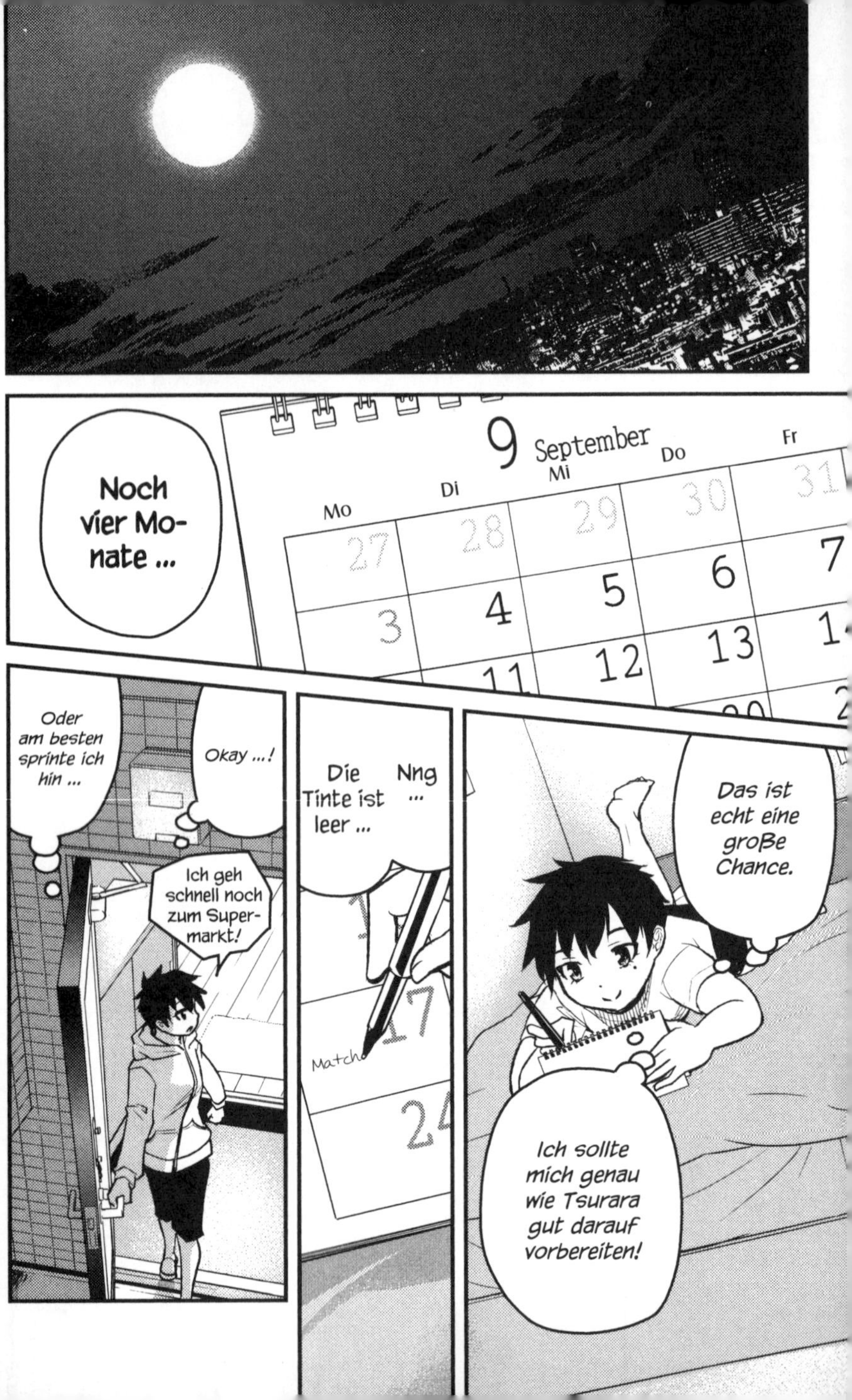

Noch vier Monate ...

9 September

Mo Di Mi Do Fr

Das ist echt eine große Chance.

Ich sollte mich genau wie Tsurara gut darauf vorbereiten!

Nng ...

Die Tinte ist leer ...

Match

Okay ...!

Oder am besten sprinte ich hin ...

Ich geh schnell noch zum Supermarkt!

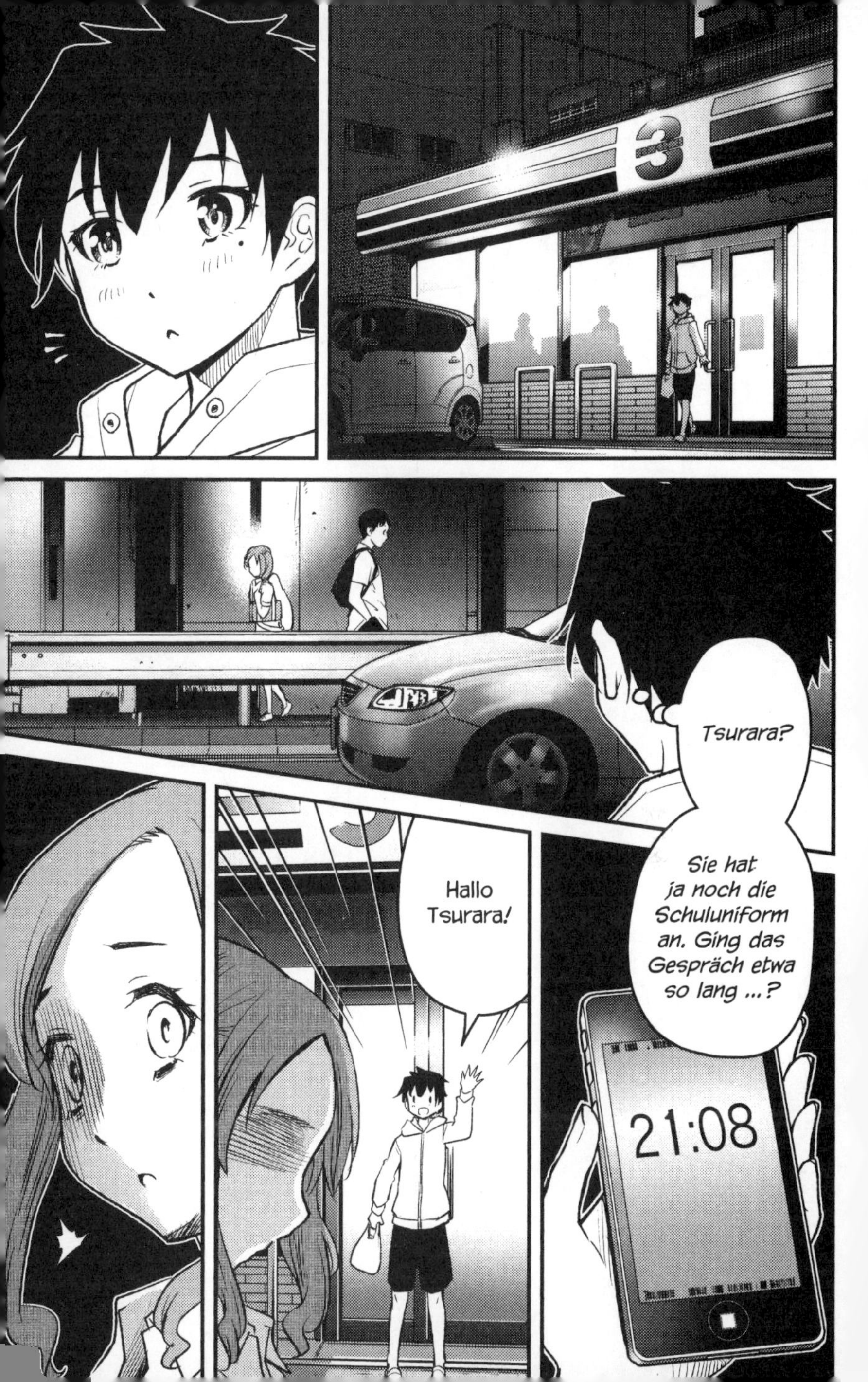

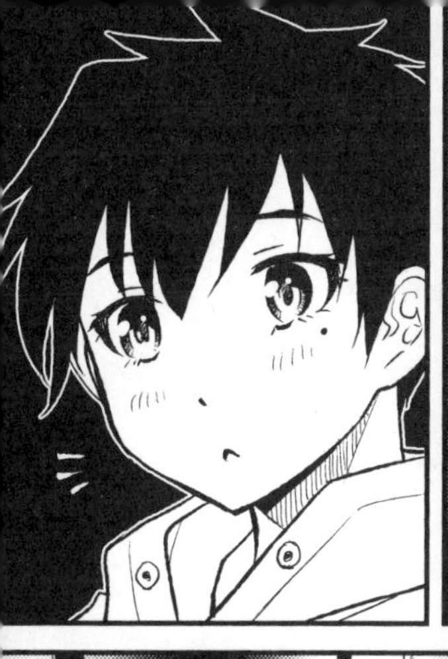

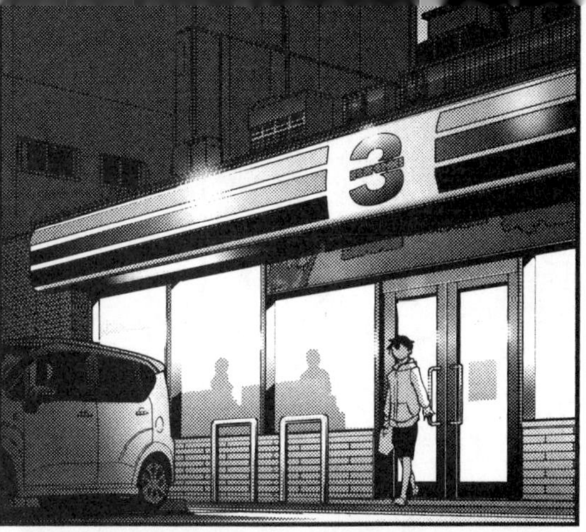

Tsurara?
Sie hat ja noch die Schuluniform an. Ging das Gespräch etwa so lang ...?
21:08
Hallo Tsurara!

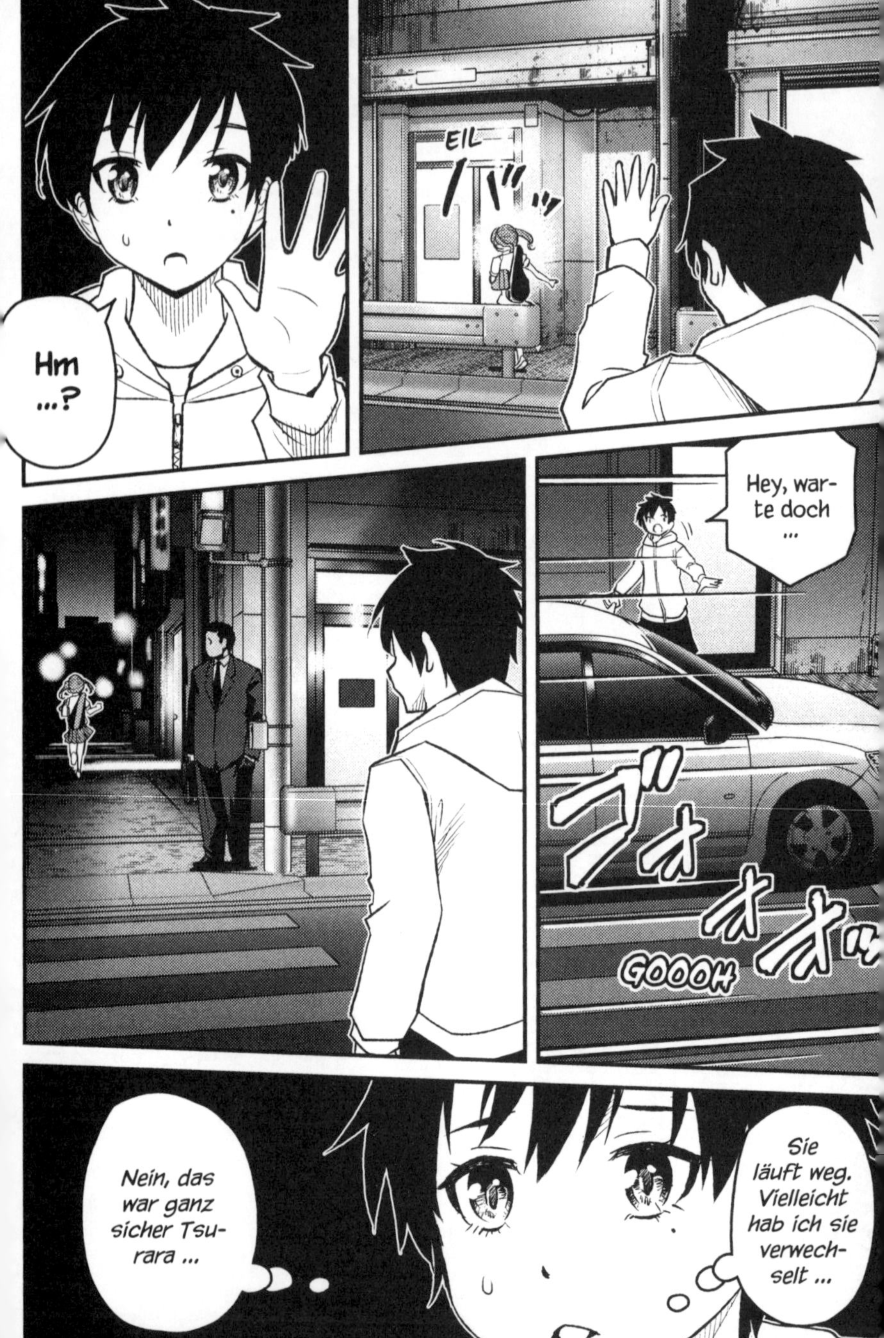
EIL
Hm ...?
Hey, warte doch ...
GOOOH
Sie läuft weg. Vielleicht hab ich sie verwechselt ...
Nein, das war ganz sicher Tsurara ...

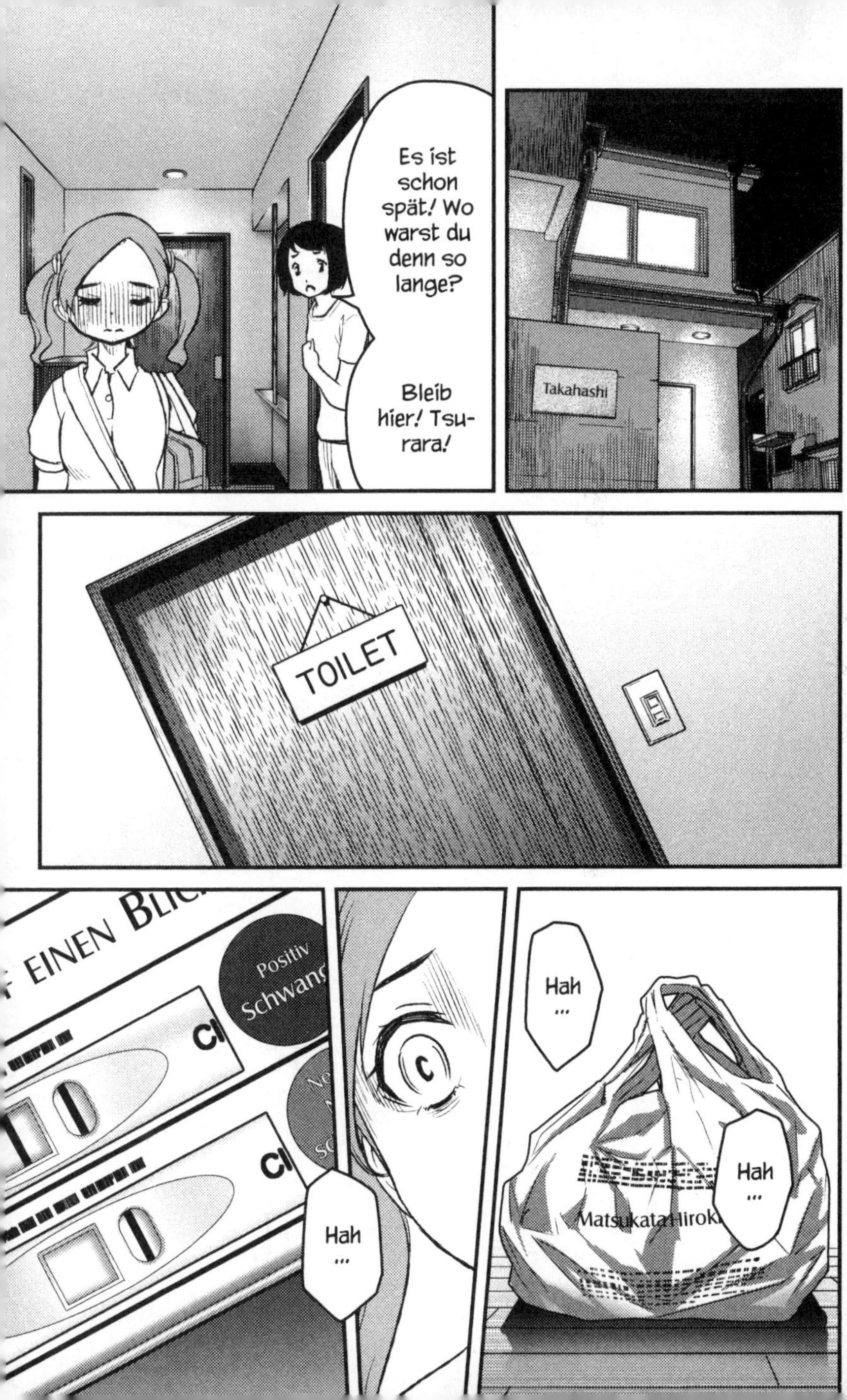

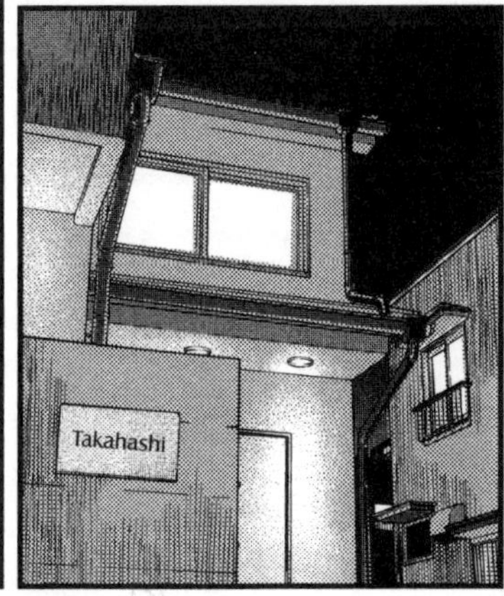
Takahashi

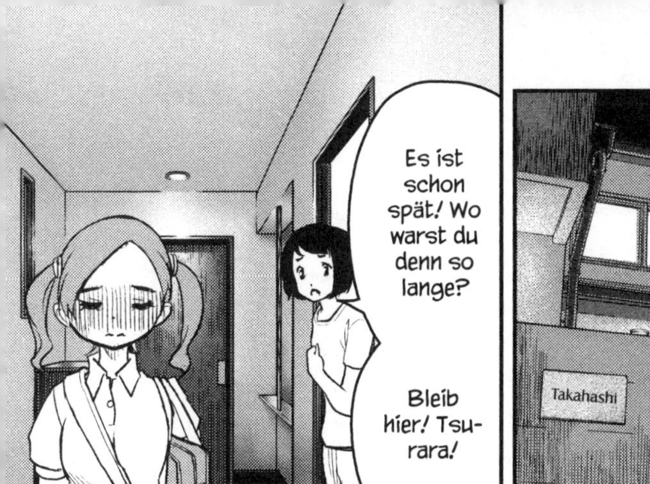
Es ist schon spät! Wo warst du denn so lange?
Bleib hier! Tsu-rara!

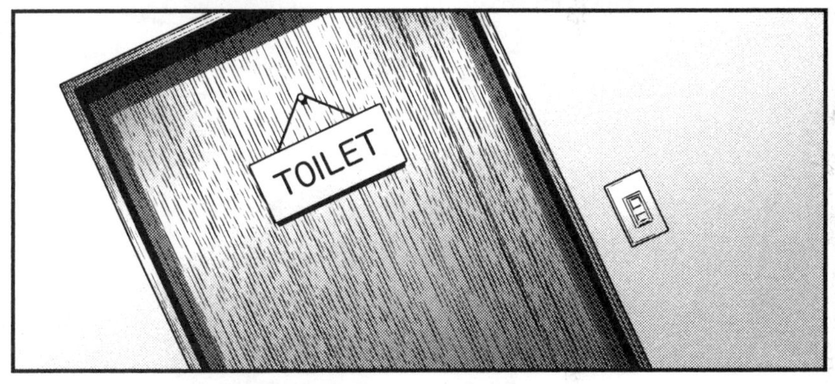
TOILET

Hah …

Hah …

Hah …

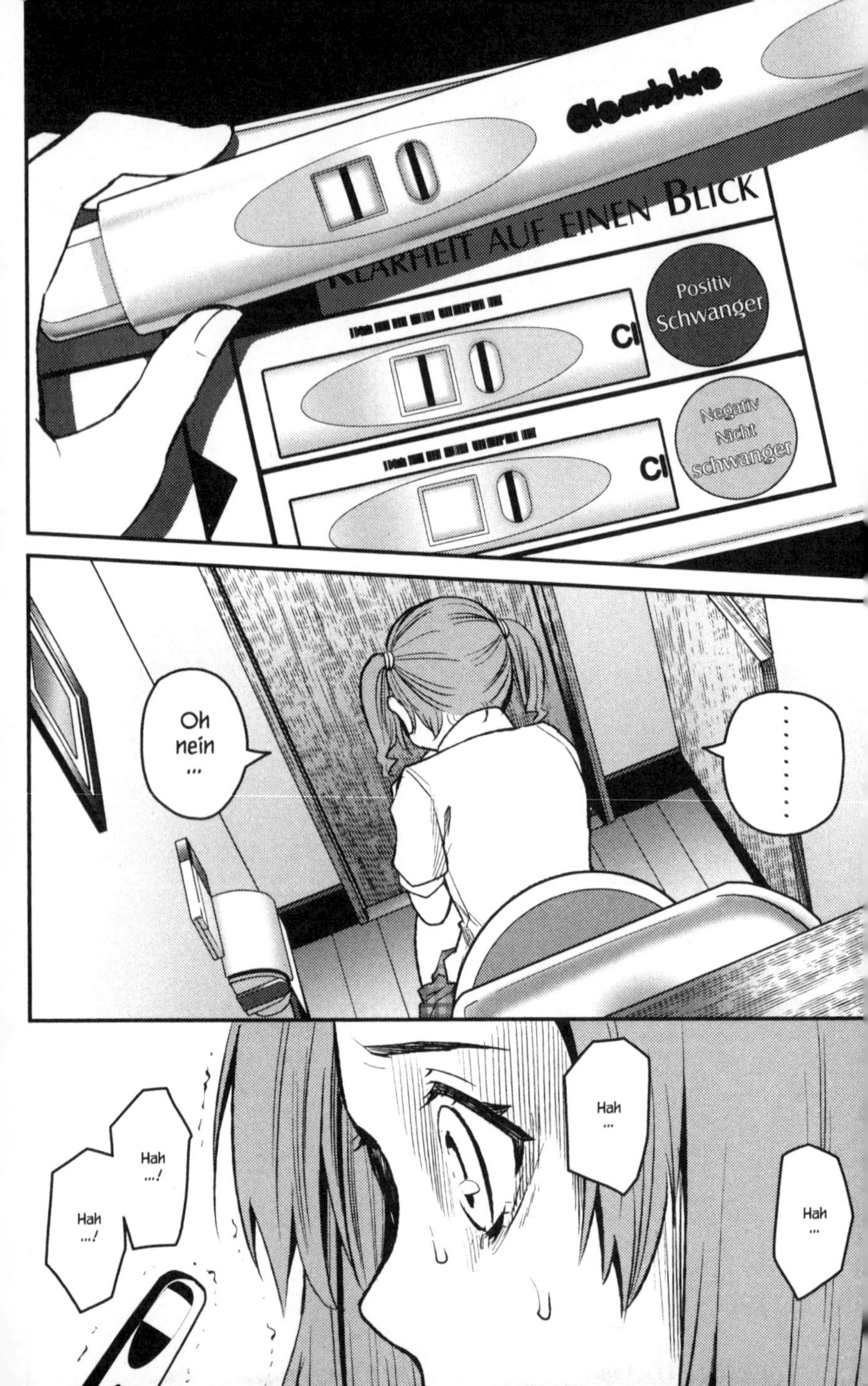

Clearblue
KLARHEIT AUF EINEN BLICK
Positiv Schwanger
Negativ Nicht schwanger
Oh nein ...
....
Hah ...
Hah ...
Hah ...!
Hah ...!

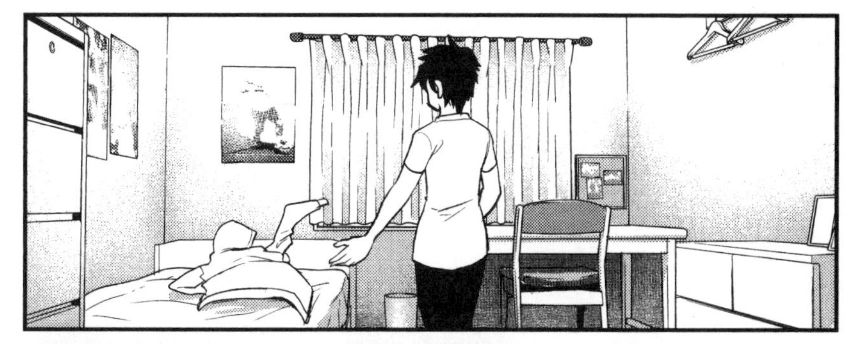

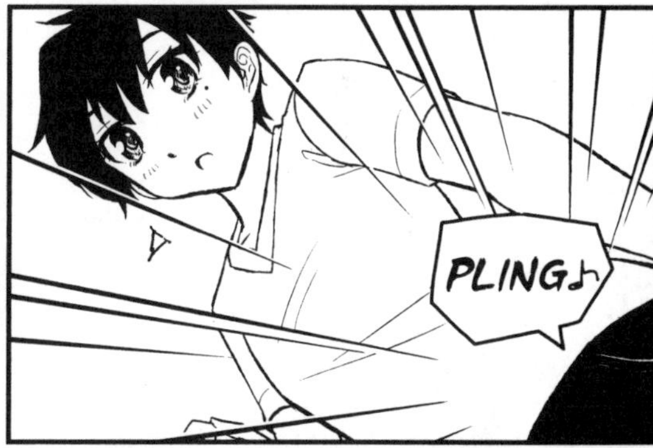

PLING♪

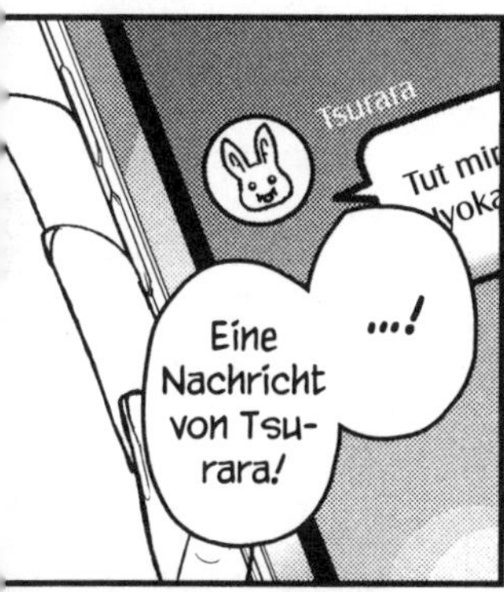

Tsurara
...!
Eine Nachricht von Tsurara!

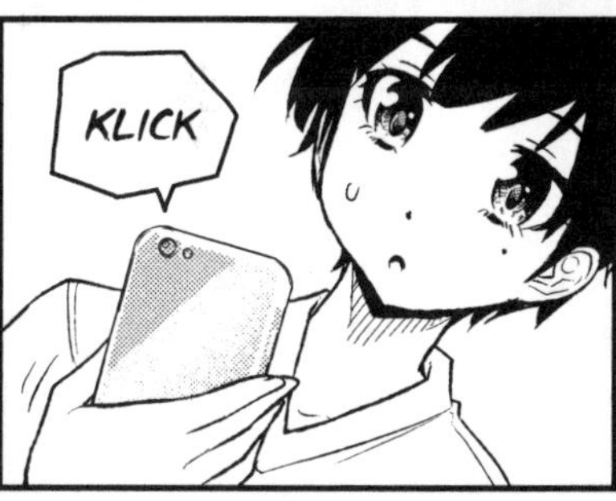

KLICK

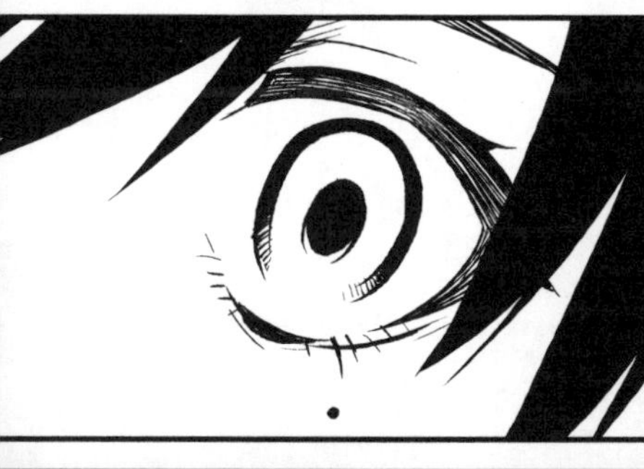

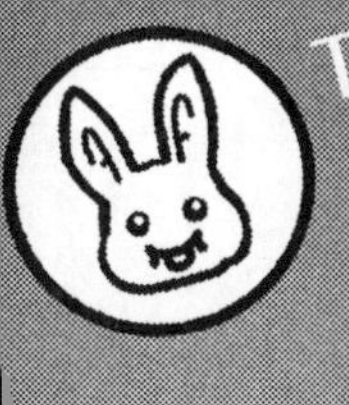

Tsurara
Tut mir leid, Hyoka-chan.

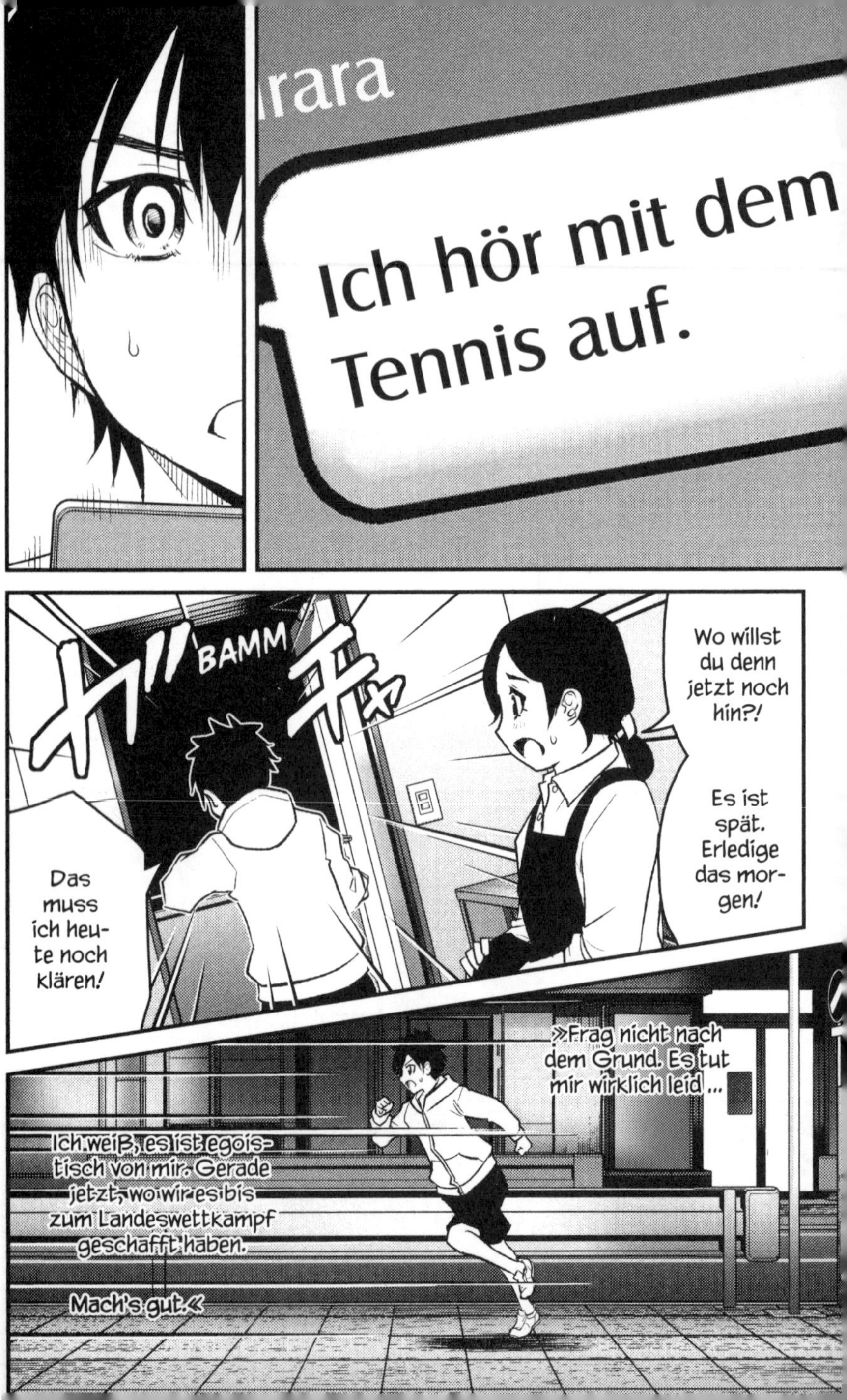

rara

Ich hör mit dem Tennis auf.

BAMM

Wo willst du denn jetzt noch hin?!

Es ist spät. Erledige das morgen!

Das muss ich heute noch klären!

»Frag nicht nach dem Grund. Es tut mir wirklich leid ...

Ich weiß, es ist egoistisch von mir. Gerade jetzt, wo wir es bis zum Landeswettkampf geschafft haben.

Mach's gut.«

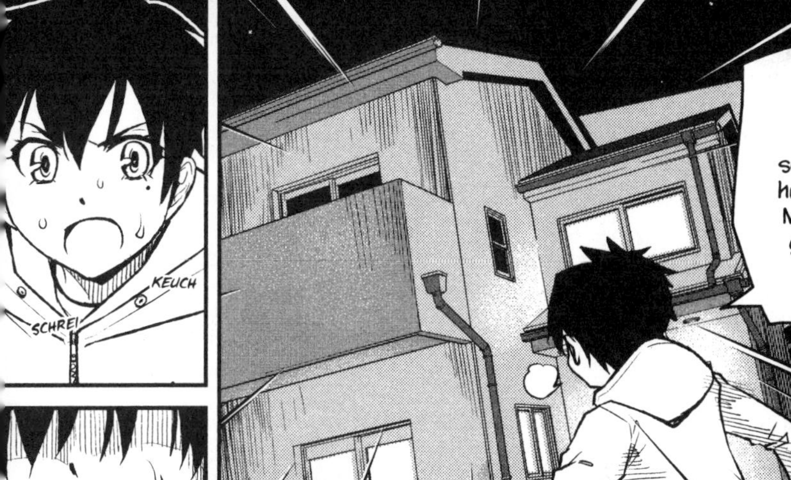
Was soll das heißen? Mach's gut?!
KEUCH
SCHREI

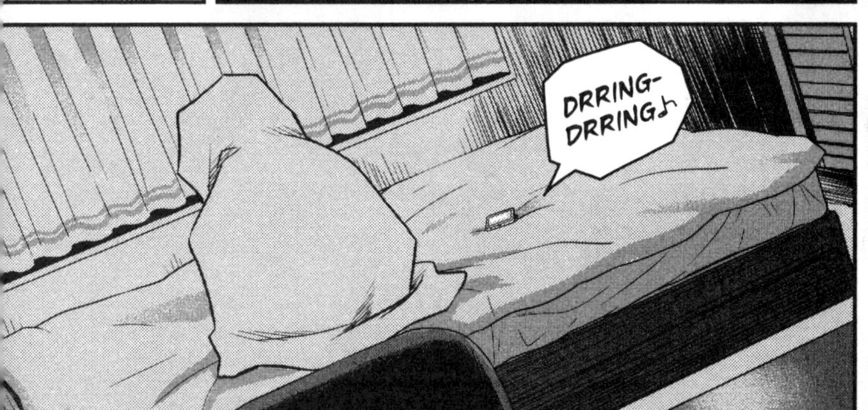
DRRING-DRRING♪

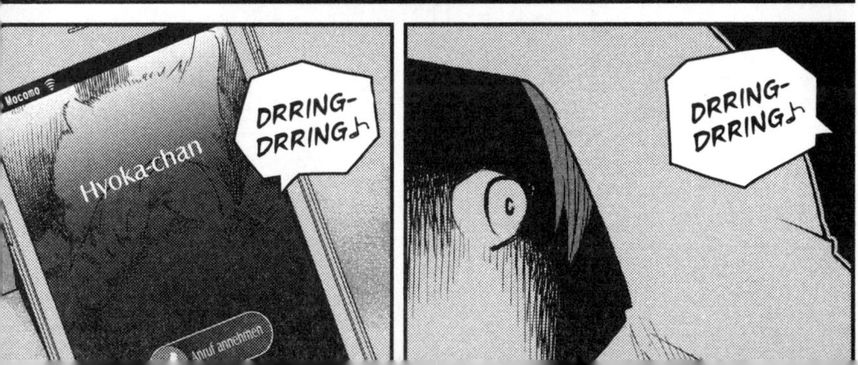
DRRING-DRRING♪
DRRING-DRRING♪
Mocomo
Hyoka-chan
Anruf annehmen

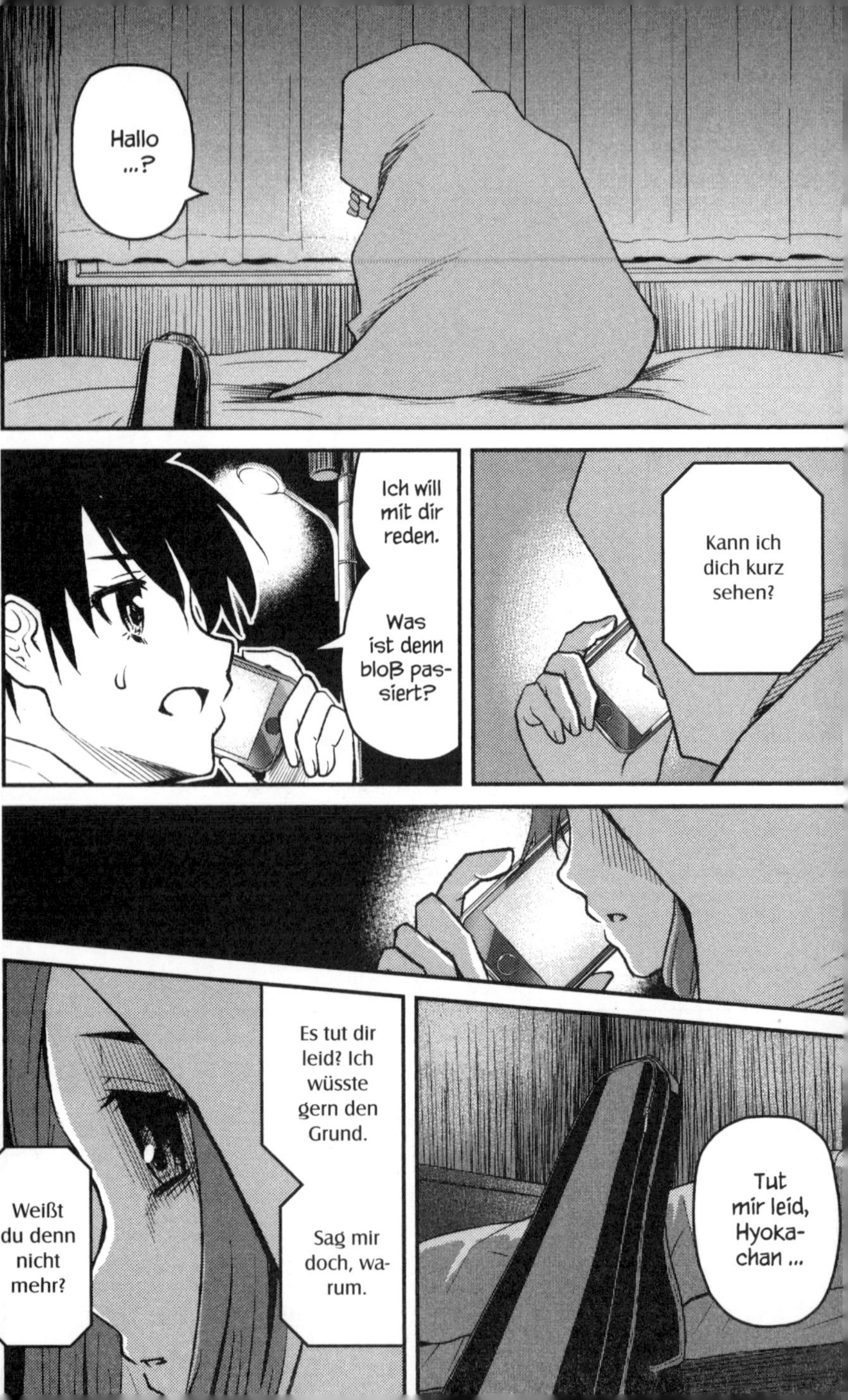

Hallo ...?

Kann ich dich kurz sehen?

Ich will mit dir reden.

Was ist denn bloß passiert?

Tut mir leid, Hyoka-chan ...

Es tut dir leid? Ich wüsste gern den Grund.

Sag mir doch, warum.

Weißt du denn nicht mehr?

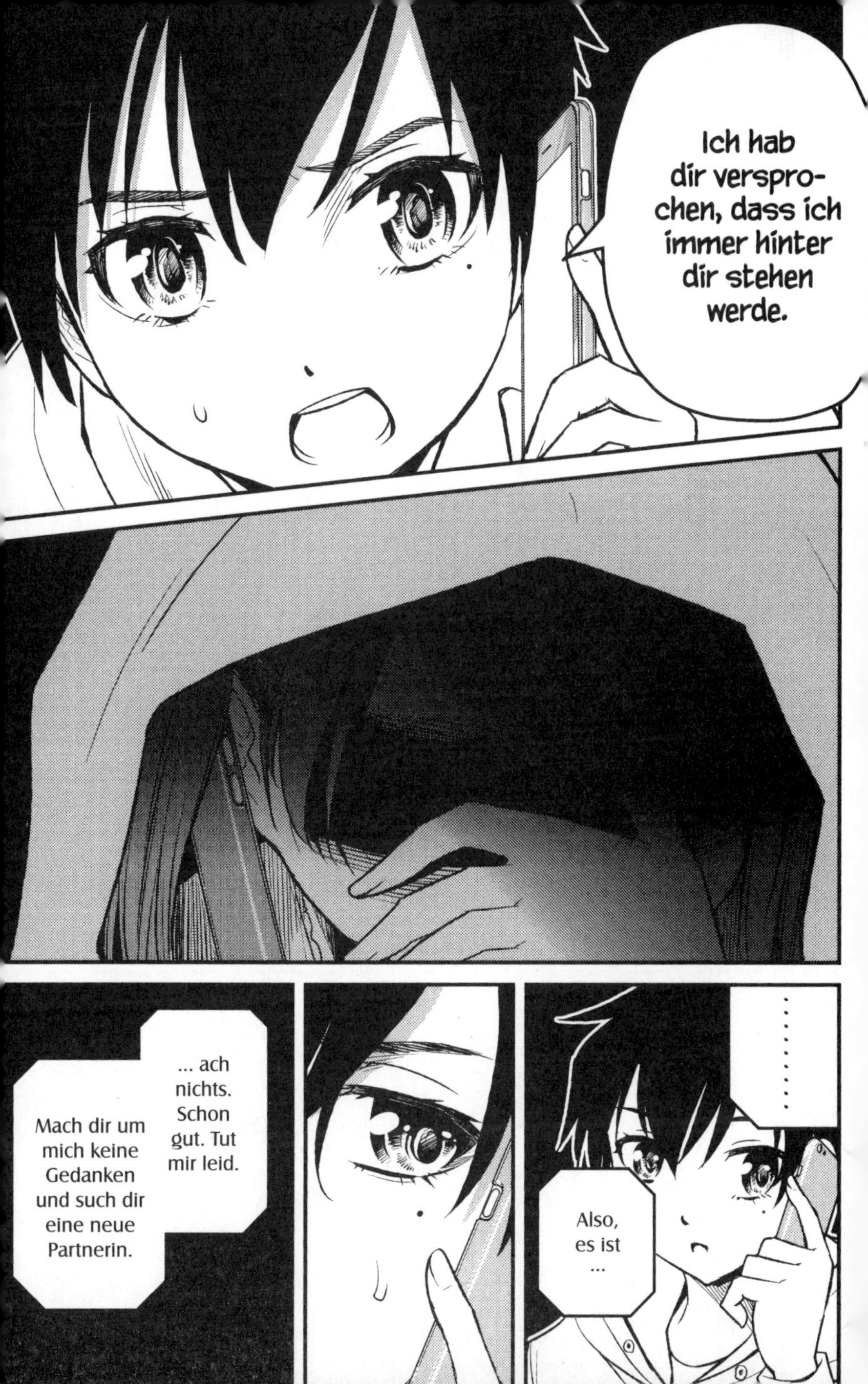
Ich hab dir verspro-chen, dass ich immer hinter dir stehen werde.
....
Also, es ist ...
... ach nichts. Schon gut. Tut mir leid.
Mach dir um mich keine Gedanken und such dir eine neue Partnerin.

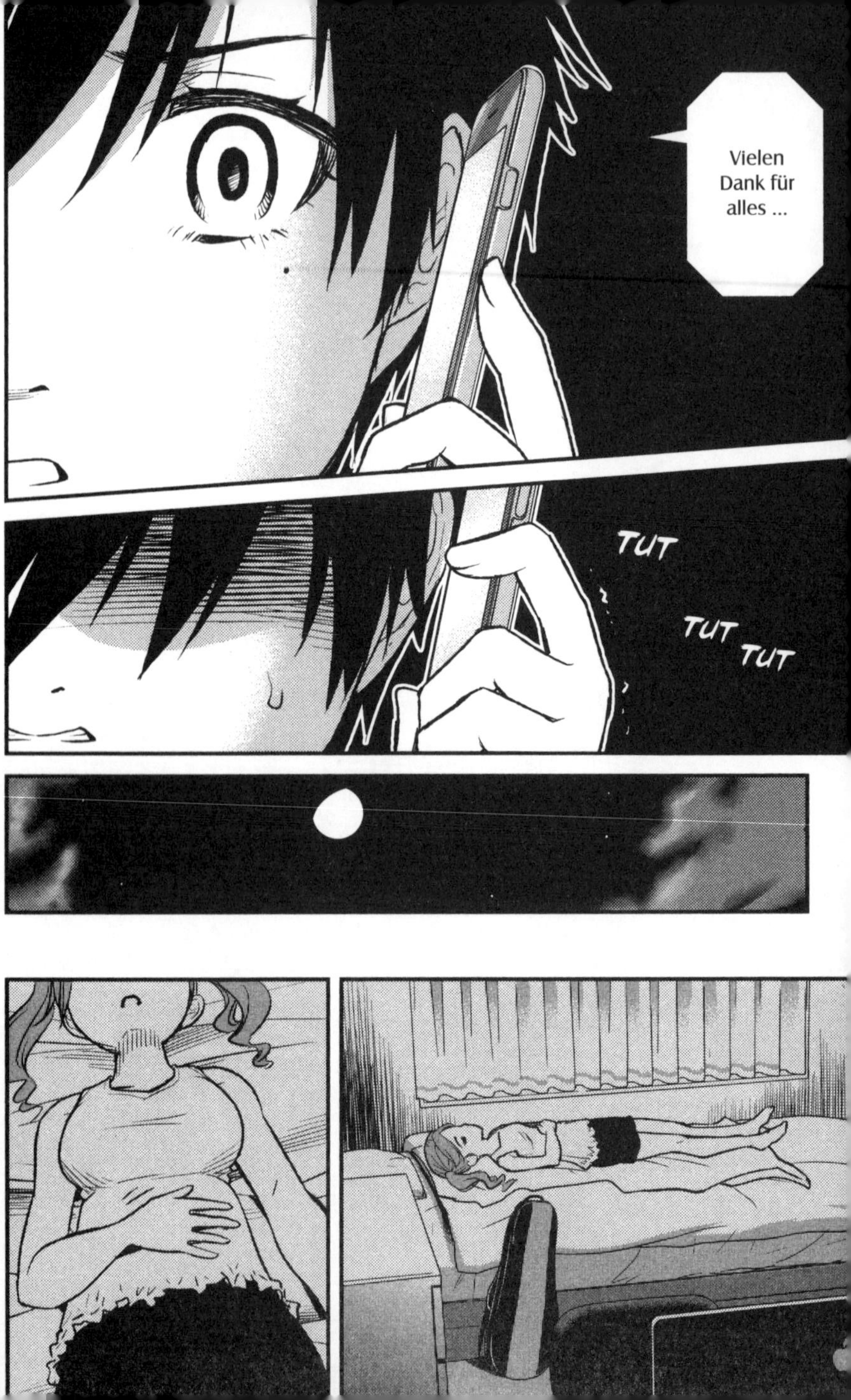

Vielen Dank für alles ...

TUT

TUT TUT

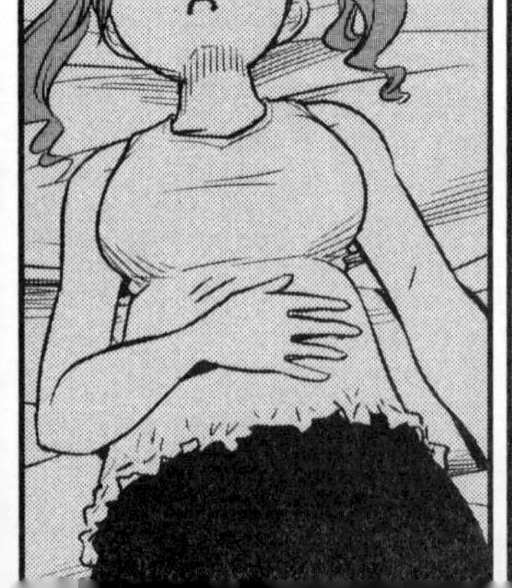

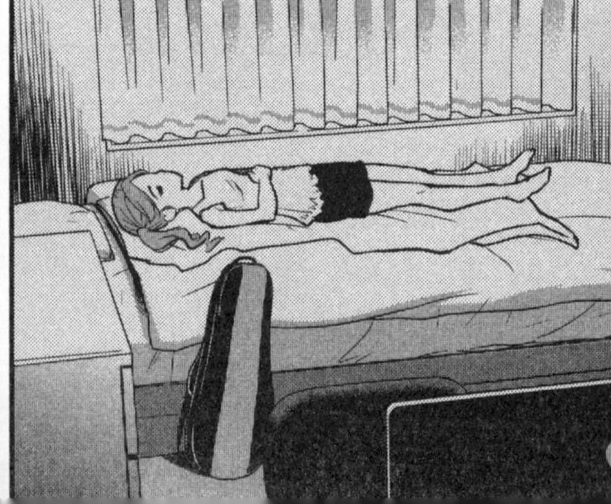

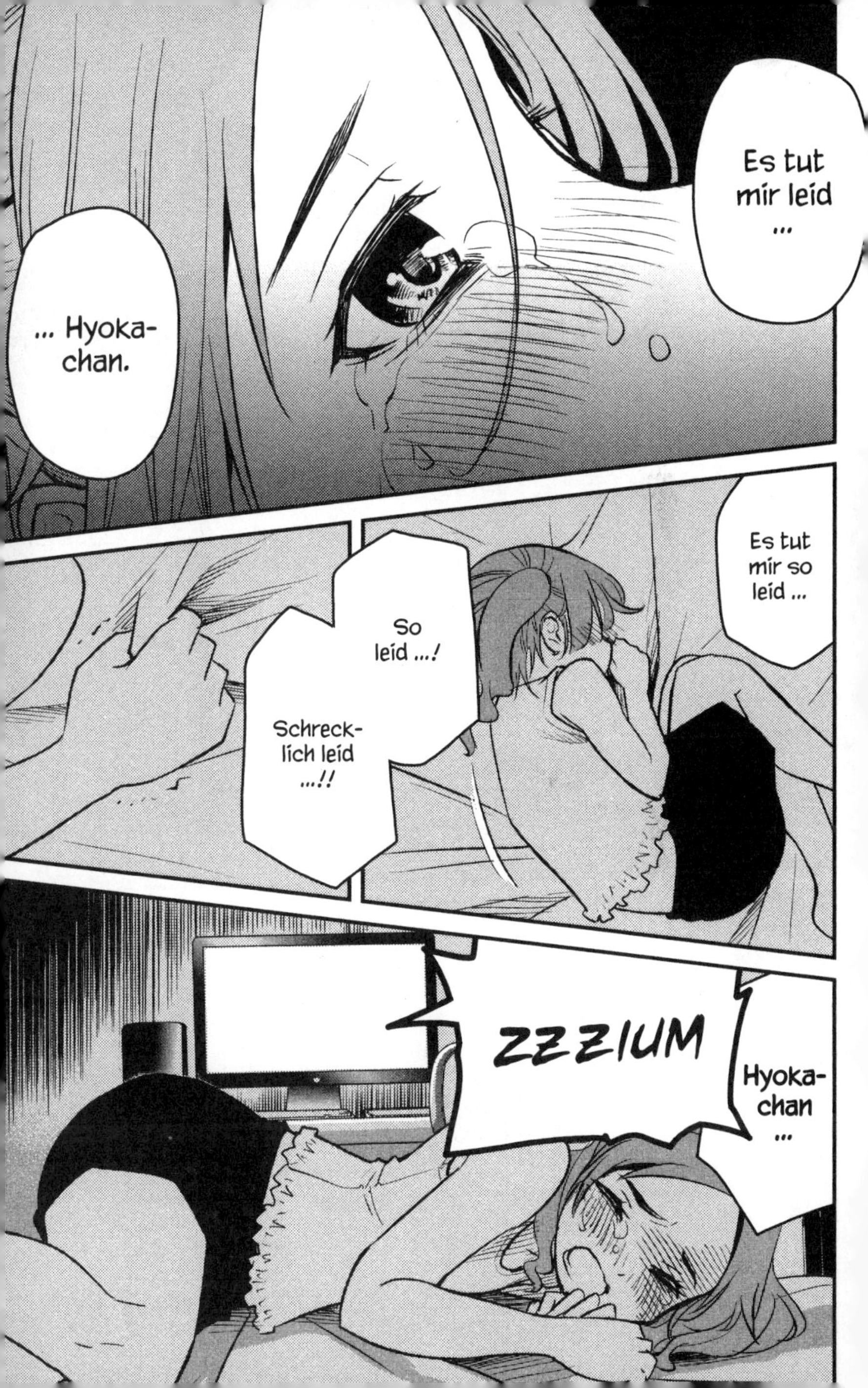
Es tut mir leid ...
... Hyoka-chan.
Es tut mir so leid ...
So leid ...!
Schreck-lich leid ...!!
ZZZIUM
Hyoka-chan ...

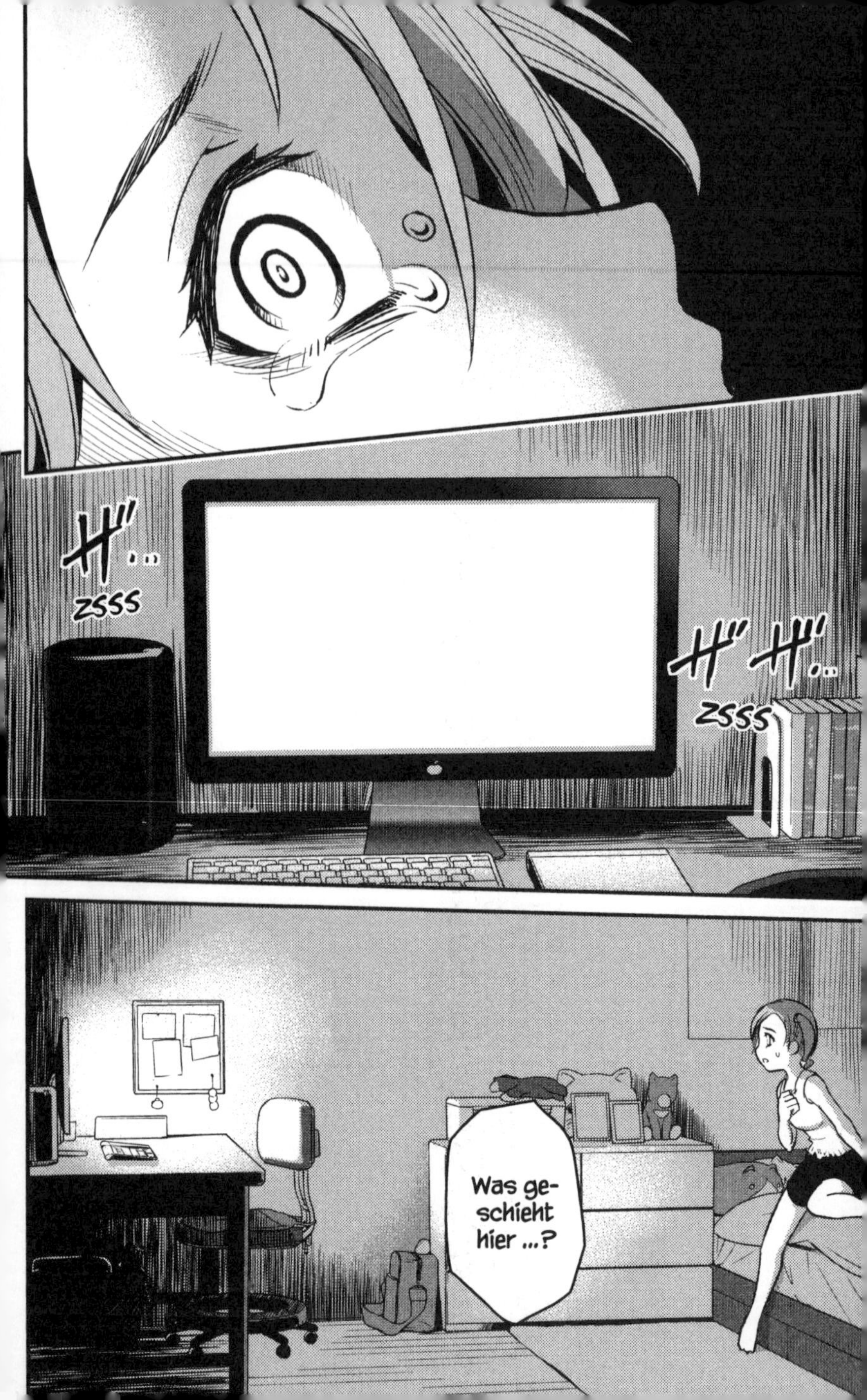

ザザ…
ZSSS
ザ…
ZSSS

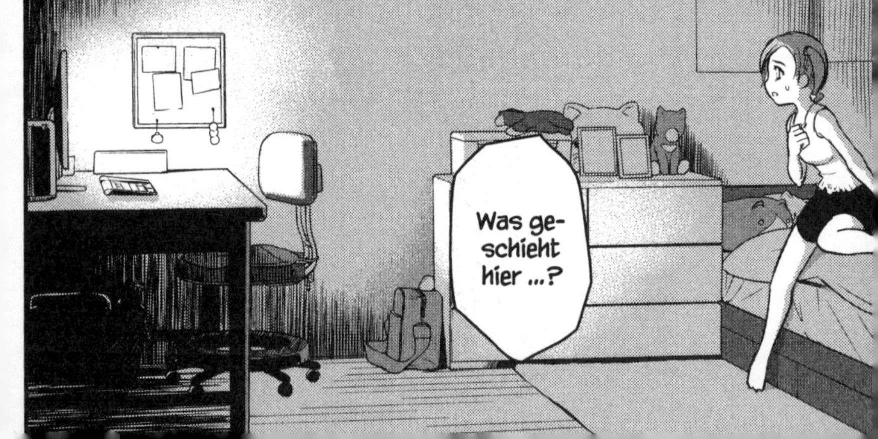

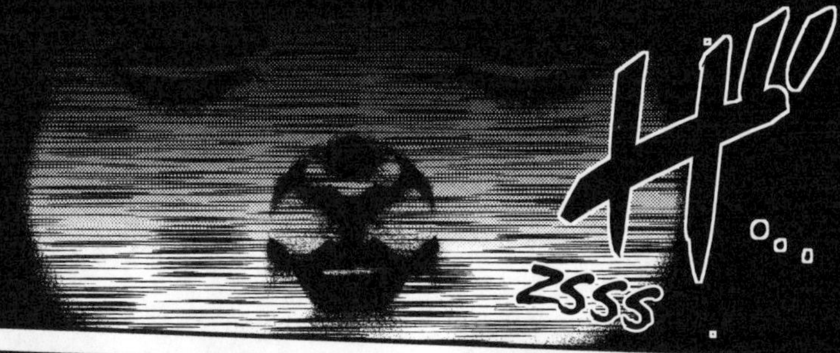

Oh, du Arme!

Oh, du Arme!

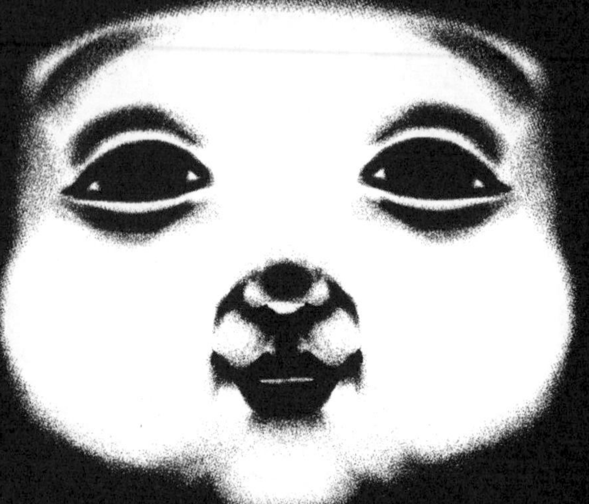

Magical Girl Site

Weil du
so viel
Leid er-
fährst ...

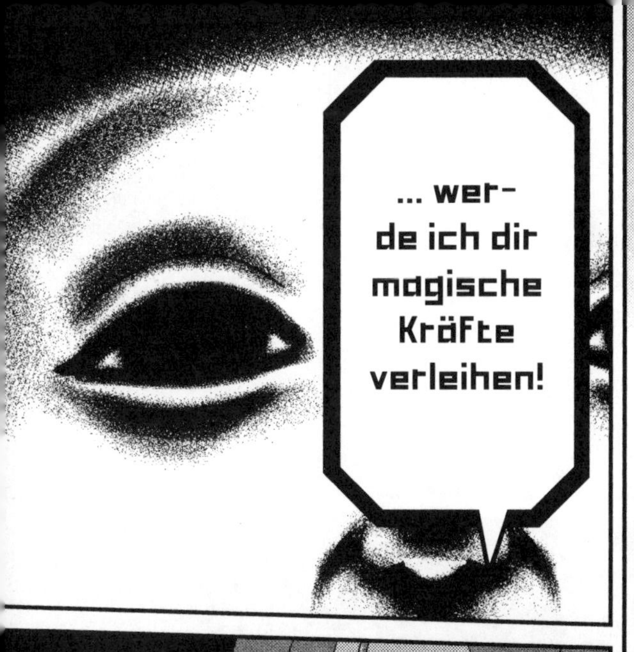

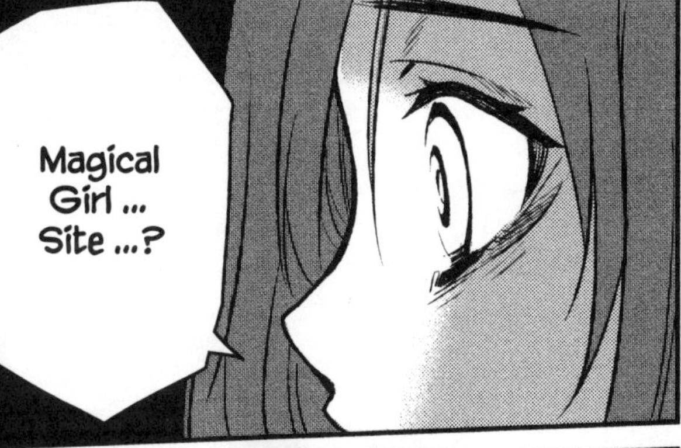

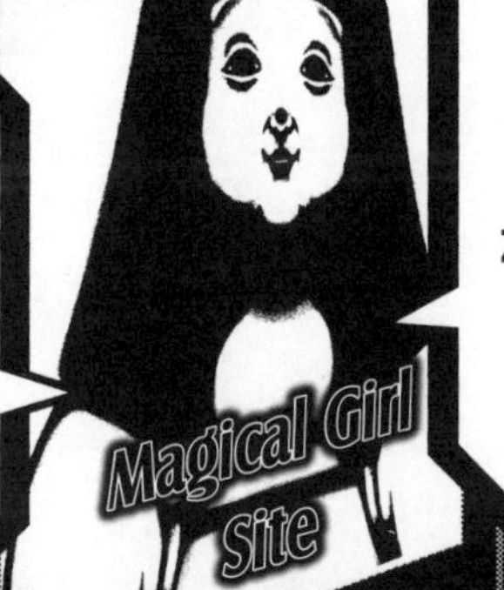

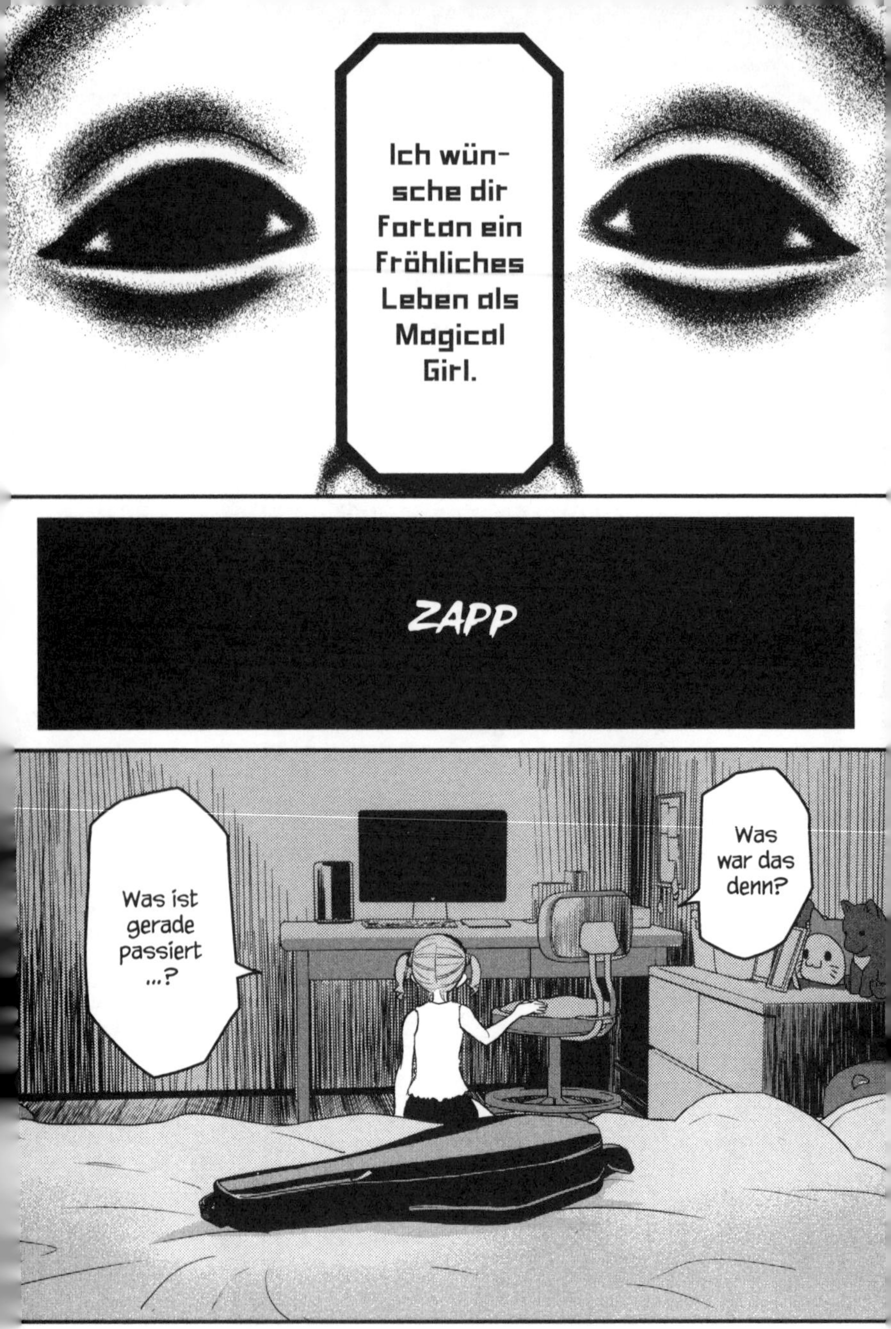

Ich wünsche dir fortan ein fröhliches Leben als Magical Girl.

ZAPP

Was war das denn?

Was ist gerade passiert ...?

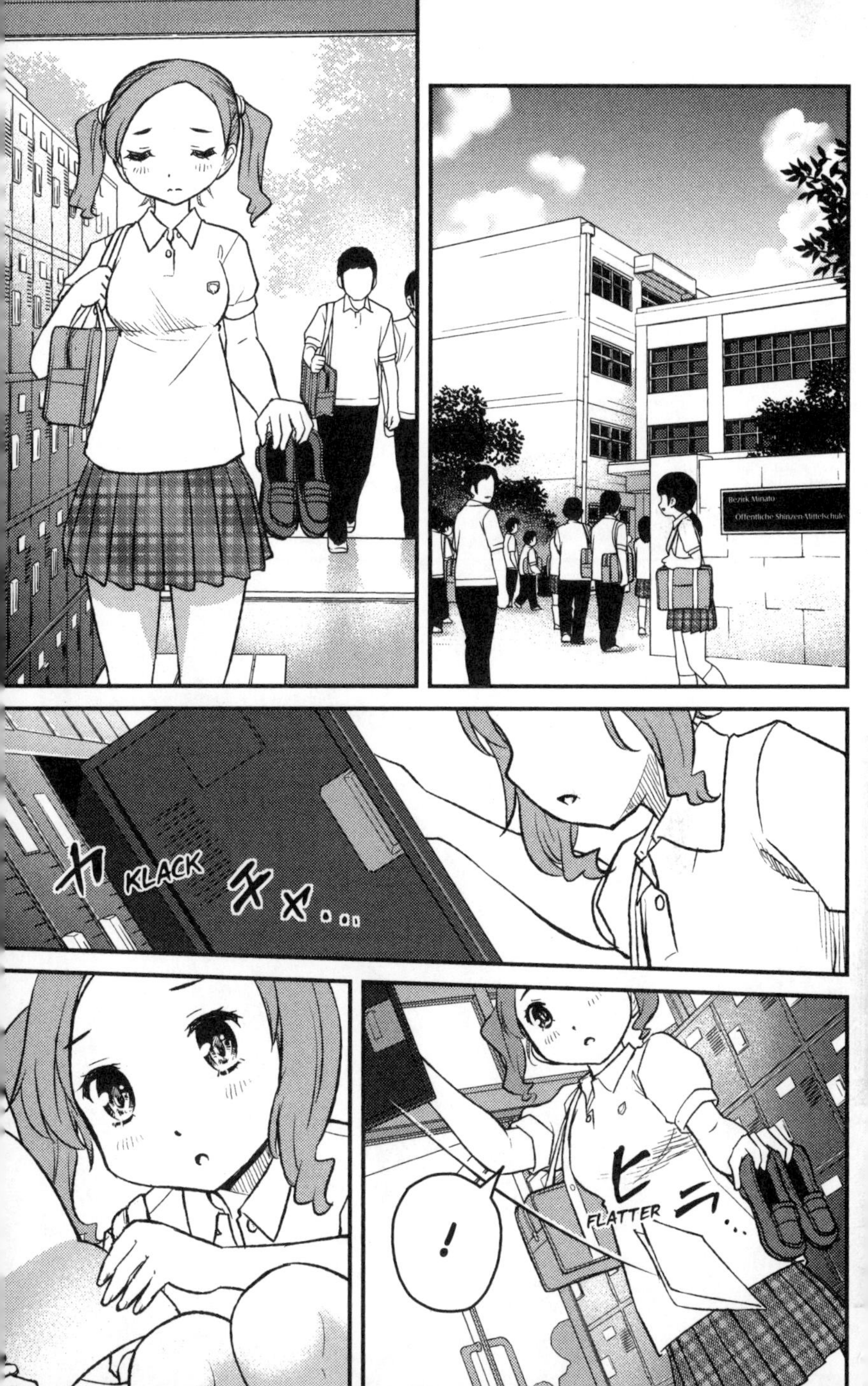
Bezirk Minato
Öffentliche Shinzen-Mittelschule
KLACK
FLATTER
!

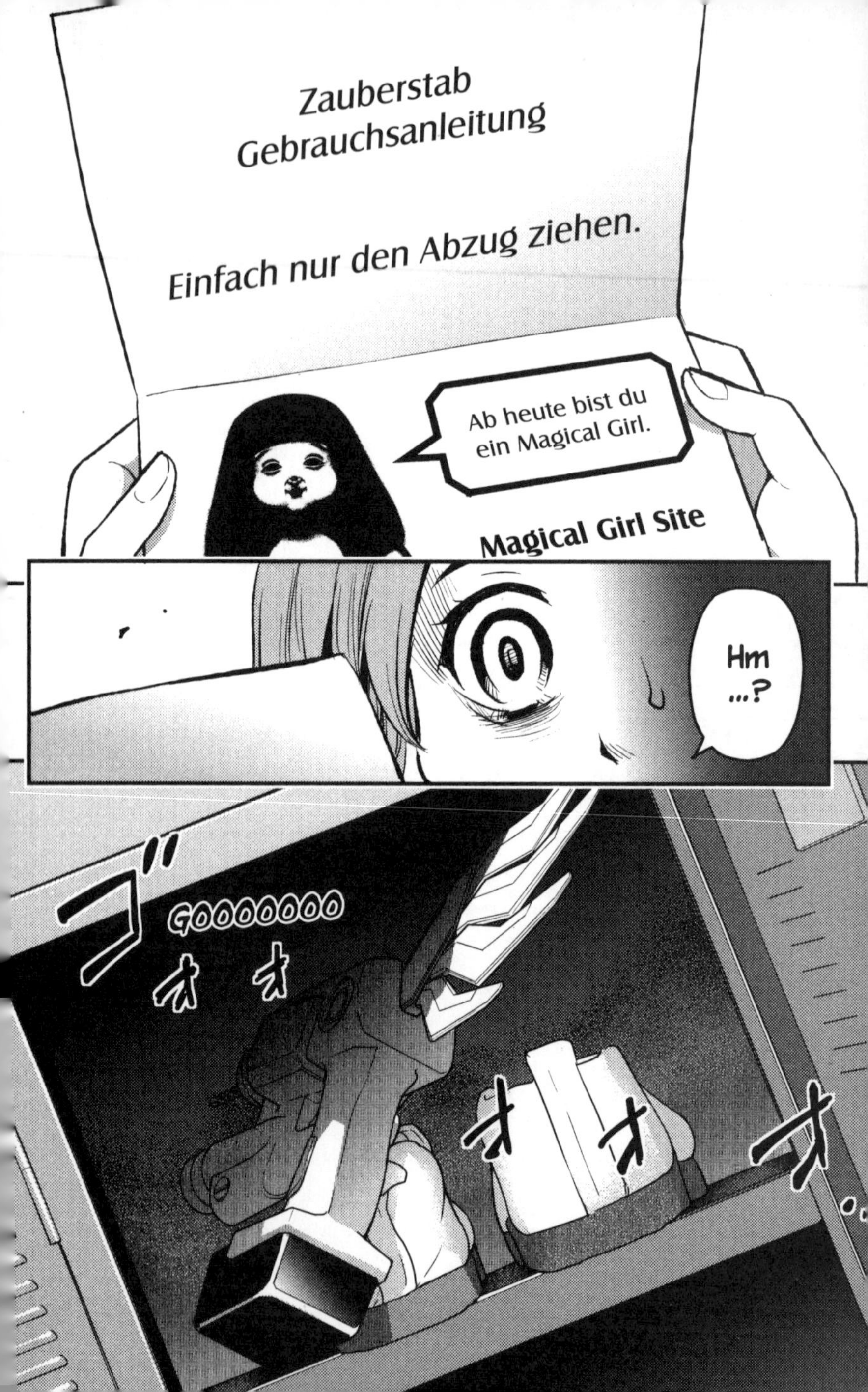
Zauberstab
Gebrauchsanleitung
Einfach nur den Abzug ziehen.
Ab heute bist du ein Magical Girl.
Magical Girl Site
Hm ...?
ゴォォ
GOOOOOOO
ォォォ

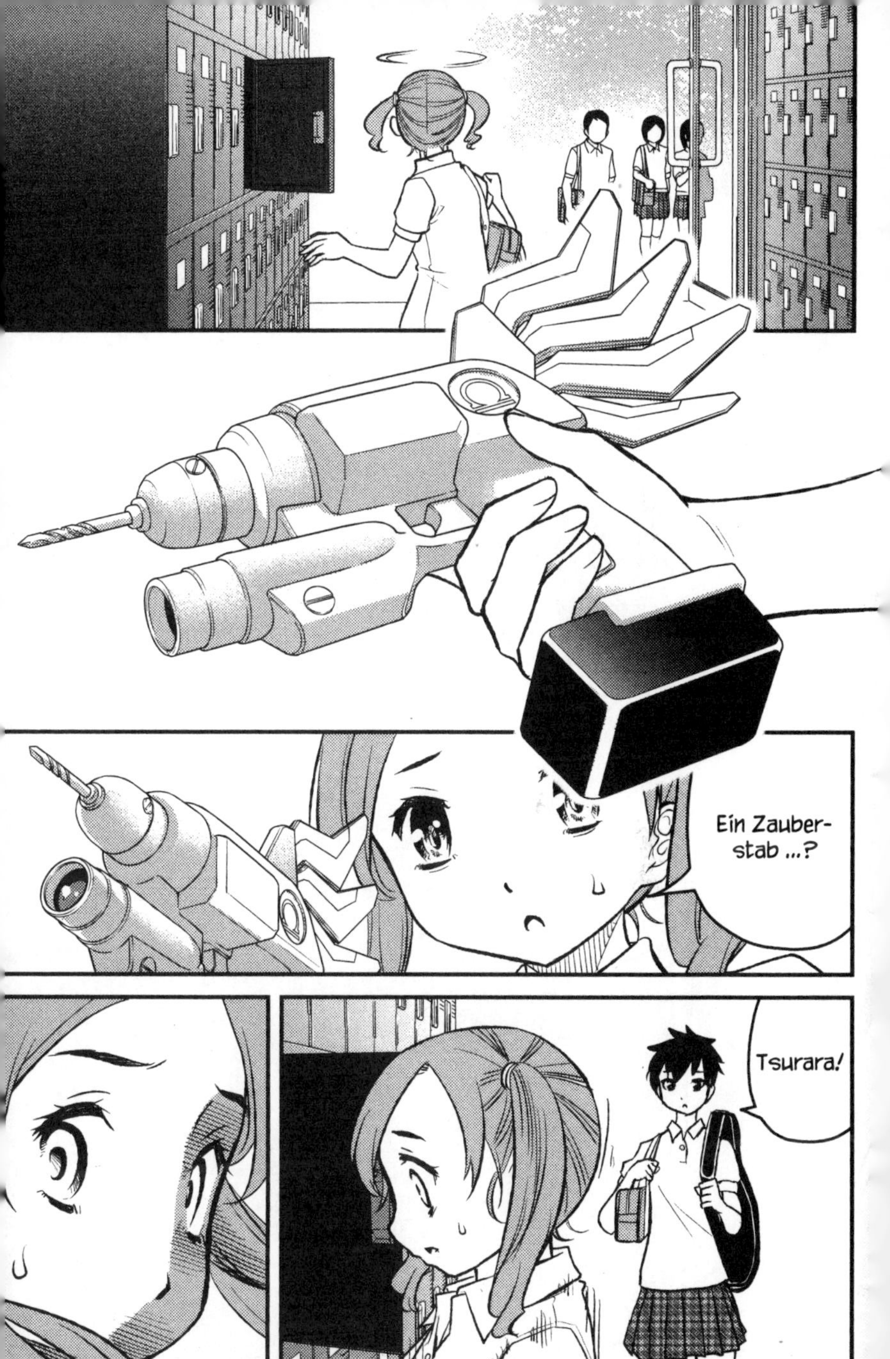
Ein Zauber-
stab ...?
Tsurara!

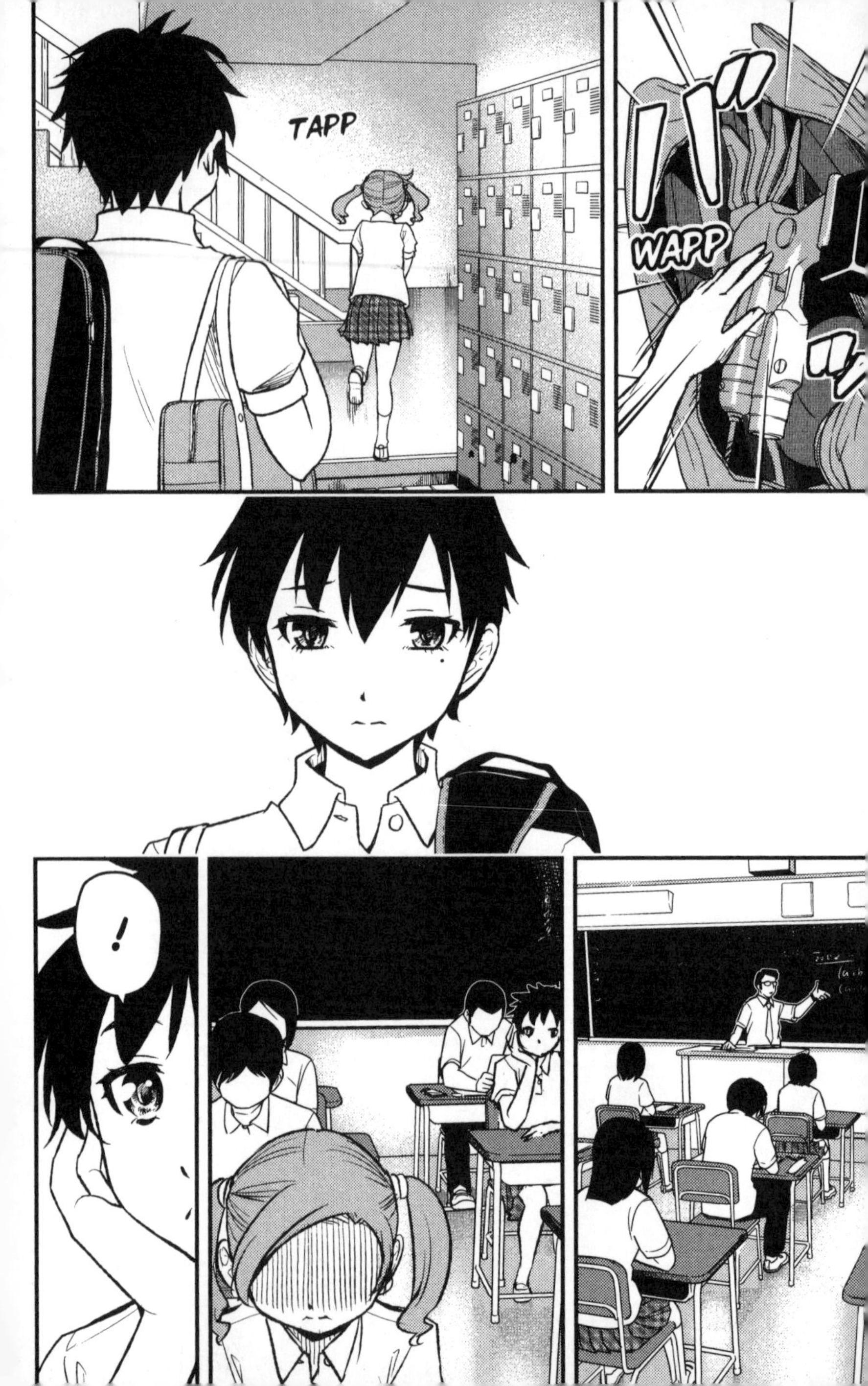
TAPP
WAPP
!

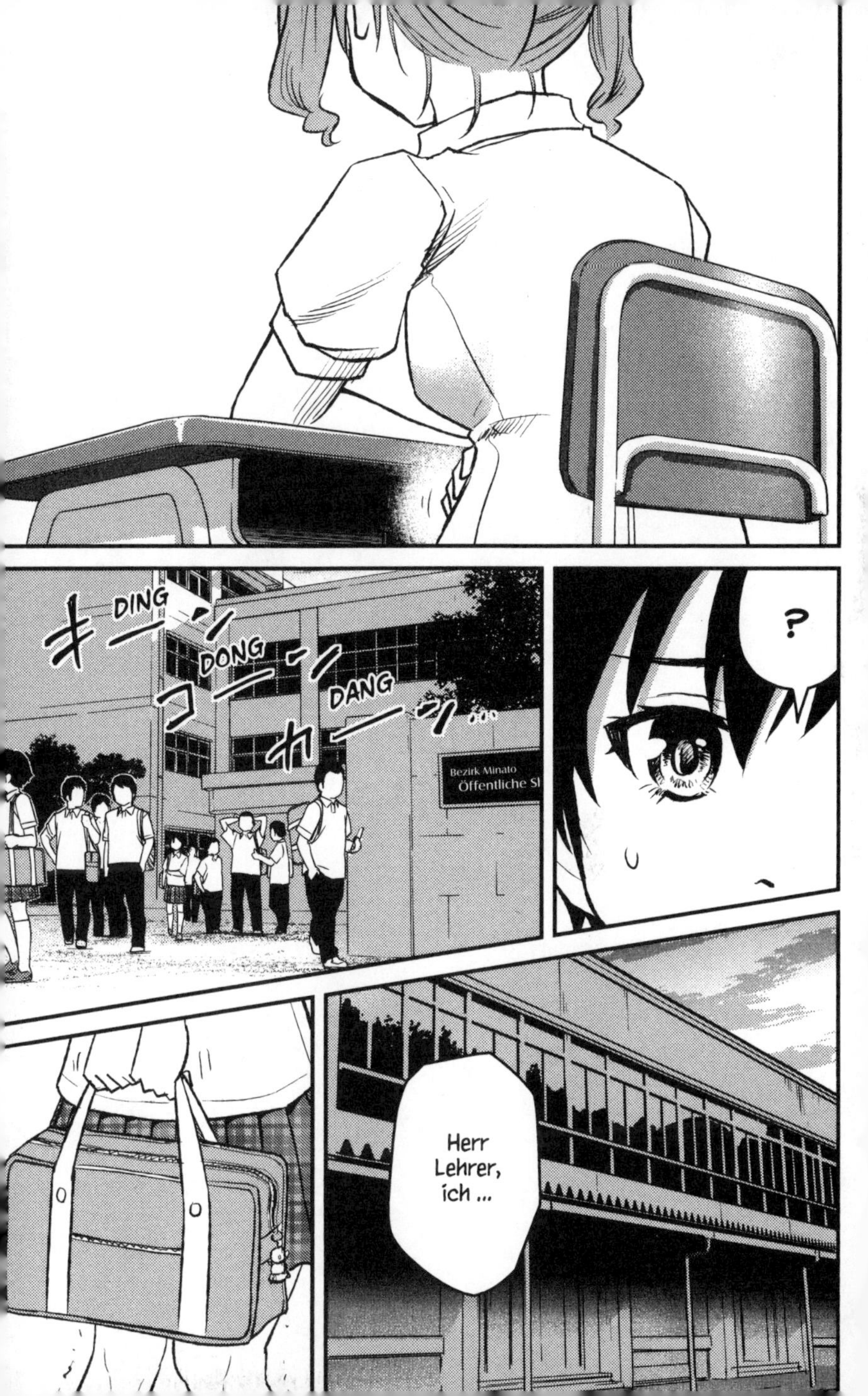
?
DING
DONG
DANG
キーンコーンカーン…
Bezirk Minato
Öffentliche
Herr Lehrer, ich ...

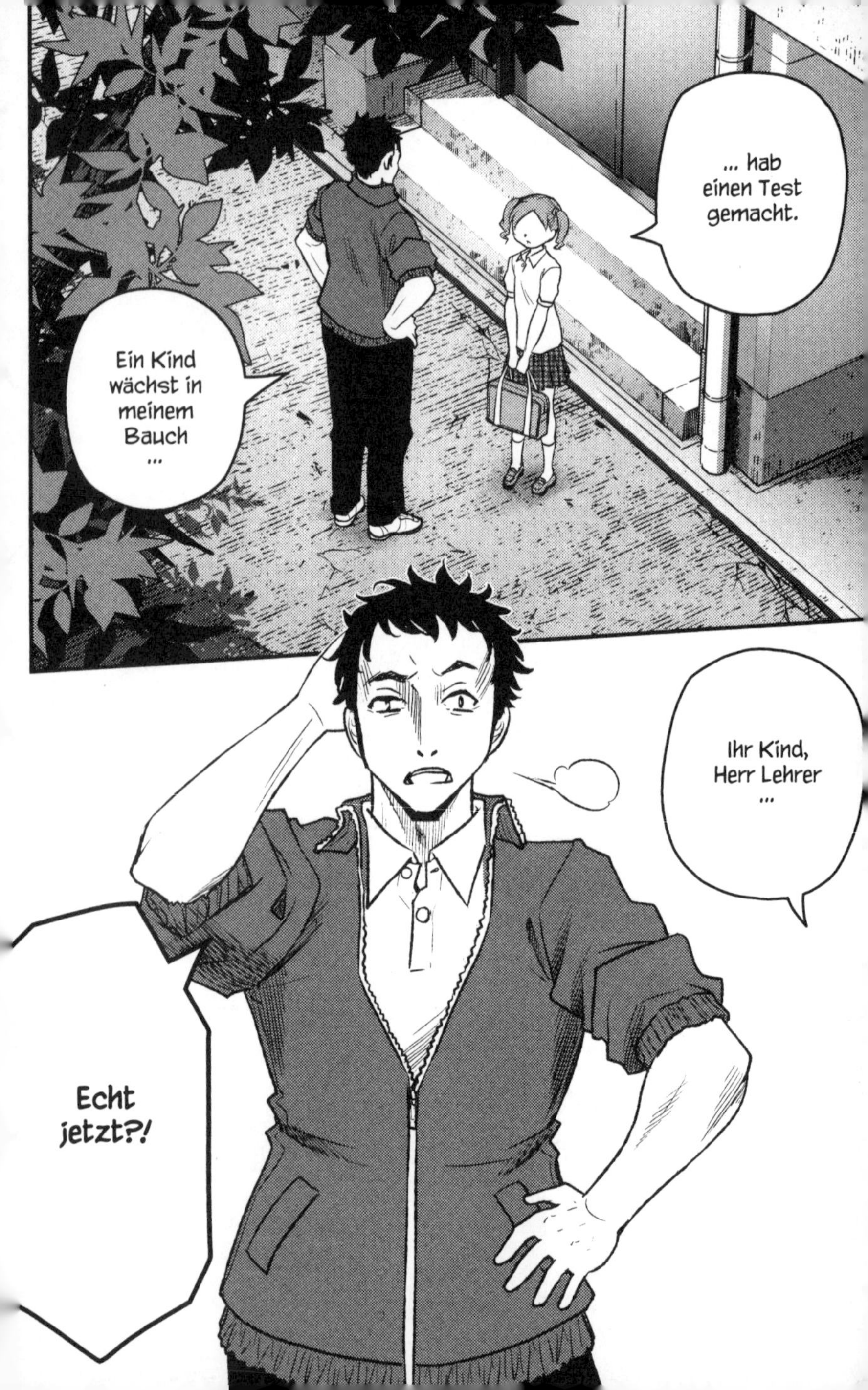

... hab einen Test gemacht.
Ein Kind wächst in meinem Bauch ...
Ihr Kind, Herr Lehrer ...
Echt jetzt?!

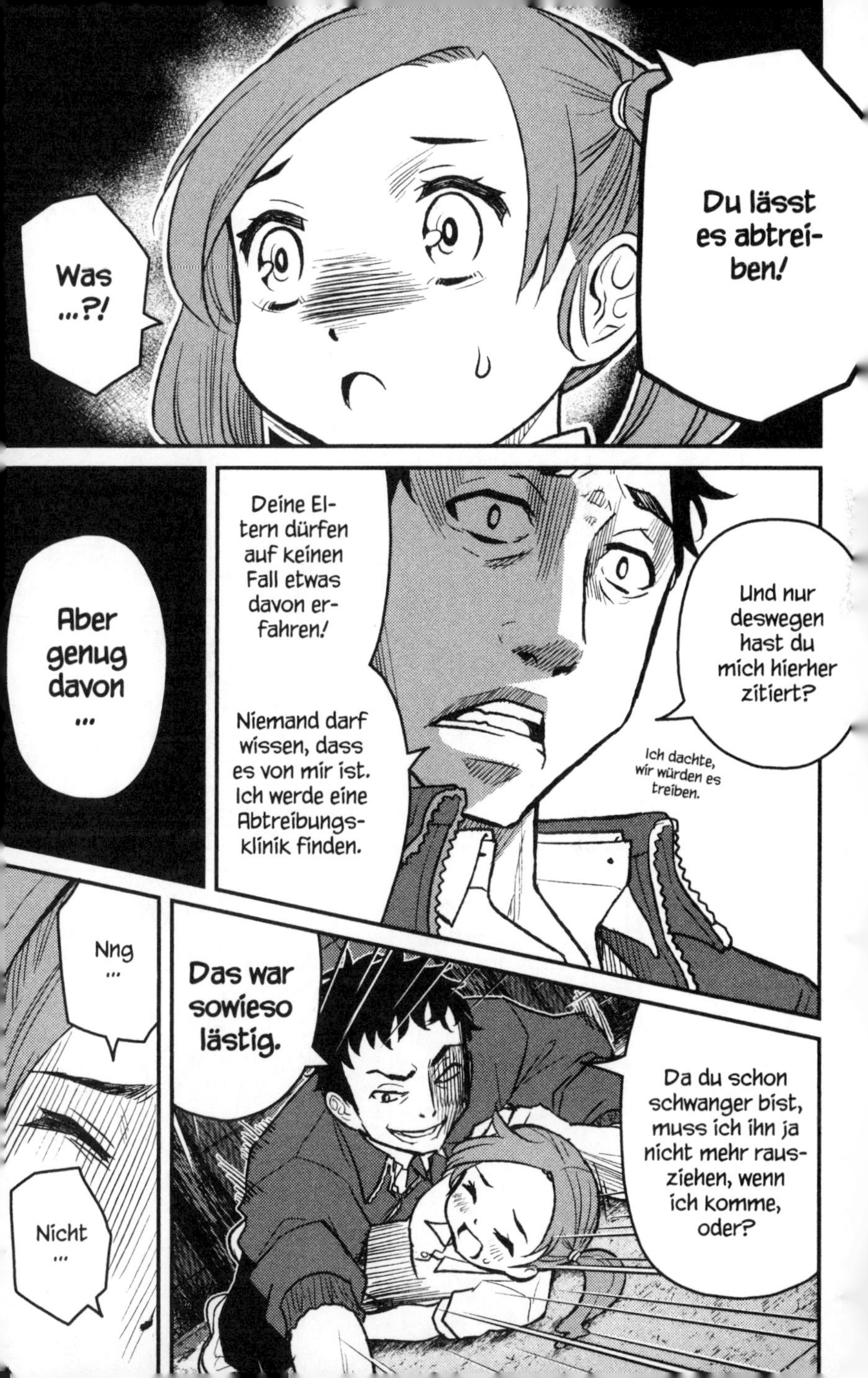

Du lässt es abtreiben!

Was ...?!

Deine Eltern dürfen auf keinen Fall etwas davon erfahren!

Niemand darf wissen, dass es von mir ist. Ich werde eine Abtreibungsklinik finden.

Und nur deswegen hast du mich hierher zitiert?

Ich dachte, wir würden es treiben.

Aber genug davon ...

Das war sowieso lästig.

Da du schon schwanger bist, muss ich ihn ja nicht mehr rausziehen, wenn ich komme, oder?

Nng ...

Nicht ...

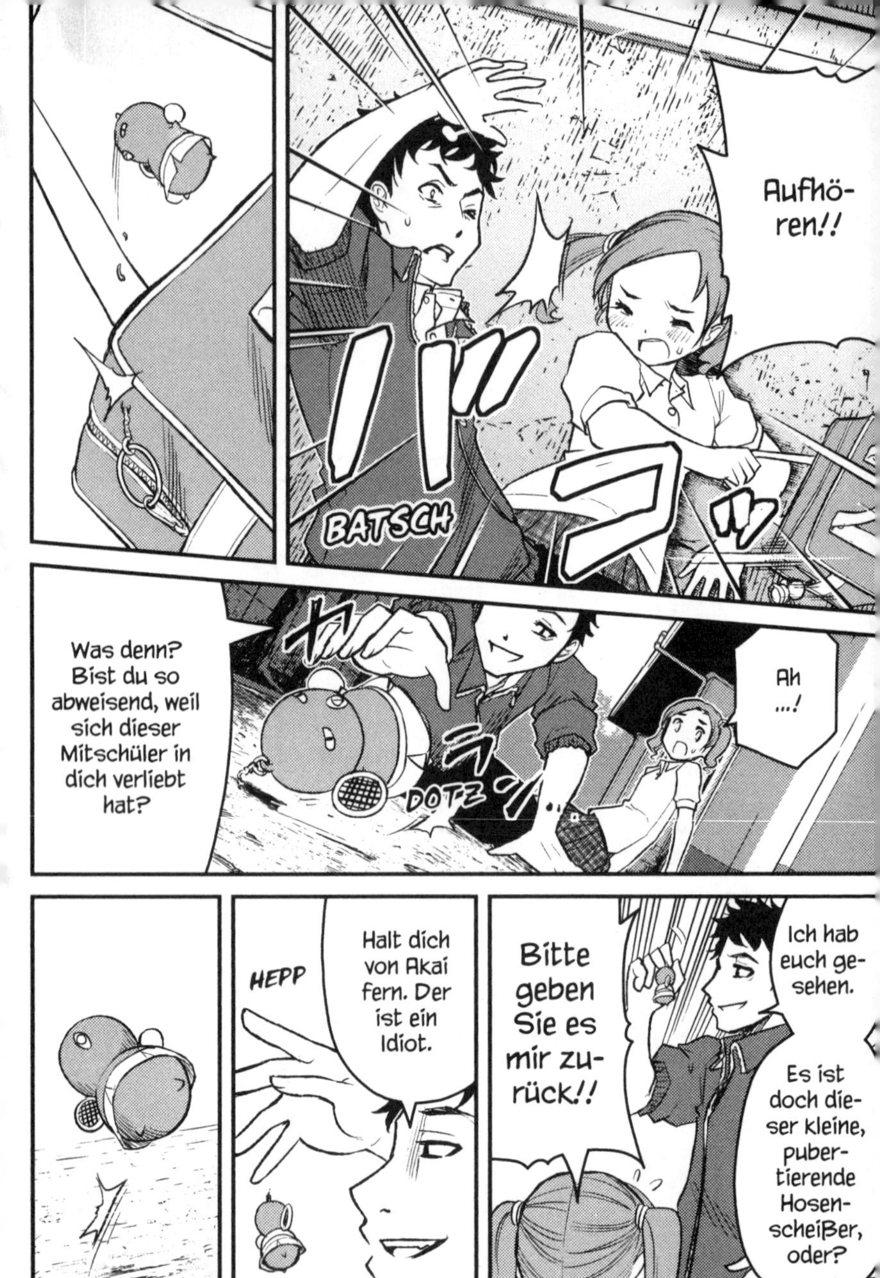

Aufhö-
ren!!
BATSCH
Ah
...!
Was denn? Bist du so abweisend, weil sich dieser Mitschüler in dich verliebt hat?
DOTZ
Ich hab euch gesehen.
Es ist doch dieser kleine, pubertierende Hosenscheißer, oder?
Bitte geben Sie es mir zurück!!
Halt dich von Akai fern. Der ist ein Idiot.
HEPP

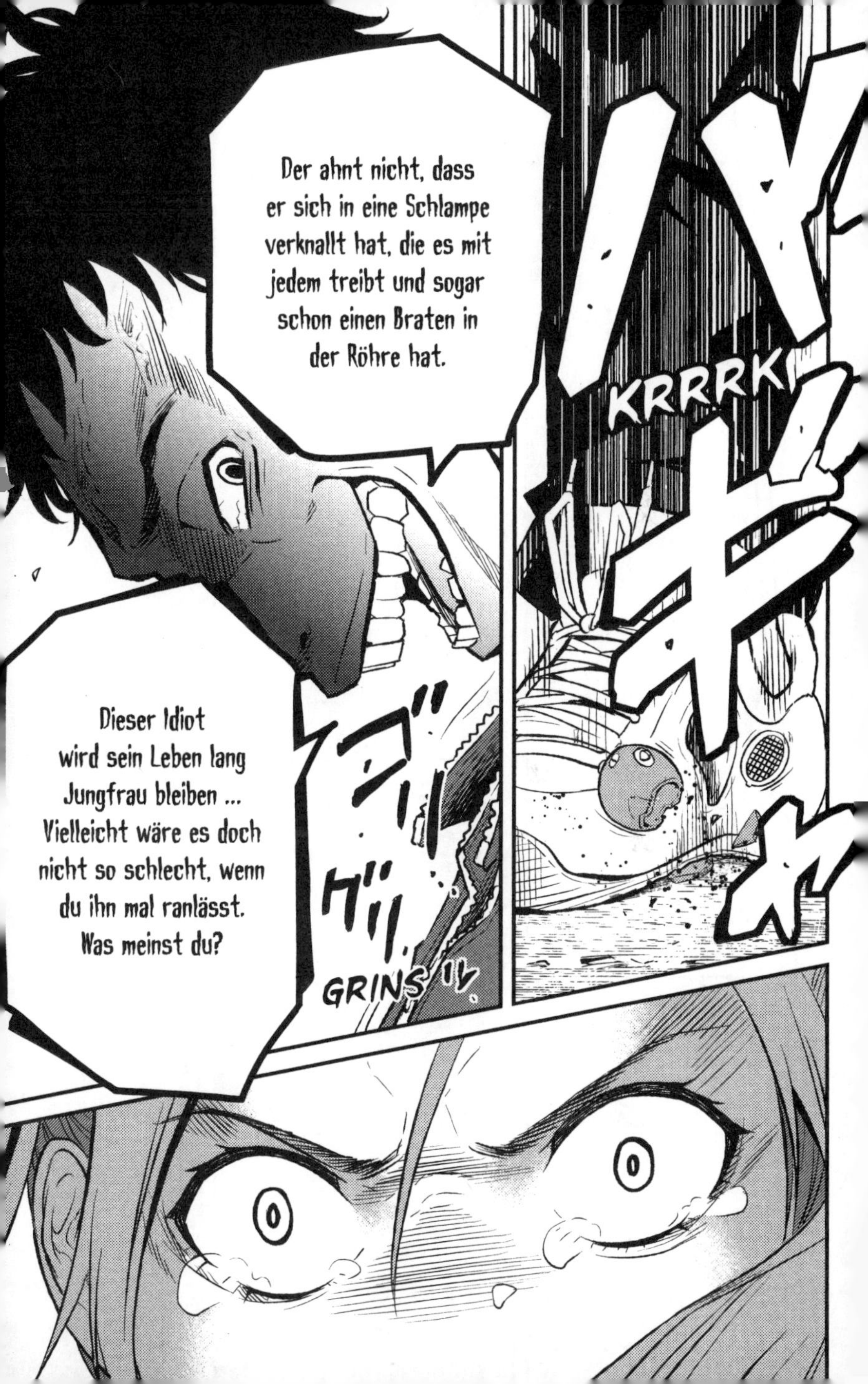
Der ahnt nicht, dass er sich in eine Schlampe verknallt hat, die es mit jedem treibt und sogar schon einen Braten in der Röhre hat.
KRRRK
Dieser Idiot wird sein Leben lang Jungfrau bleiben ... Vielleicht wäre es doch nicht so schlecht, wenn du ihn mal ranlässt. Was meinst du?
GRINS

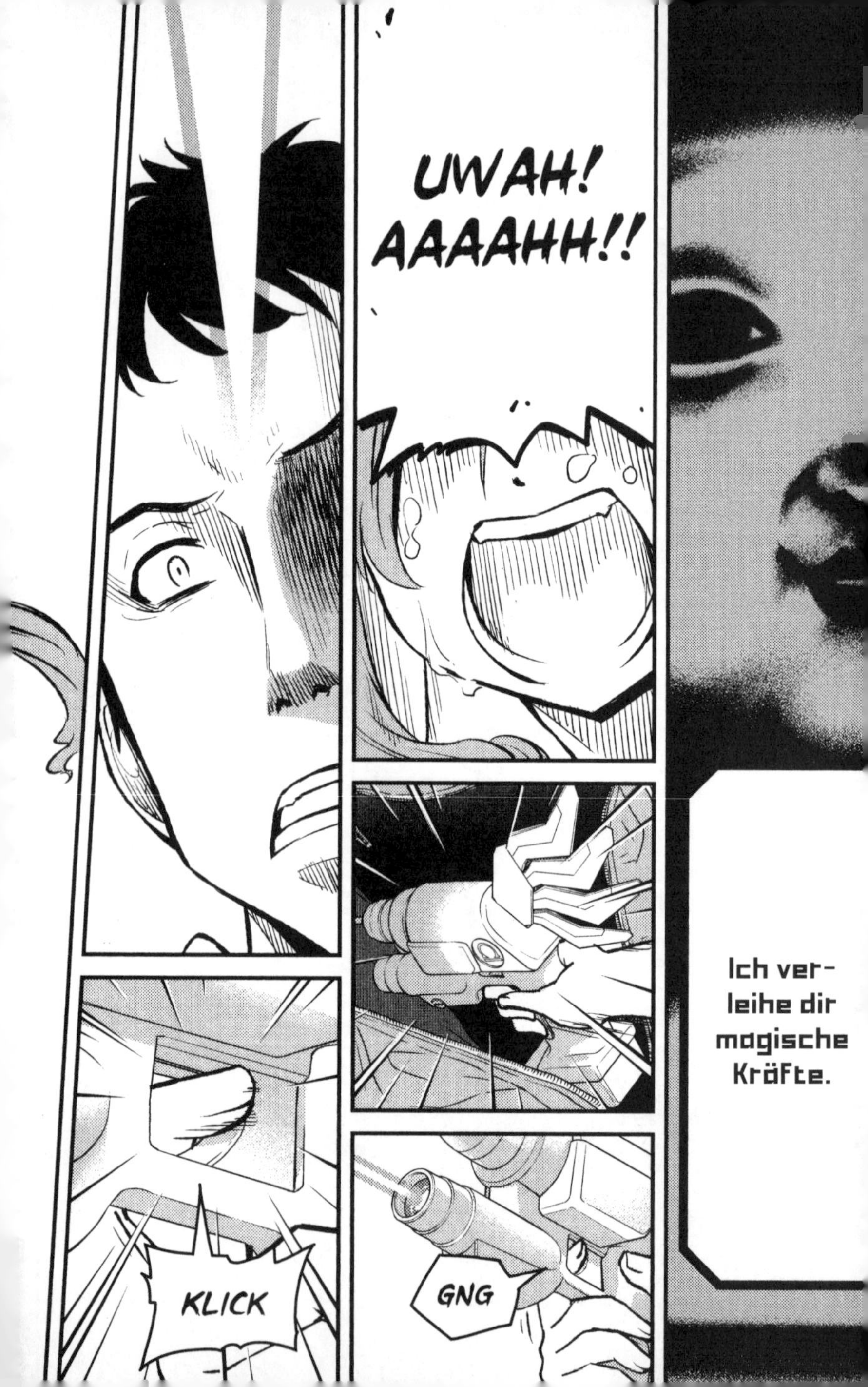
Ich ver-
leihe dir
magische
Kräfte.
UWAH!
AAAAHH!!
GNG
KLICK

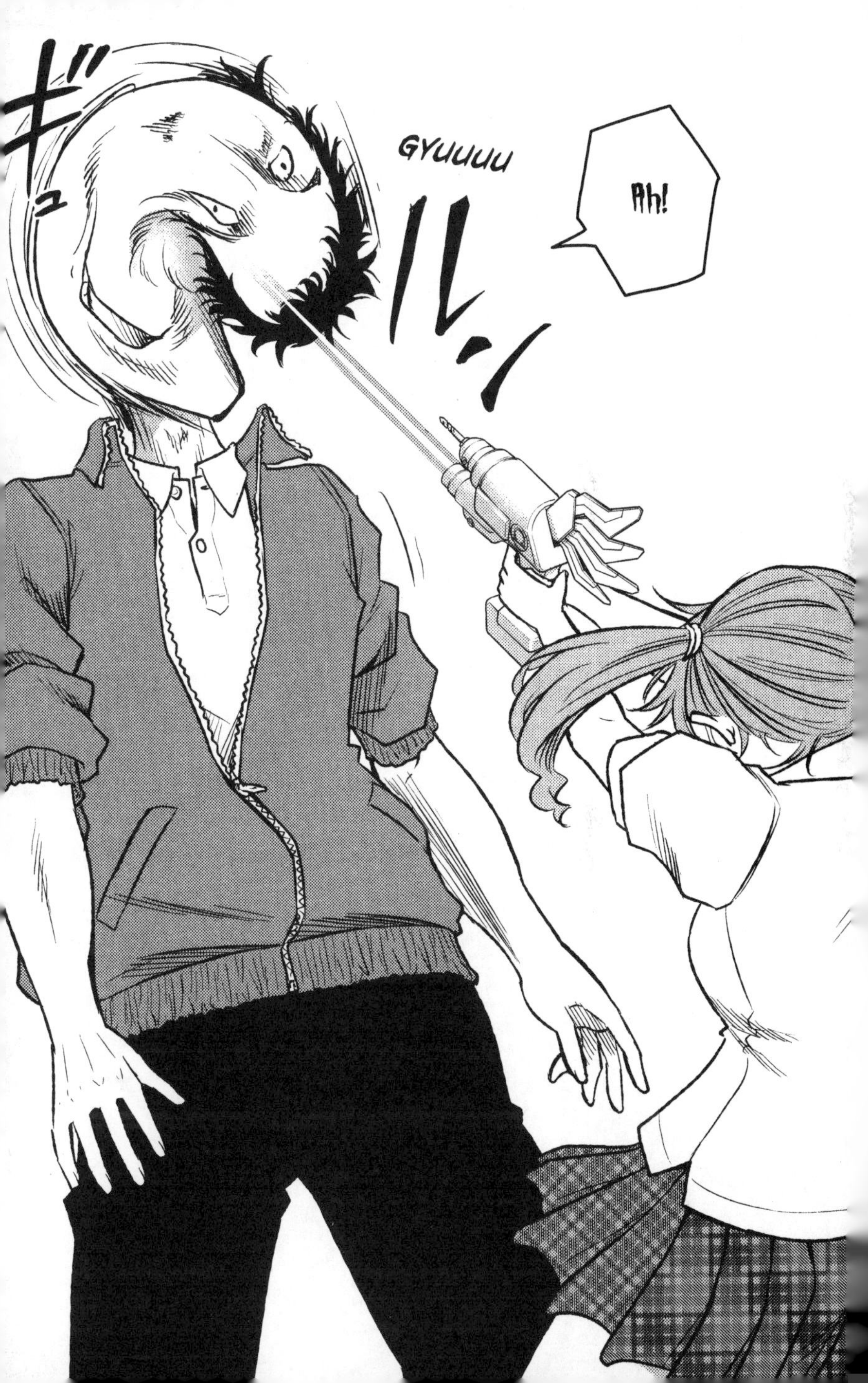
Ah!
GYUUUU
ギュ

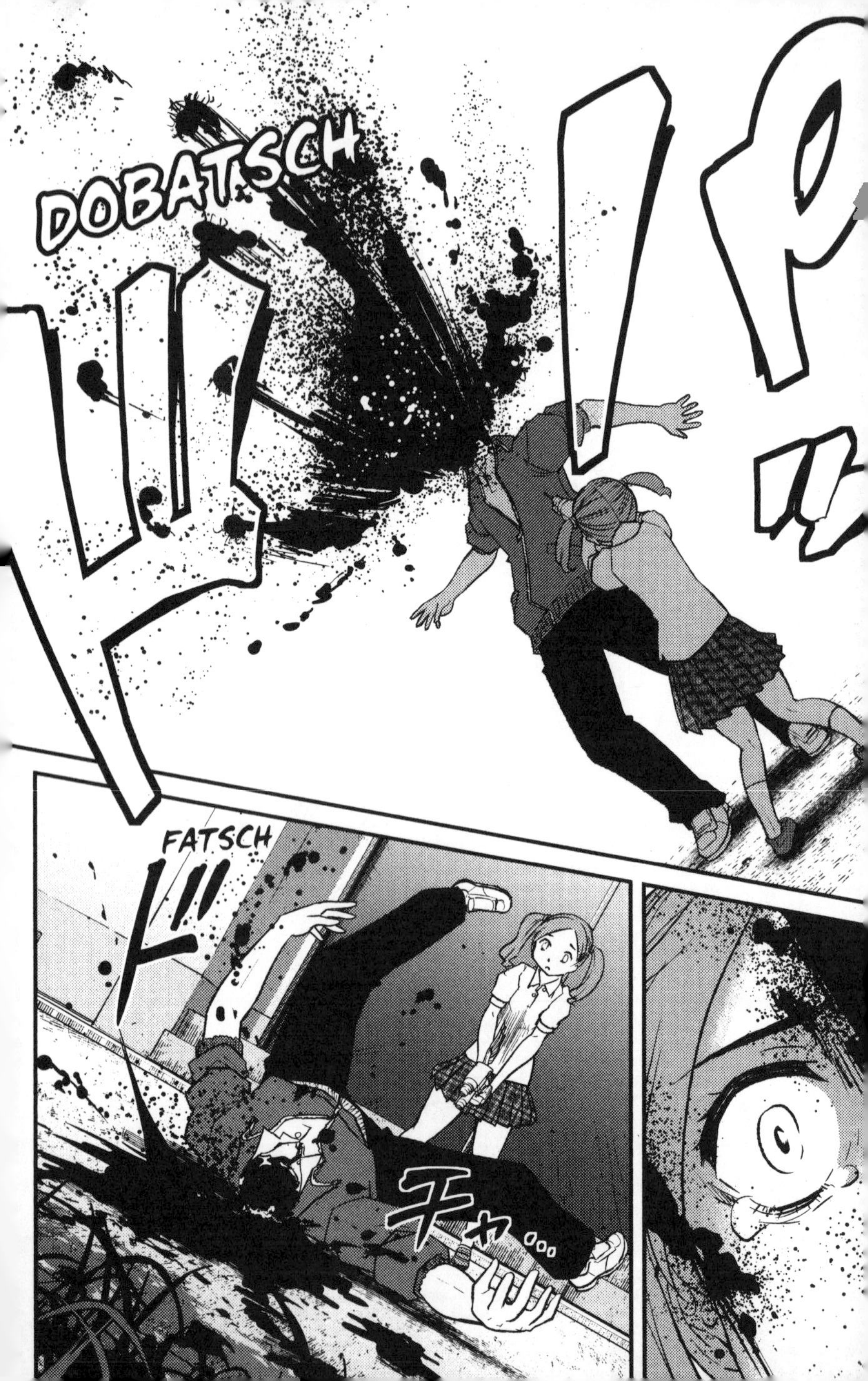
DOBATSCH
FATSCH
ド
チャ…

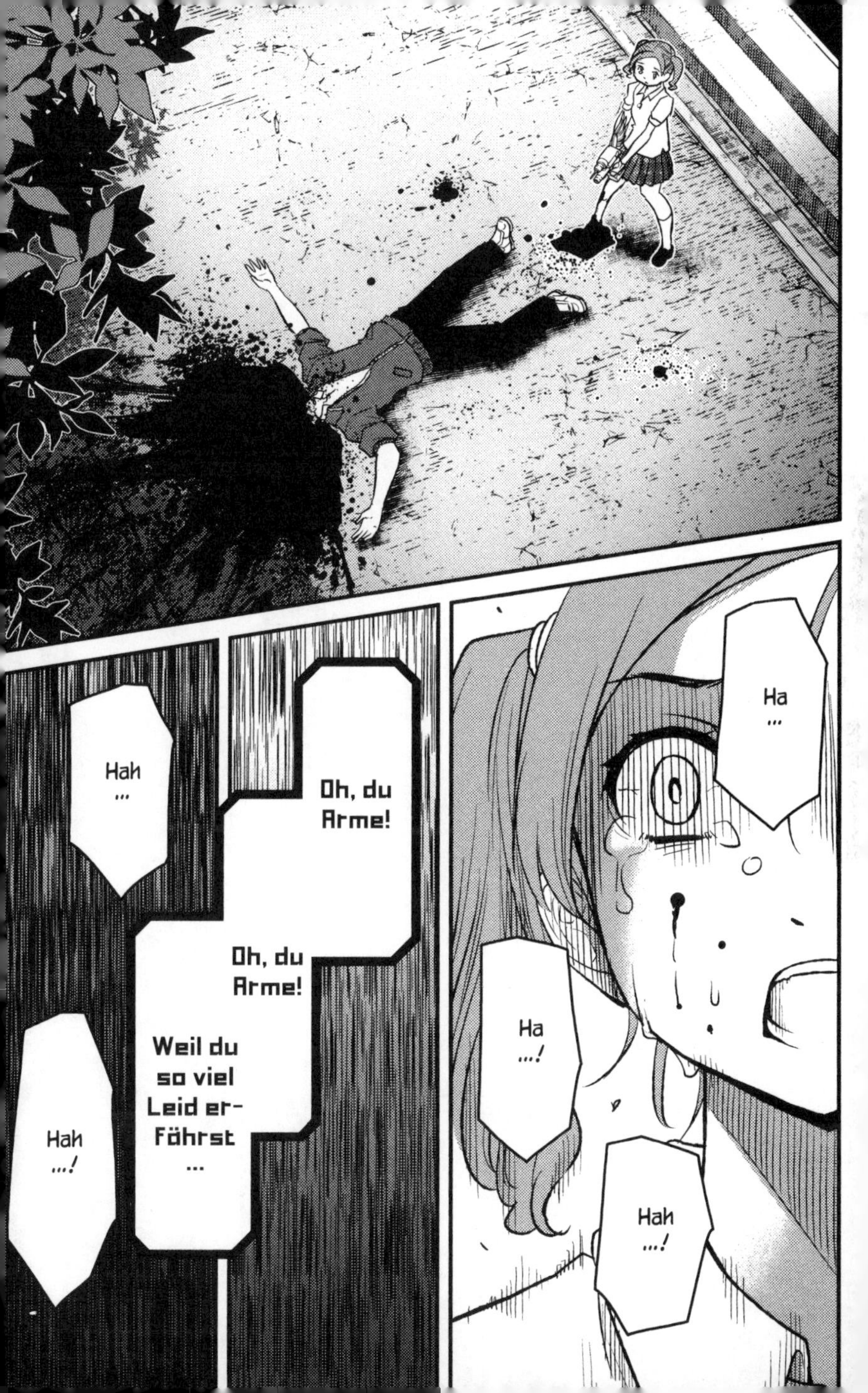

Ha ...
Ha ...!
Hah ...!
Oh, du Arme!
Oh, du Arme!
Weil du so viel Leid erfährst ...
Hah ...
Hah ...!

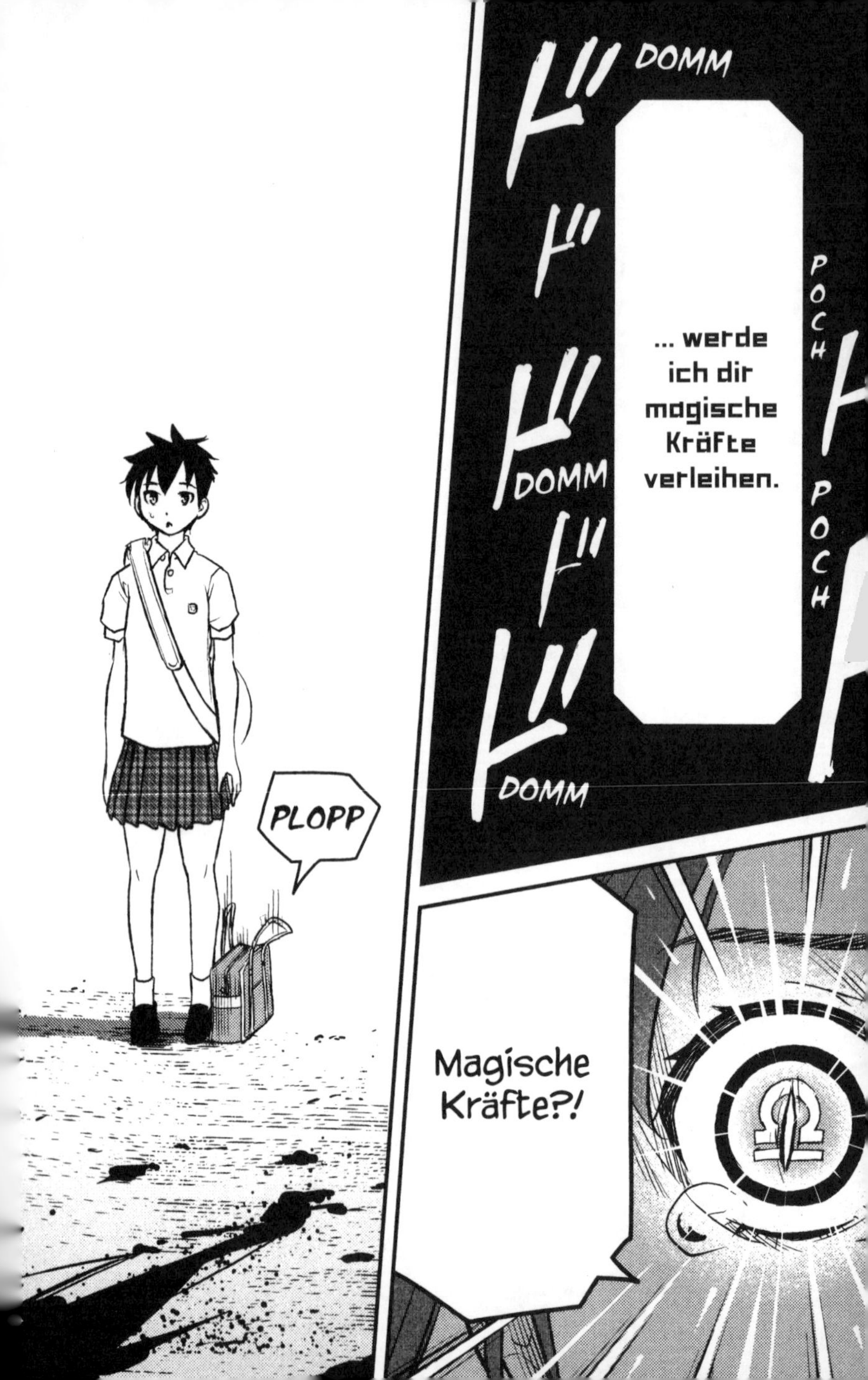
DOMM
POCH
POCH
... werde ich dir magische Kräfte verleihen.
DOMM
DOMM
Magische Kräfte?!
PLOPP

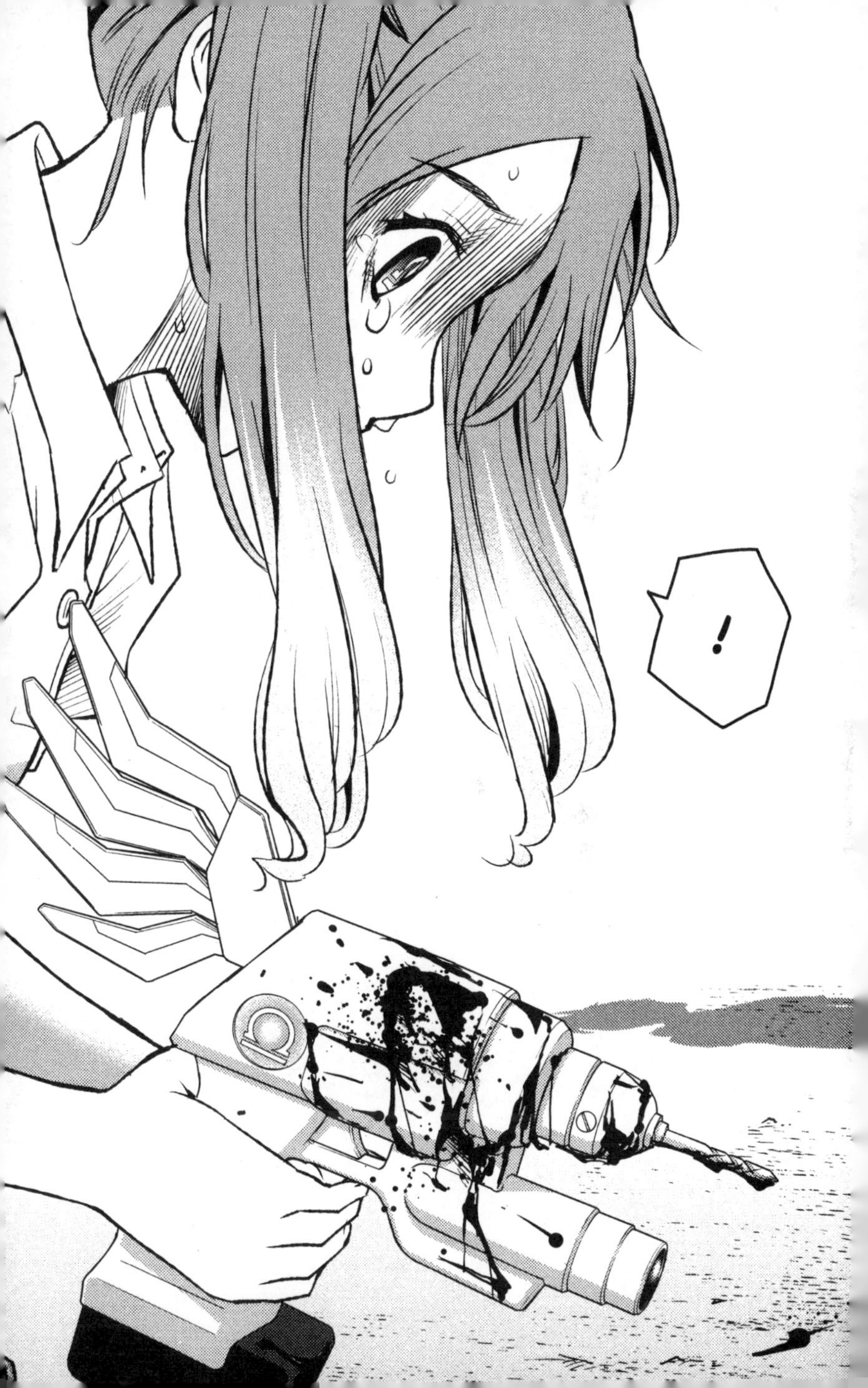

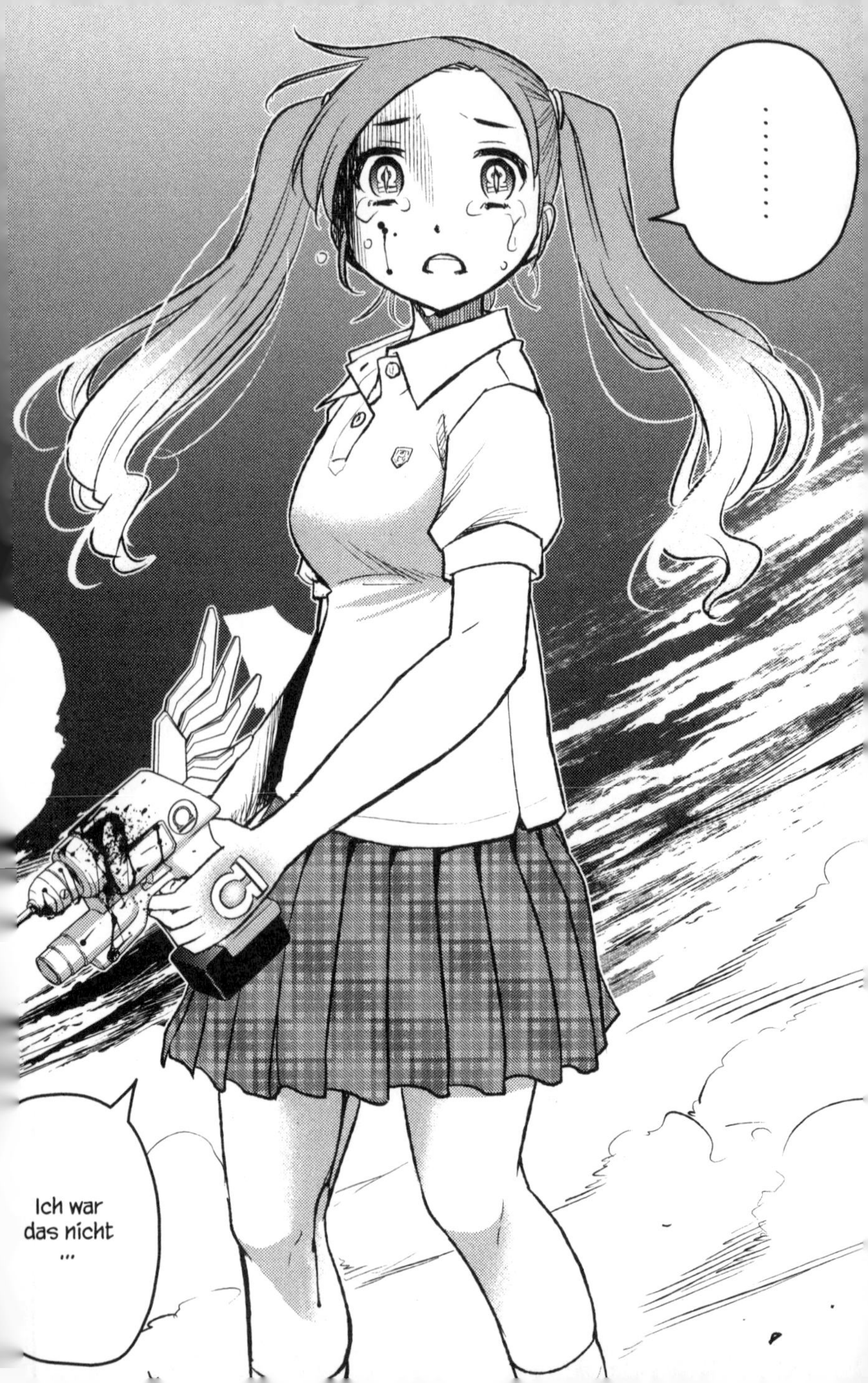
....
Ich war das nicht ...

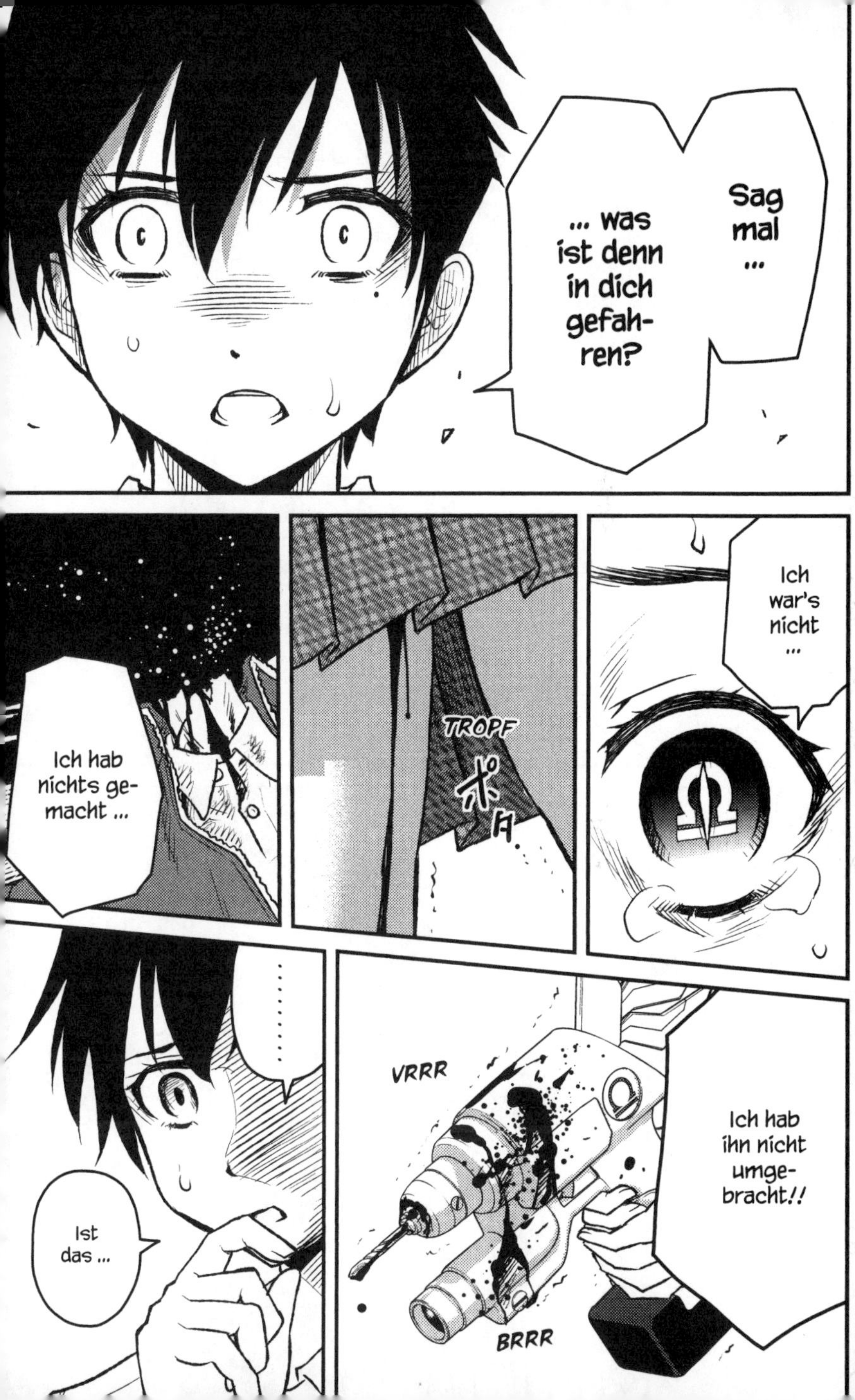

Sag mal ...
... was ist denn in dich gefahren?

Ich war's nicht ...
TROPF
Ich hab nichts gemacht ...

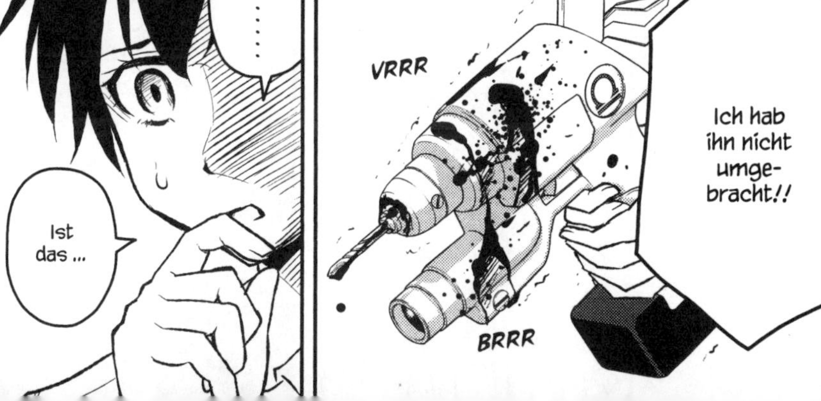

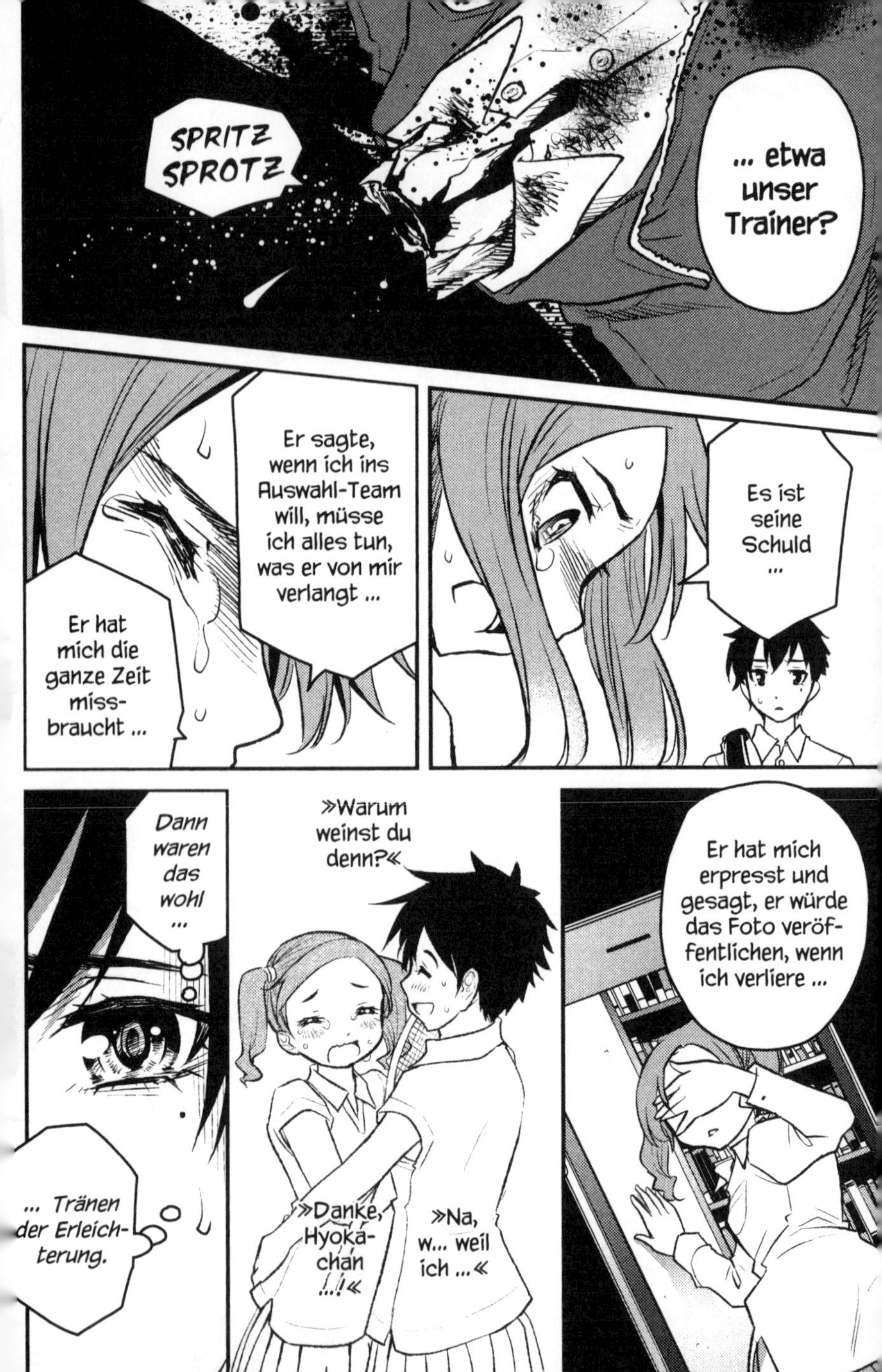
... etwa unser Trainer?
SPRITZ SPROTZ
Es ist seine Schuld ...
Er sagte, wenn ich ins Auswahl-Team will, müsse ich alles tun, was er von mir verlangt ...
Er hat mich die ganze Zeit missbraucht ...
Er hat mich erpresst und gesagt, er würde das Foto veröffentlichen, wenn ich verliere ...
»Warum weinst du denn?«
»Na, w... weil ich ...«
»Danke, Hyoka-chan ...!«
Dann waren das wohl ...
... Tränen der Erleichterung.

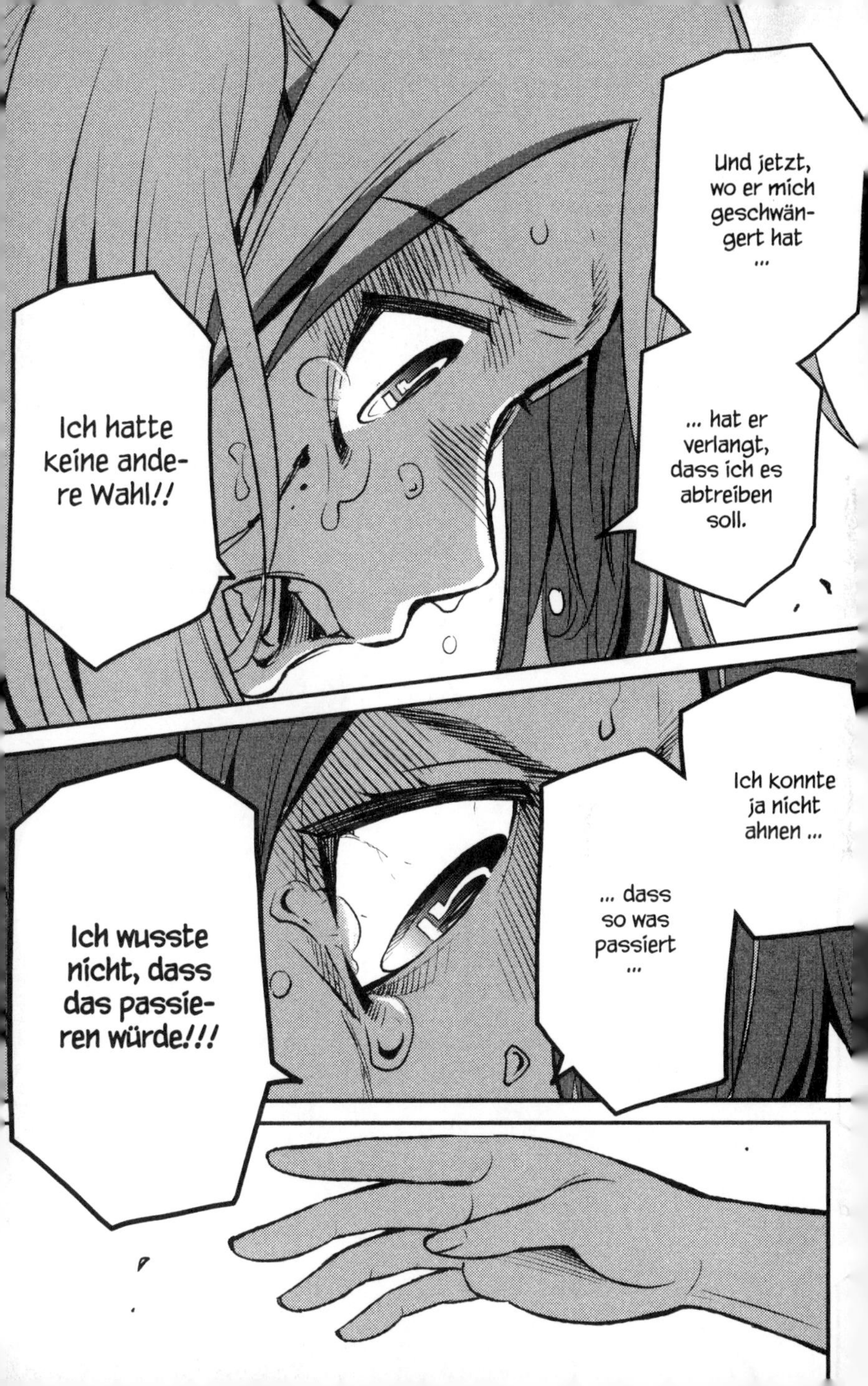
Und jetzt, wo er mich geschwängert hat ...
... hat er verlangt, dass ich es abtreiben soll.
Ich hatte keine andere Wahl!!
Ich konnte ja nicht ahnen ...
... dass so was passiert ...
Ich wusste nicht, dass das passieren würde!!!

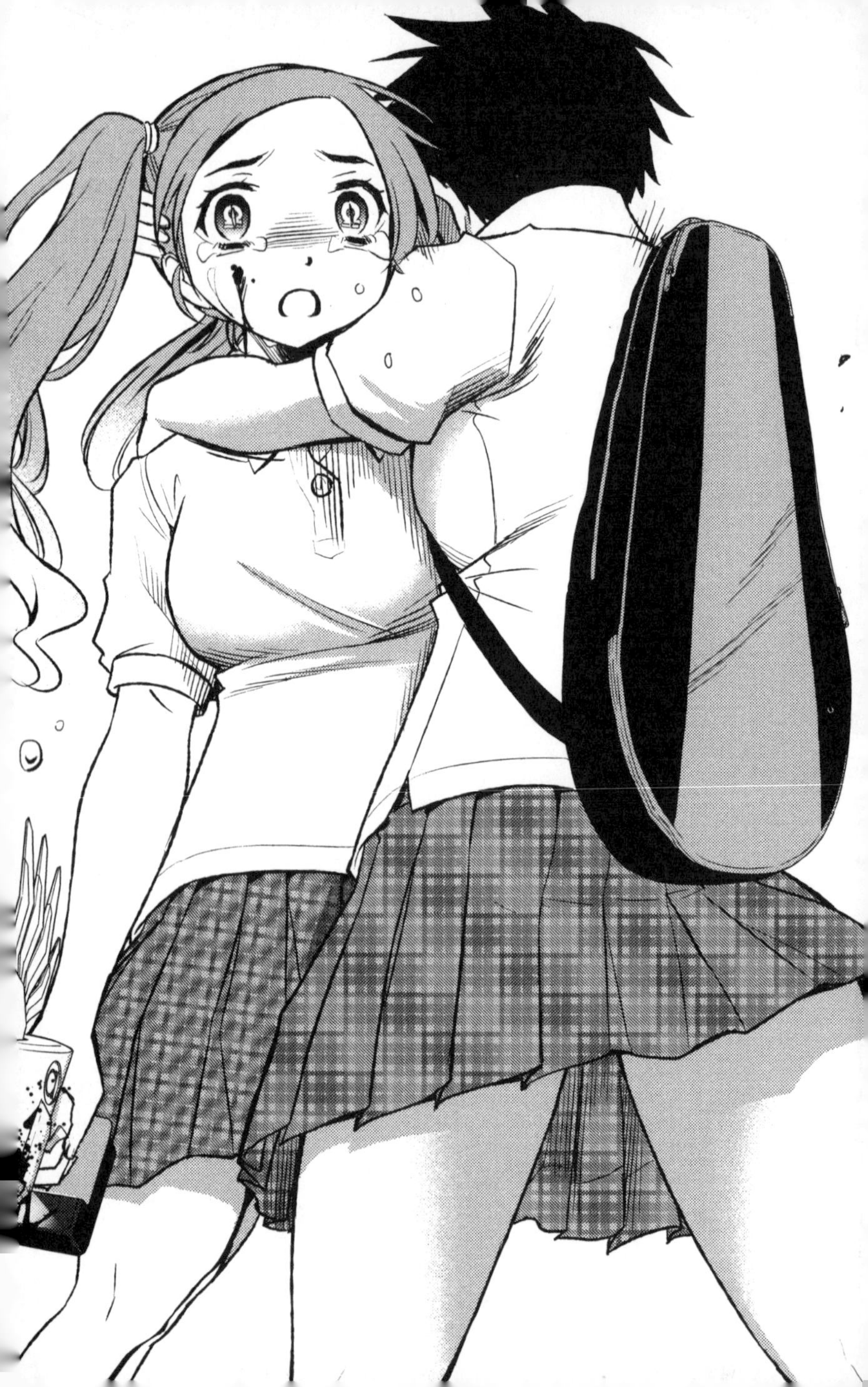

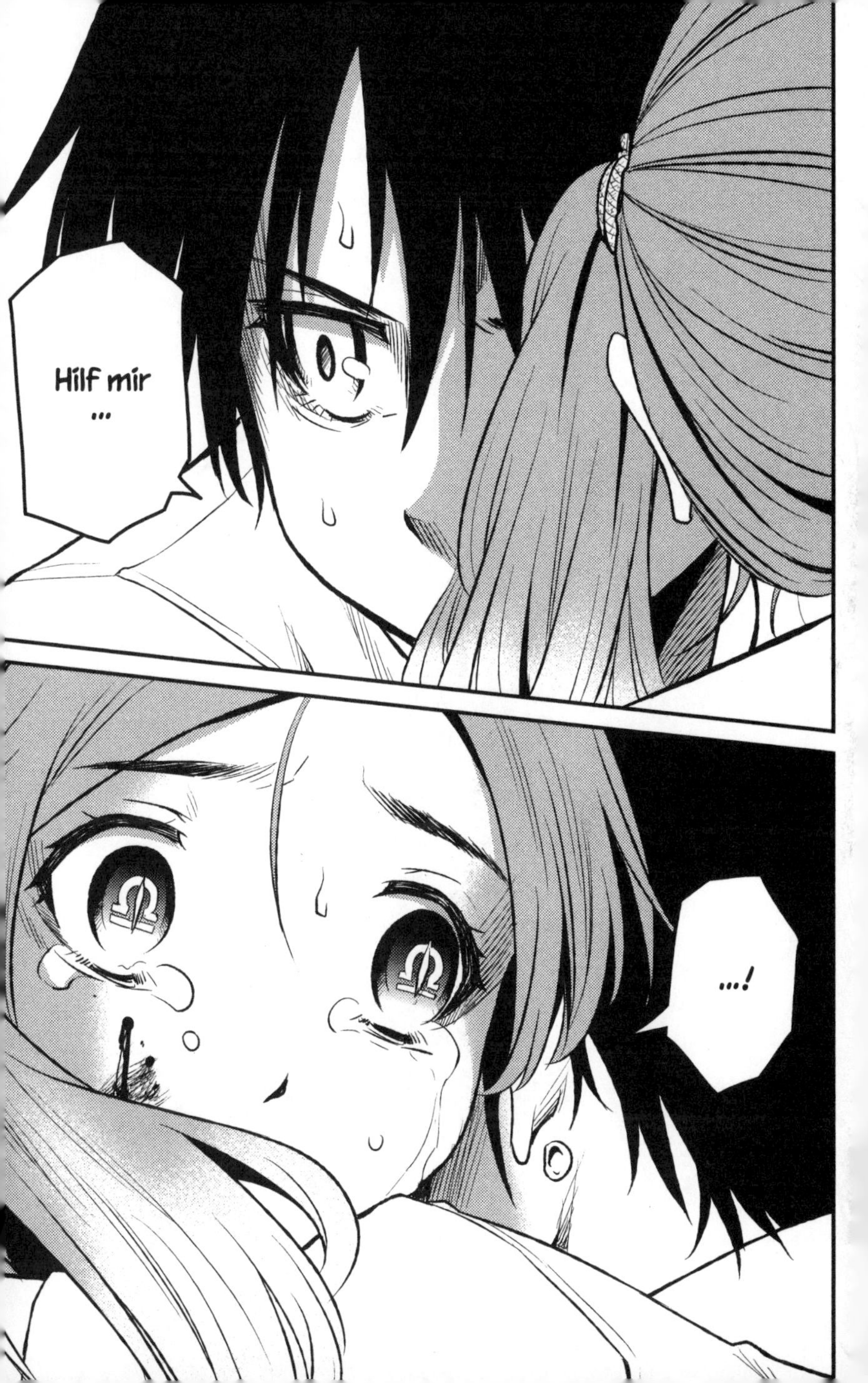
Hilf mir
...
...!

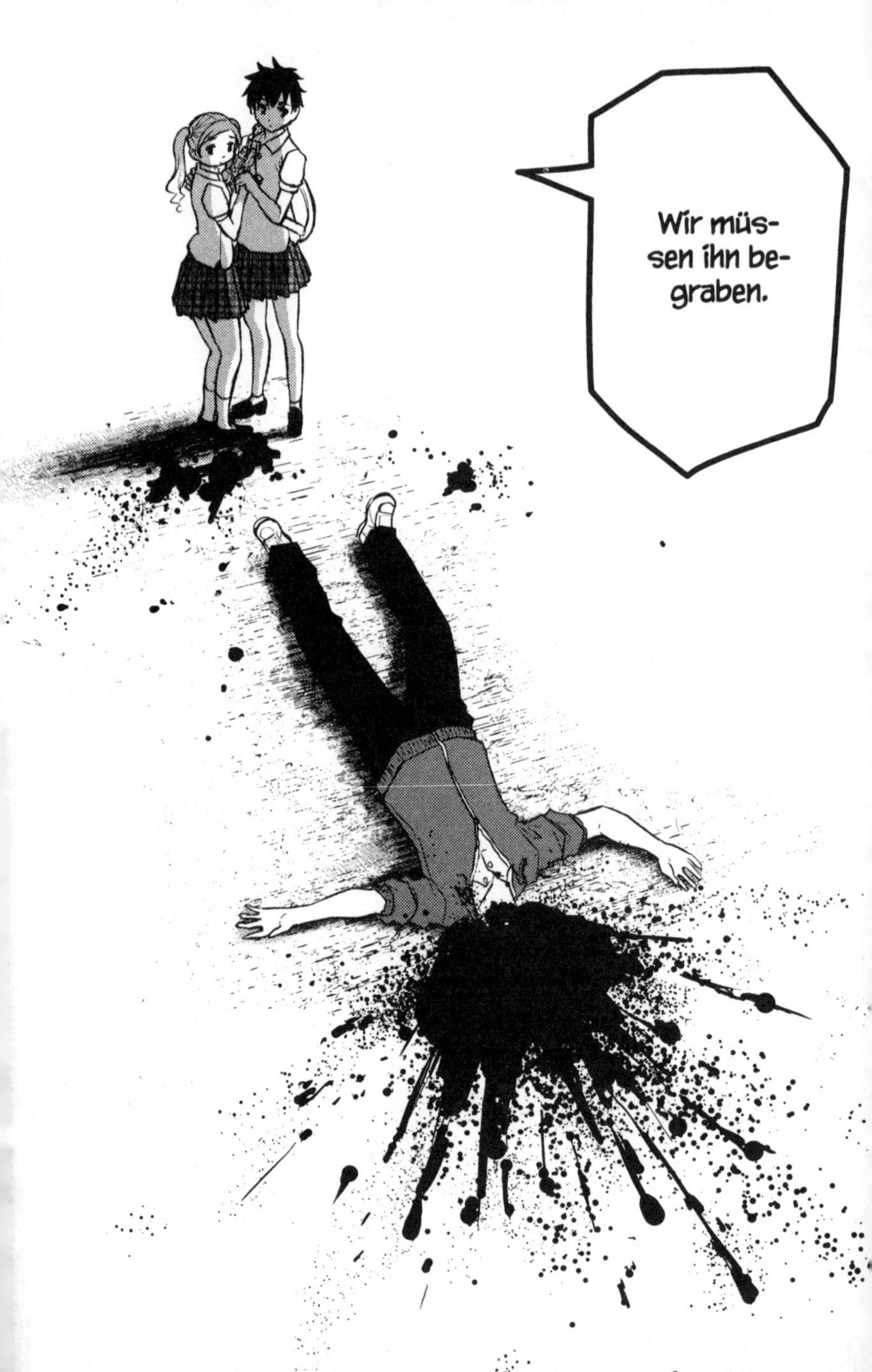
Wir müs-
sen ihn be-
graben.

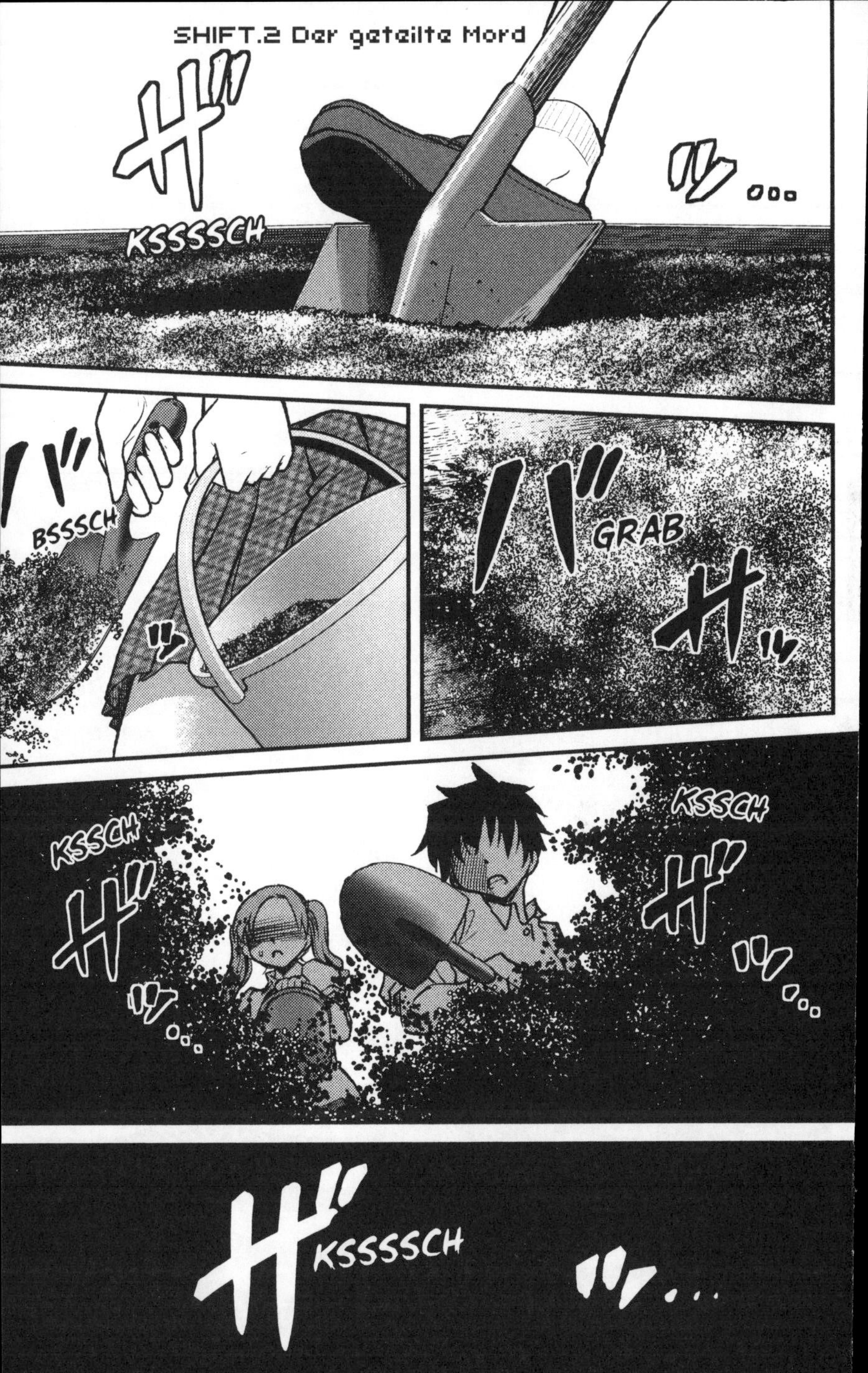

SHIFT.2 Der geteilte Mord

KSSSSCH

GRAB

BSSSCH

KSSCH

KSSCH

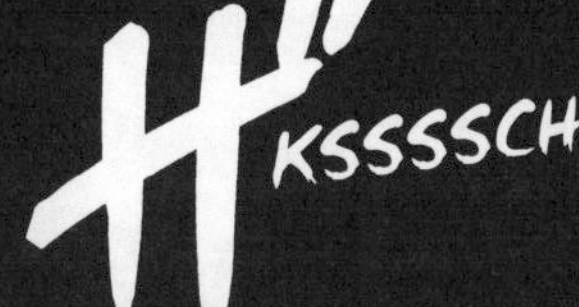

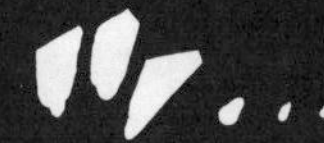

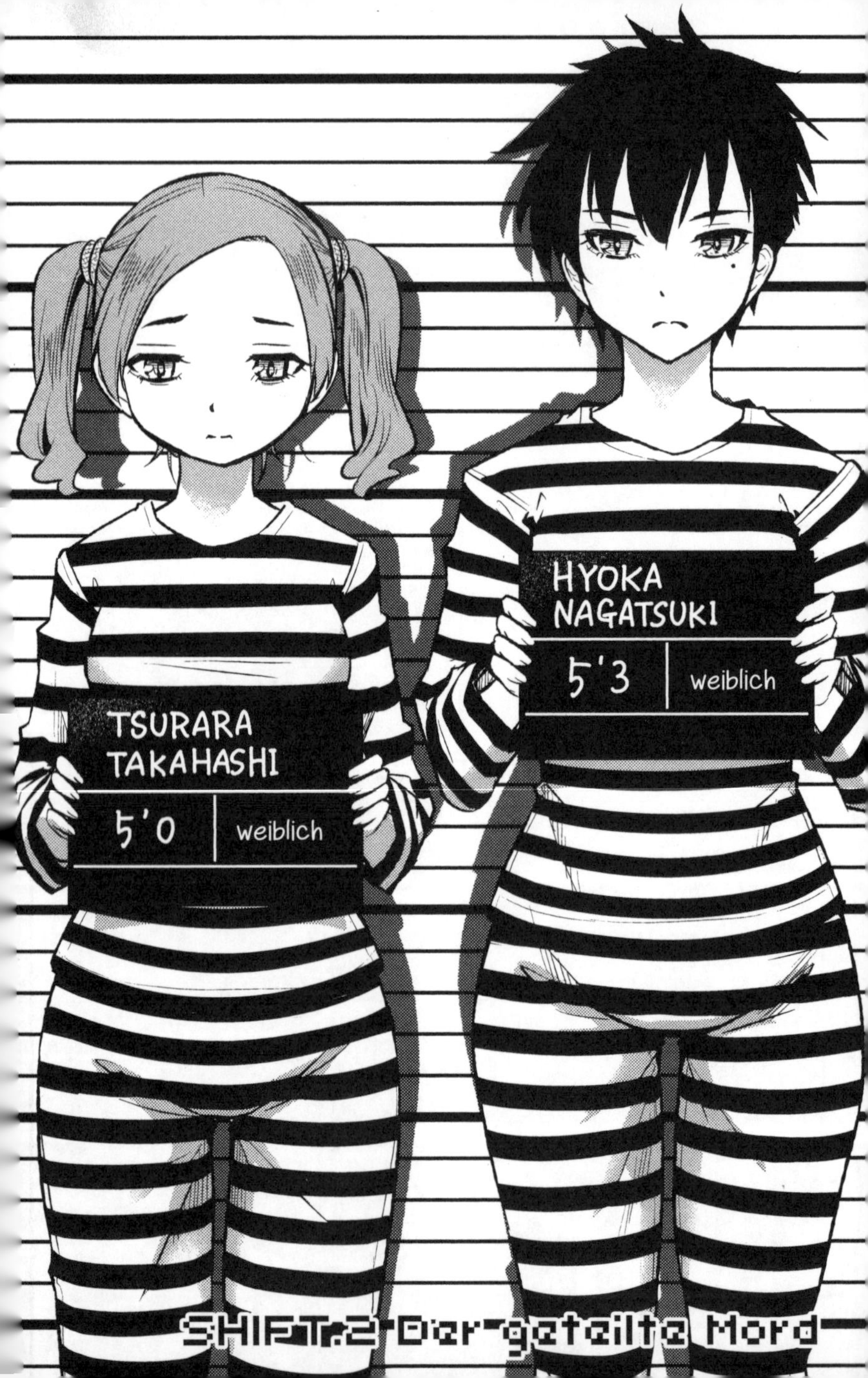

HYOKA
NAGATSUKI
5'3
weiblich
TSURARA
TAKAHASHI
5'0
weiblich
SHIFT.2 Der geteilte Mord

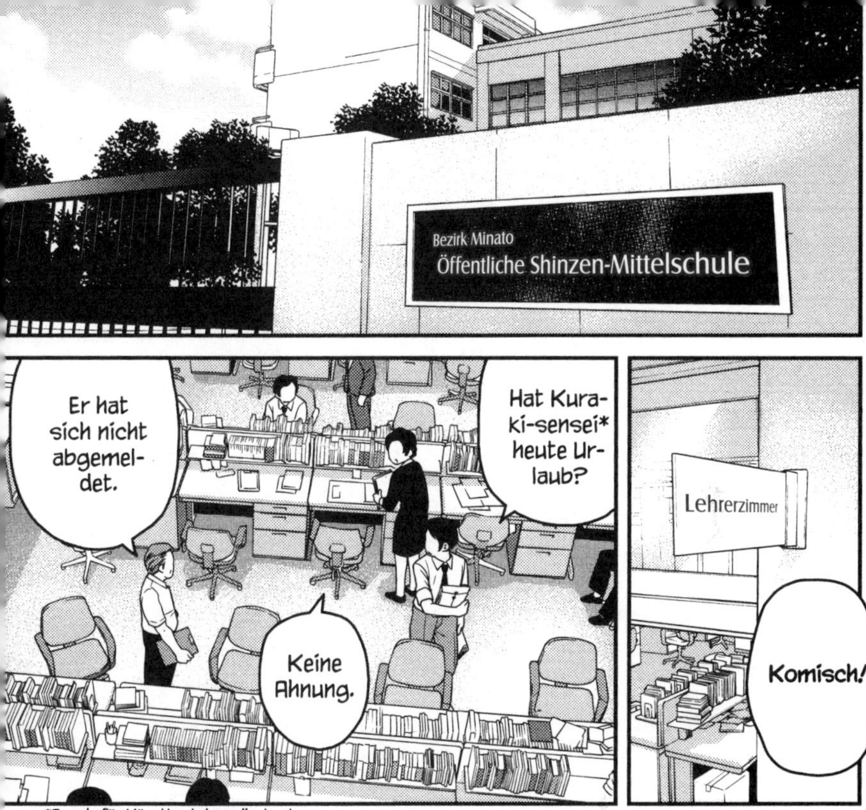

Bezirk Minato
Öffentliche Shinzen-Mittelschule

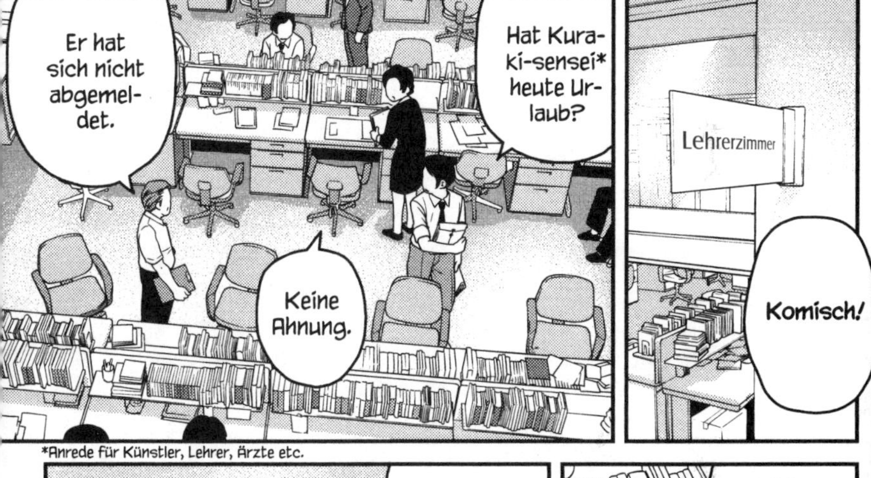

*Anrede für Künstler, Lehrer, Ärzte etc.

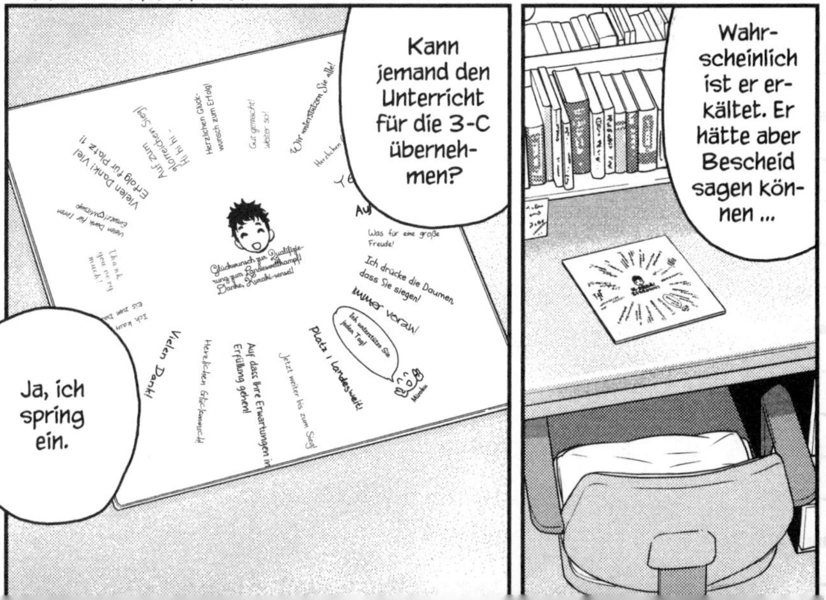

Wahrscheinlich ist er erkältet. Er hätte aber Bescheid sagen können ...

Kann jemand den Unterricht für die 3-C übernehmen?

Ja, ich spring ein.

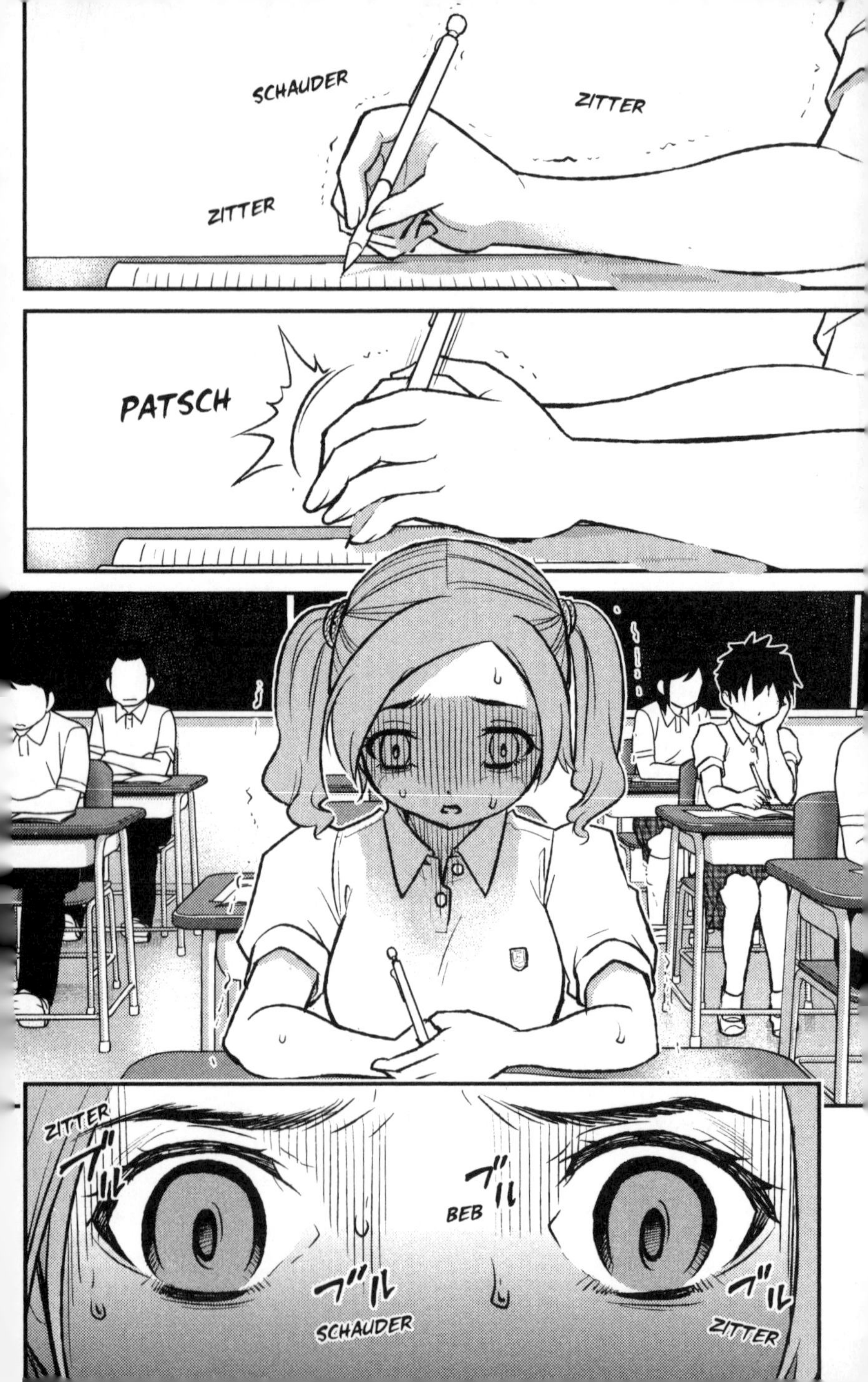
SCHAUDER
ZITTER
ZITTER
PATSCH
ZITTER
ブル
ブル
BEB
ブル
SCHAUDER
ブル
ZITTER

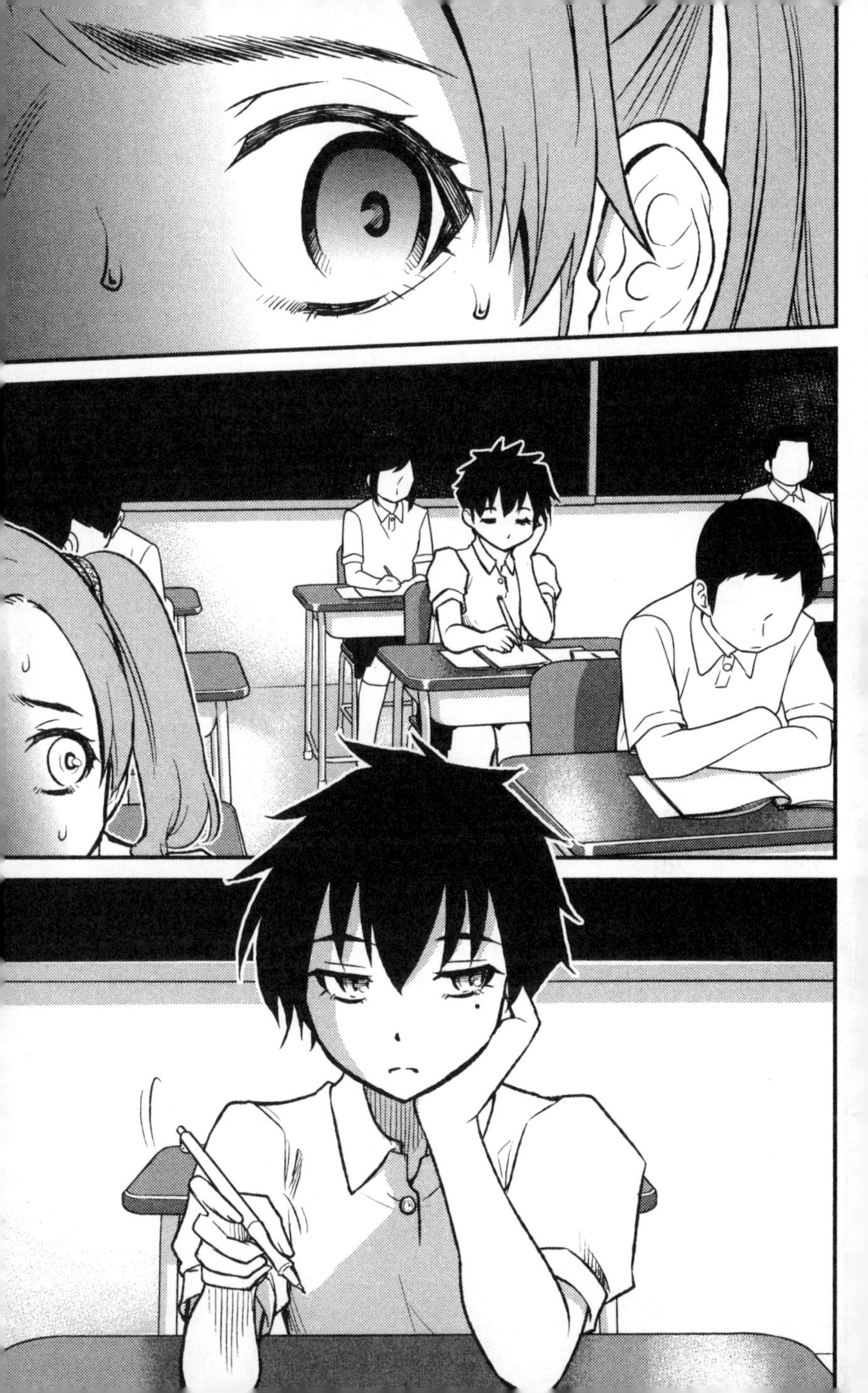

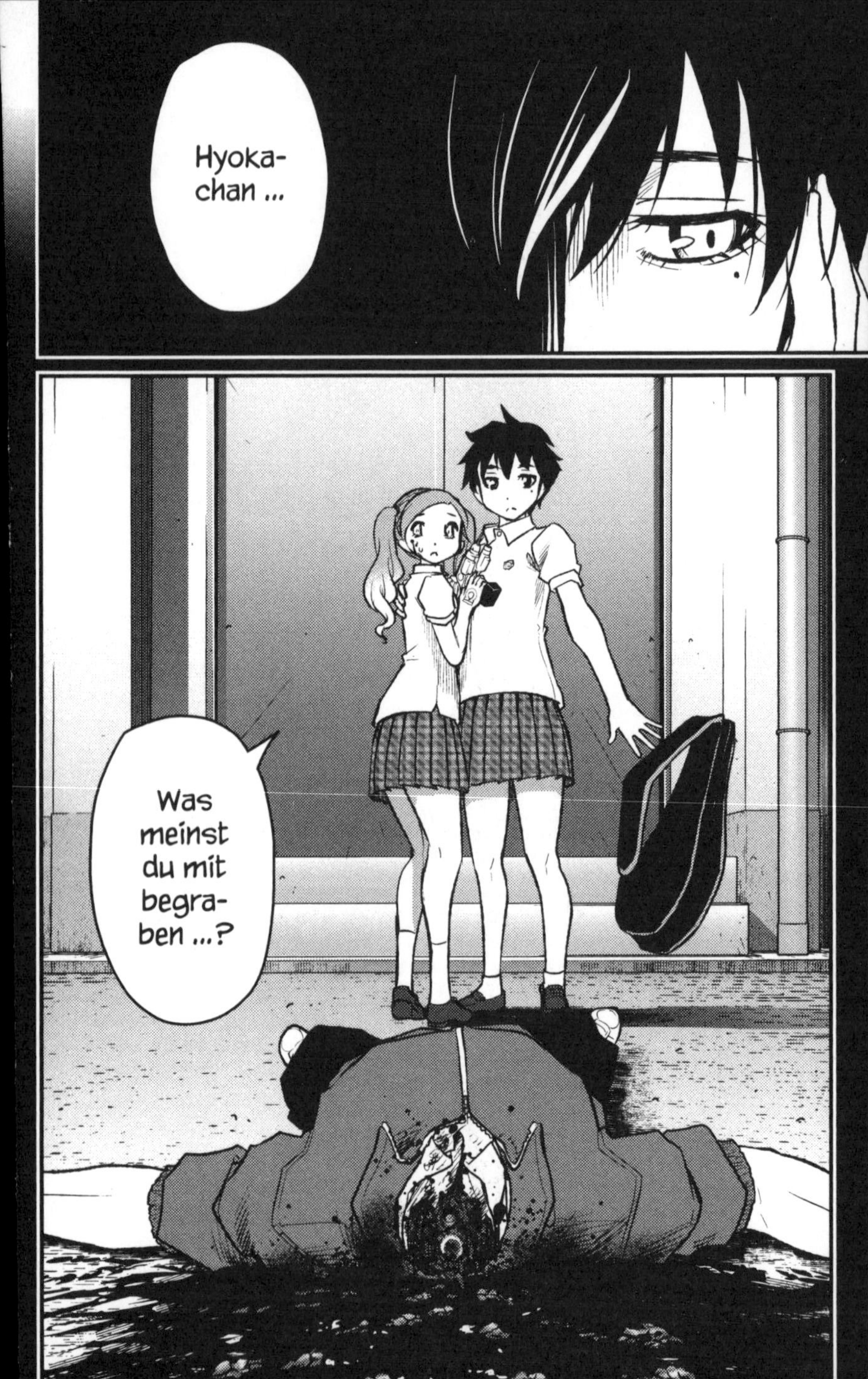
Hyoka-
chan ...
Was
meinst
du mit
begra-
ben ...?

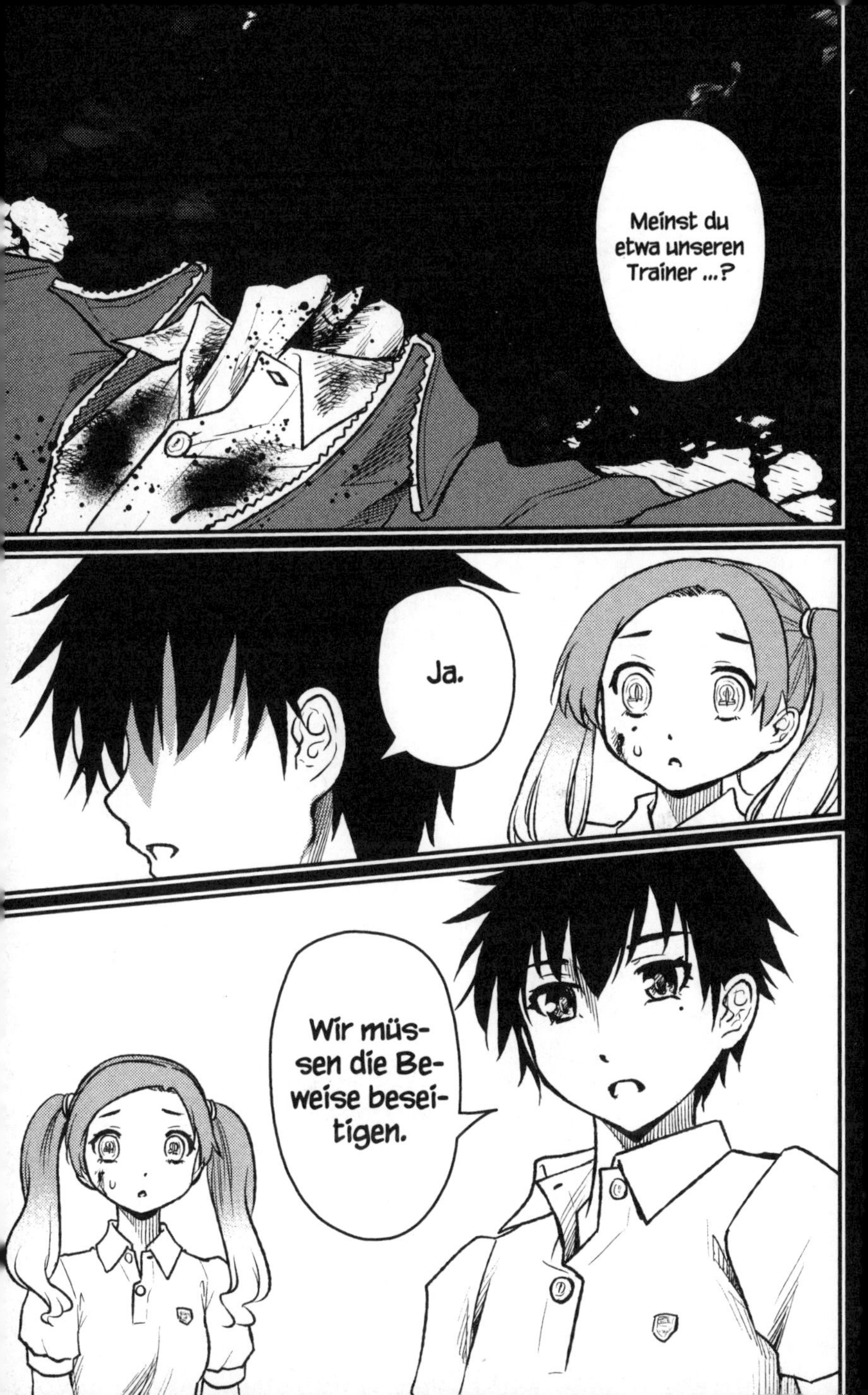
Meinst du etwa unseren Trainer ...?
Ja.
Wir müs-sen die Be-weise besei-tigen.

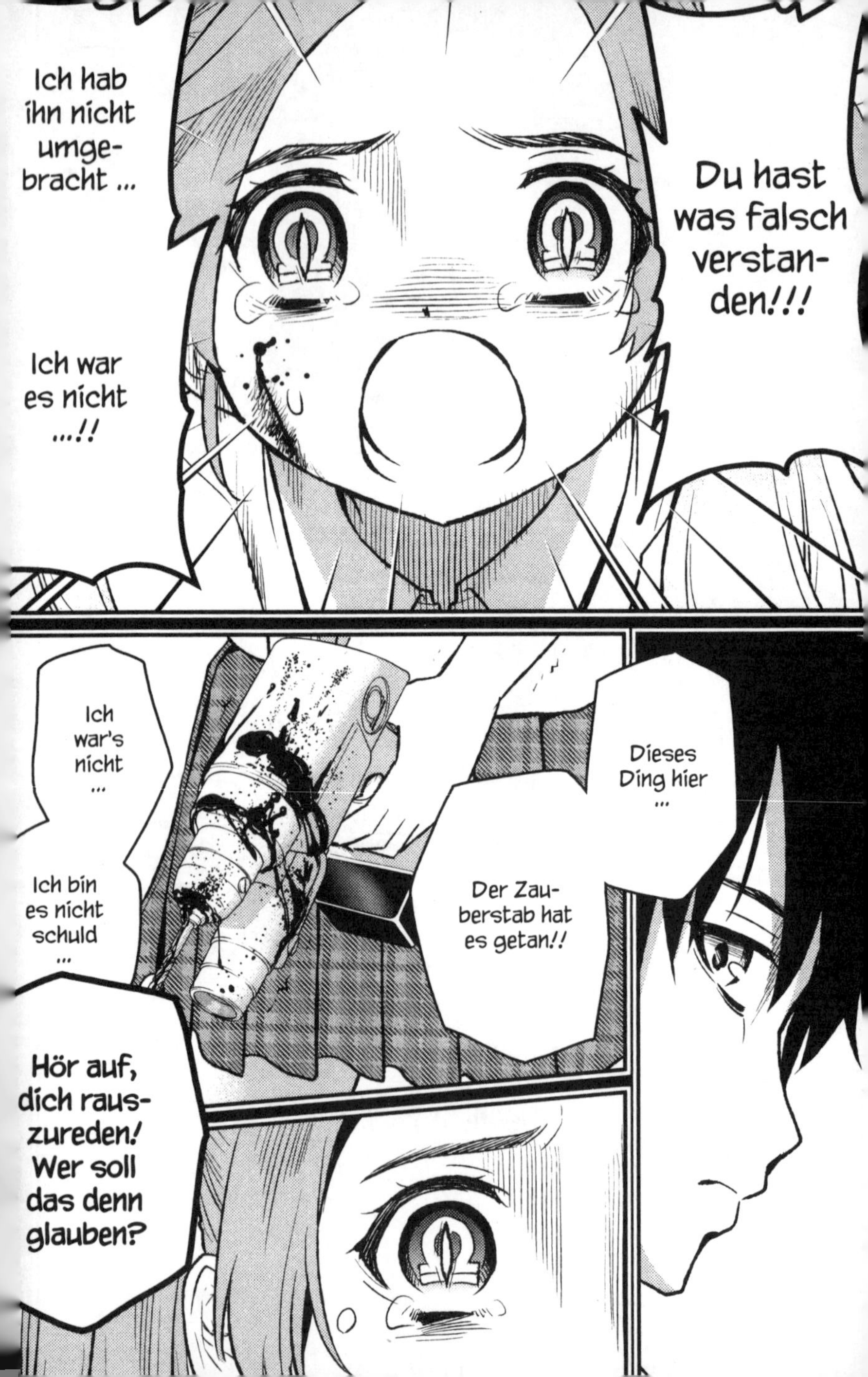
Du hast was falsch verstanden!!!
Ich hab ihn nicht umgebracht ...
Ich war es nicht ...!!
Dieses Ding hier ...
Der Zauberstab hat es getan!!
Ich war's nicht ...
Ich bin es nicht schuld ...
Hör auf, dich rauszureden! Wer soll das denn glauben?

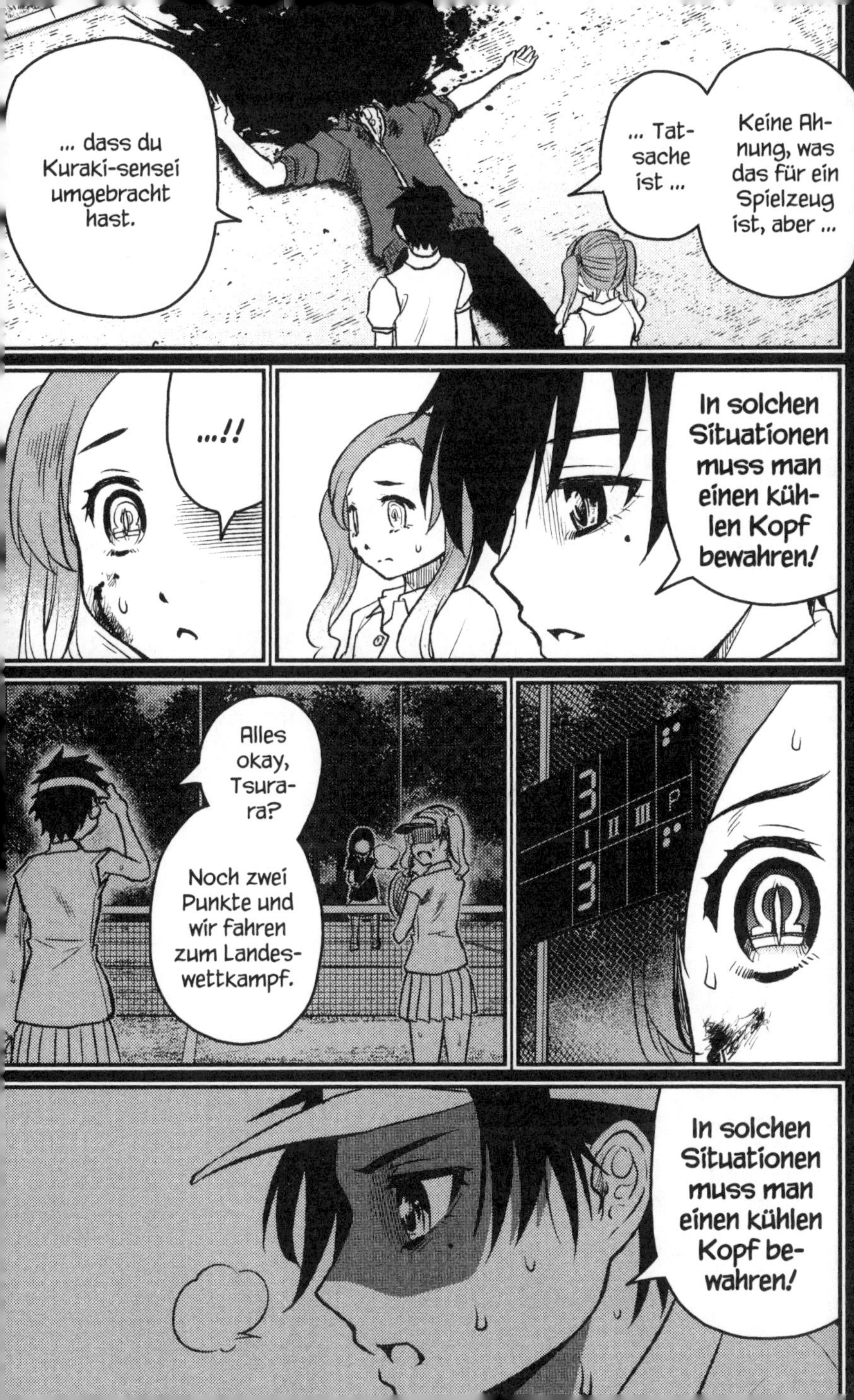

Keine Ahnung, was das für ein Spielzeug ist, aber ...

... Tatsache ist ...

... dass du Kuraki-sensei umgebracht hast.

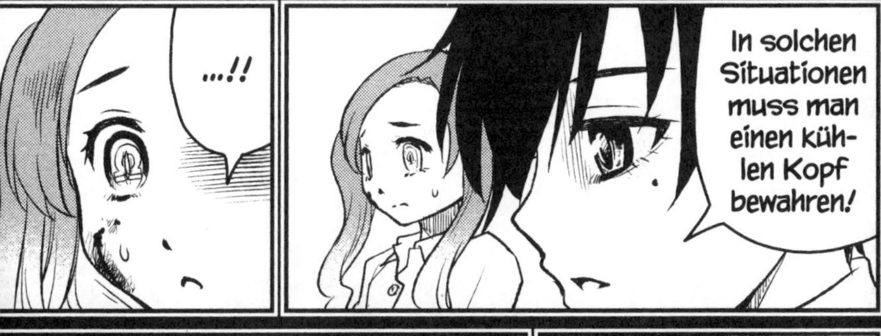

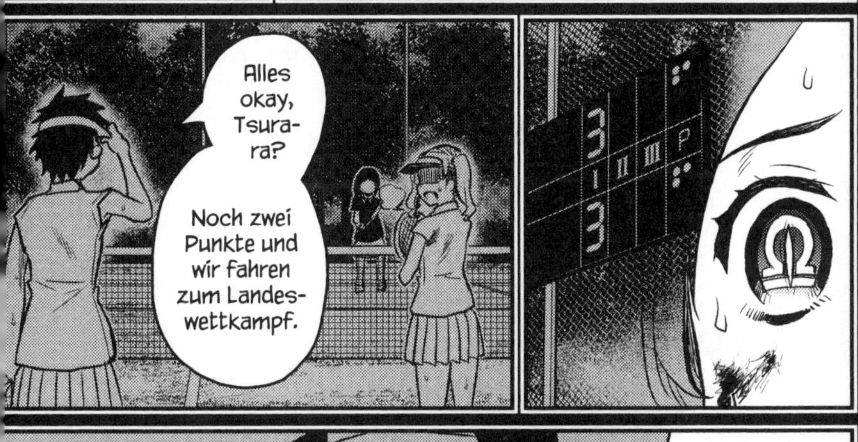

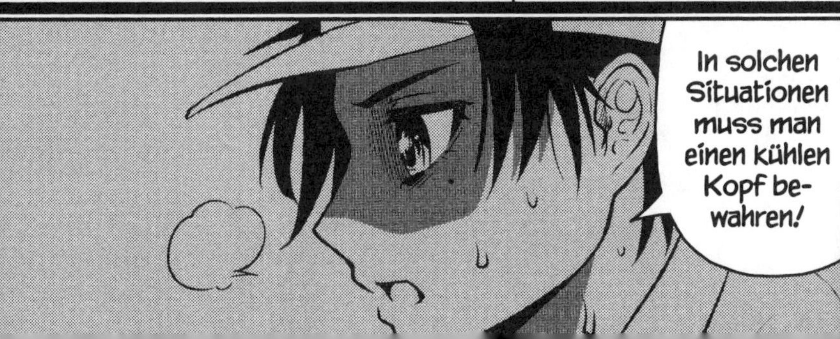

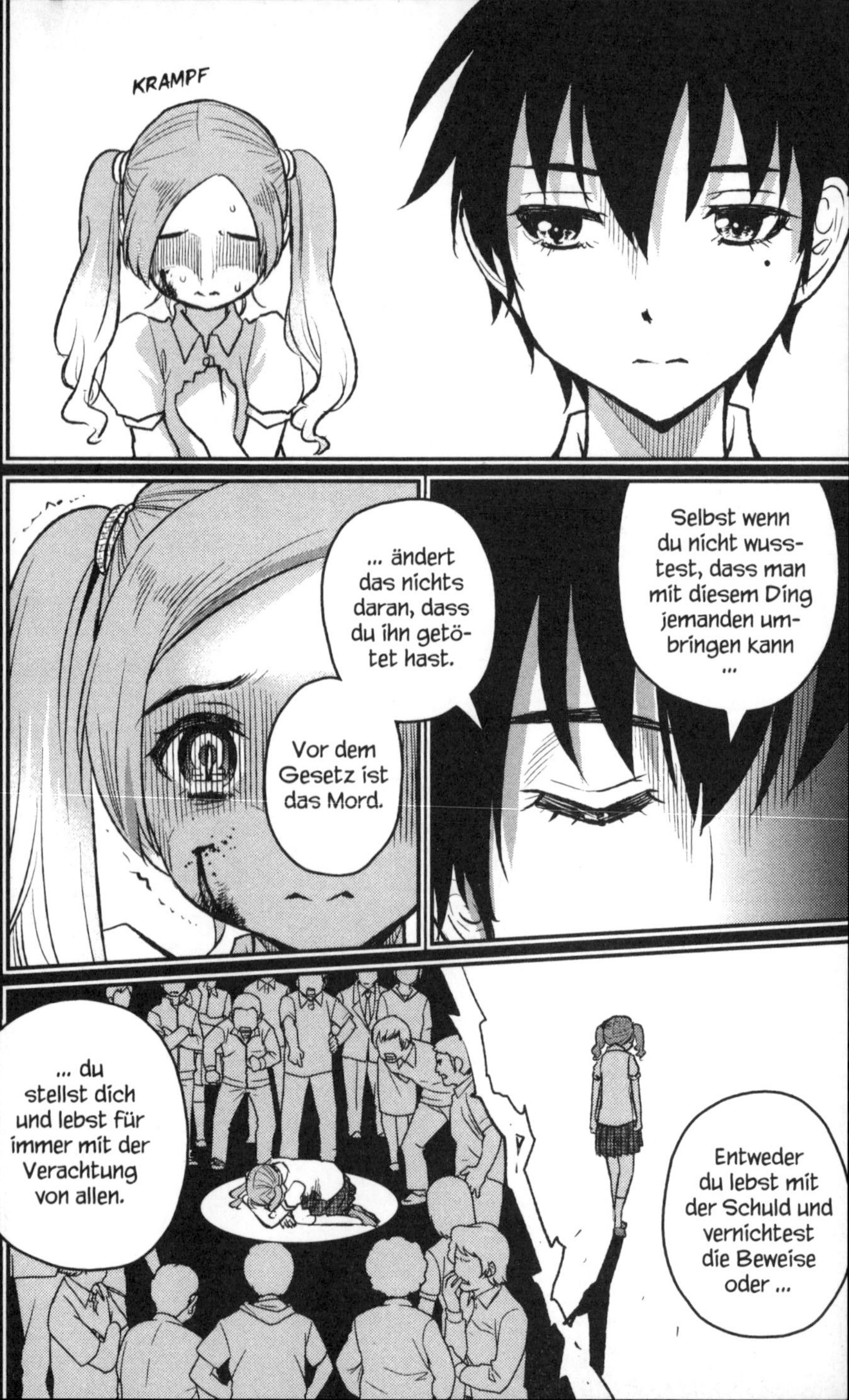

KRAMPF

Selbst wenn du nicht wusstest, dass man mit diesem Ding jemanden umbringen kann ...

... ändert das nichts daran, dass du ihn getötet hast.

Vor dem Gesetz ist das Mord.

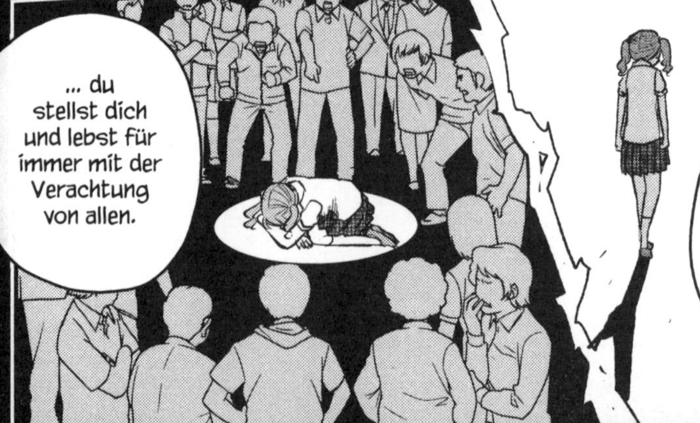

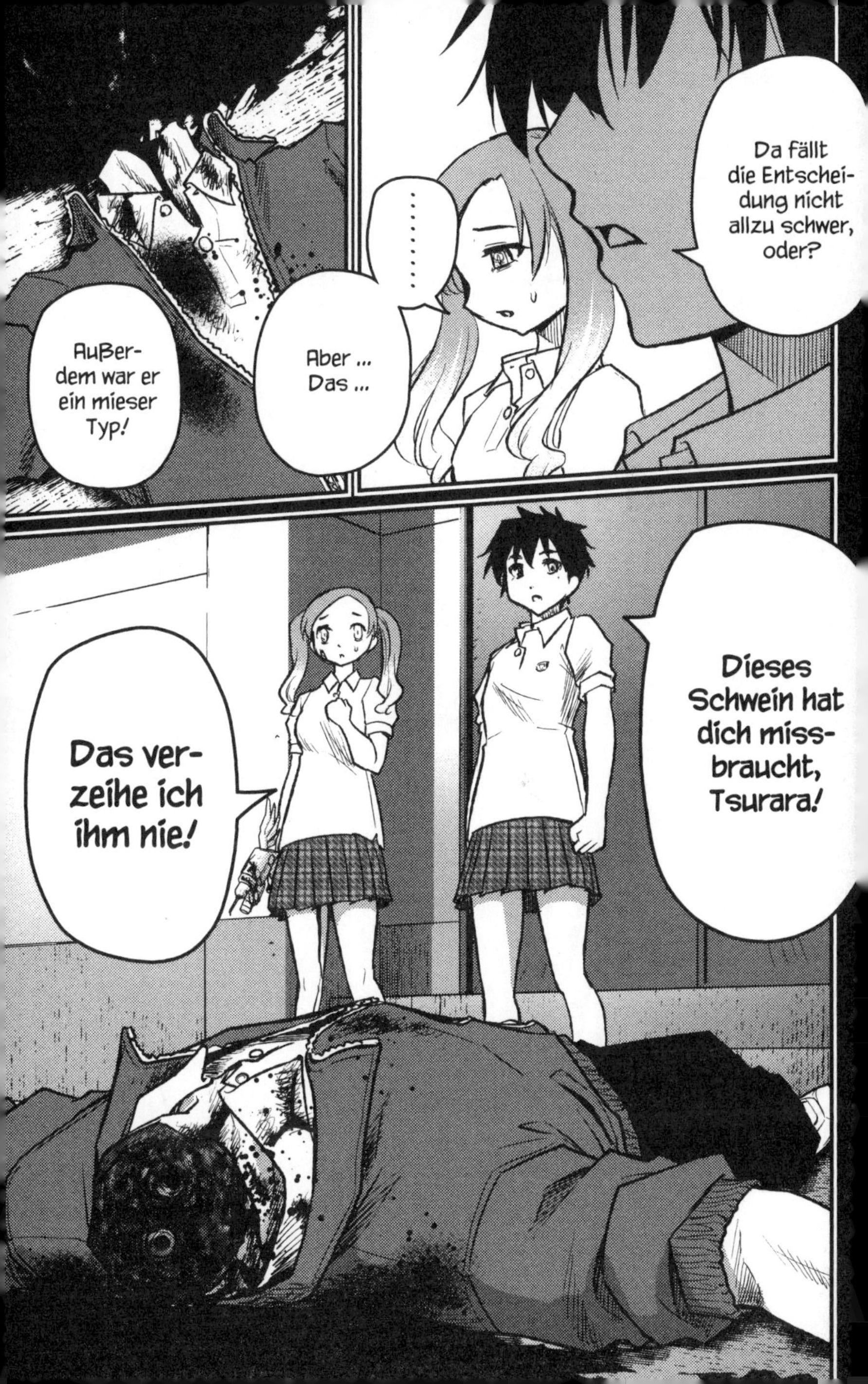
Da fällt die Entscheidung nicht allzu schwer, oder?
……
Aber … Das …
Außerdem war er ein mieser Typ!
Dieses Schwein hat dich missbraucht, Tsurara!
Das verzeihe ich ihm nie!

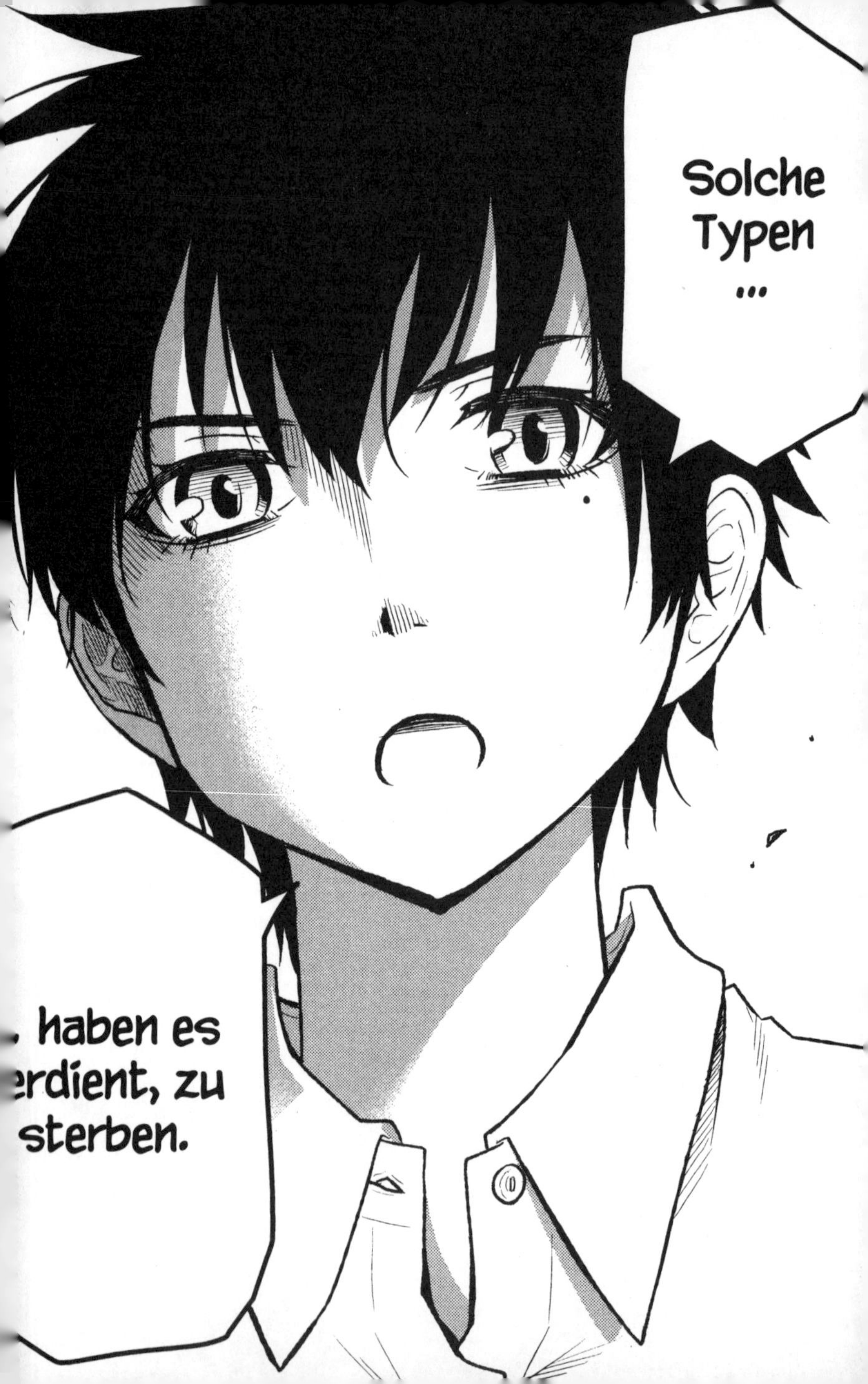
Solche Typen ...
. haben es erdient, zu sterben.

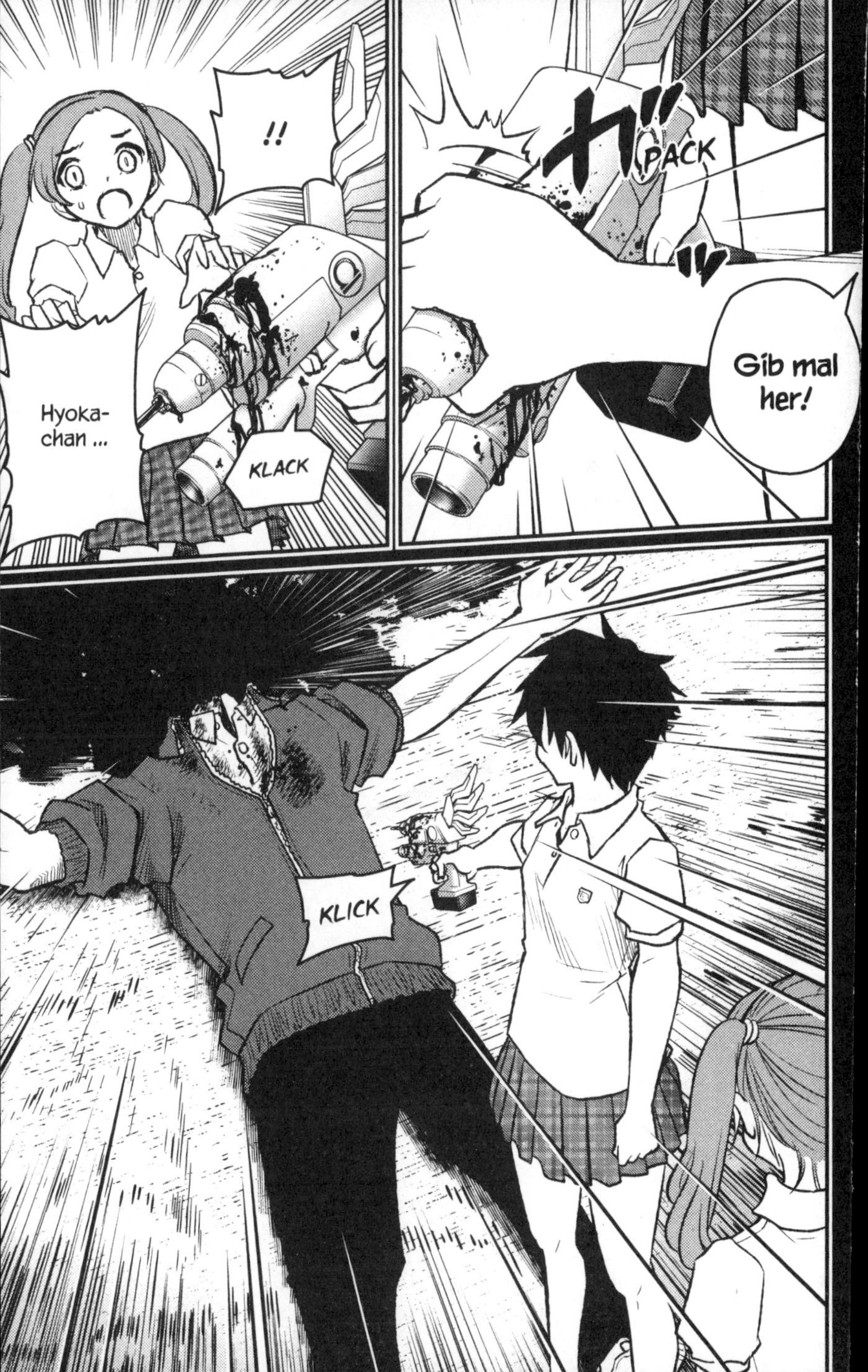

PACK
Gib mal her!
!!
KLACK
Hyoka-chan ...
KLICK

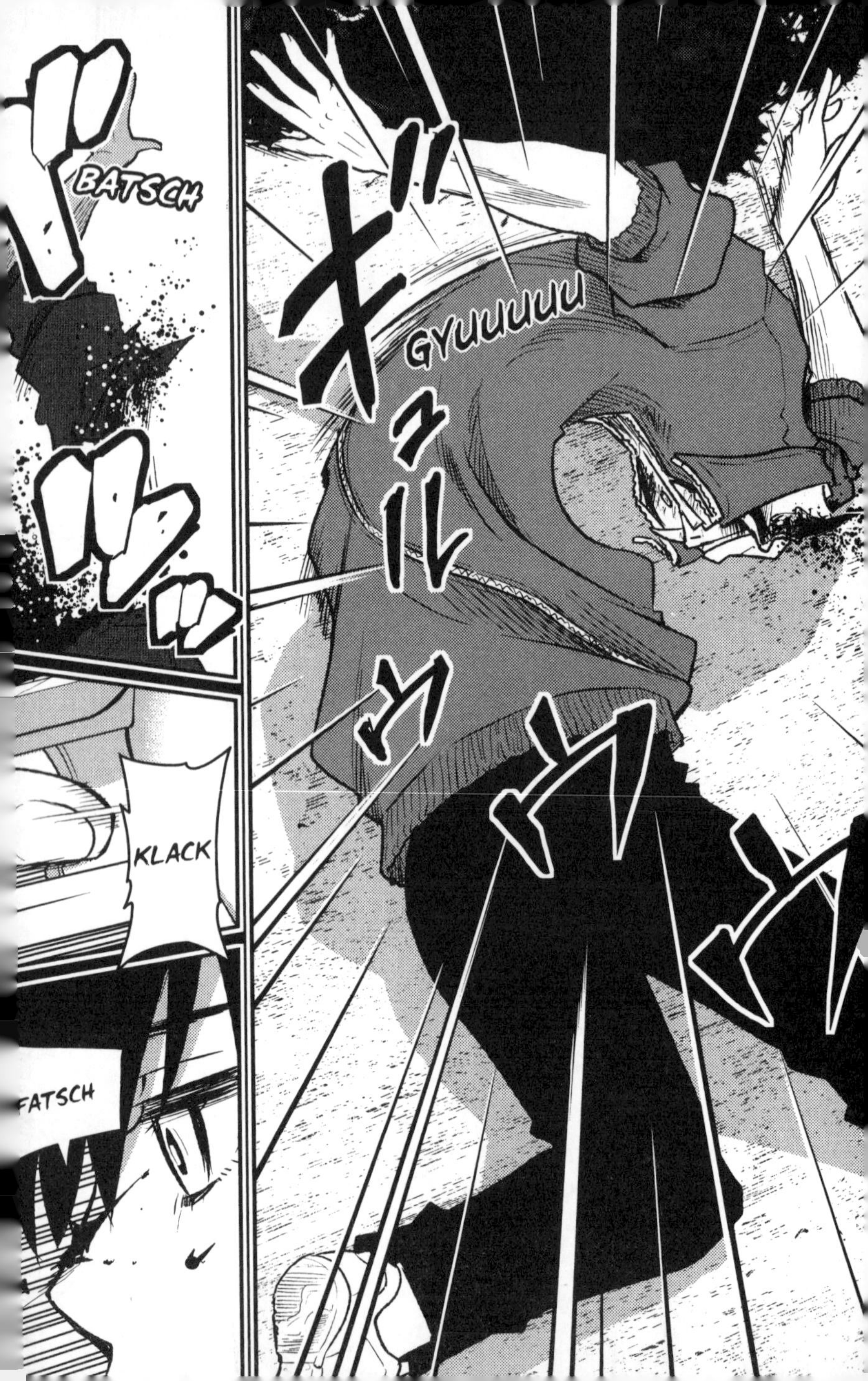
GYUUUUU
BATSCH
KLACK
FATSCH

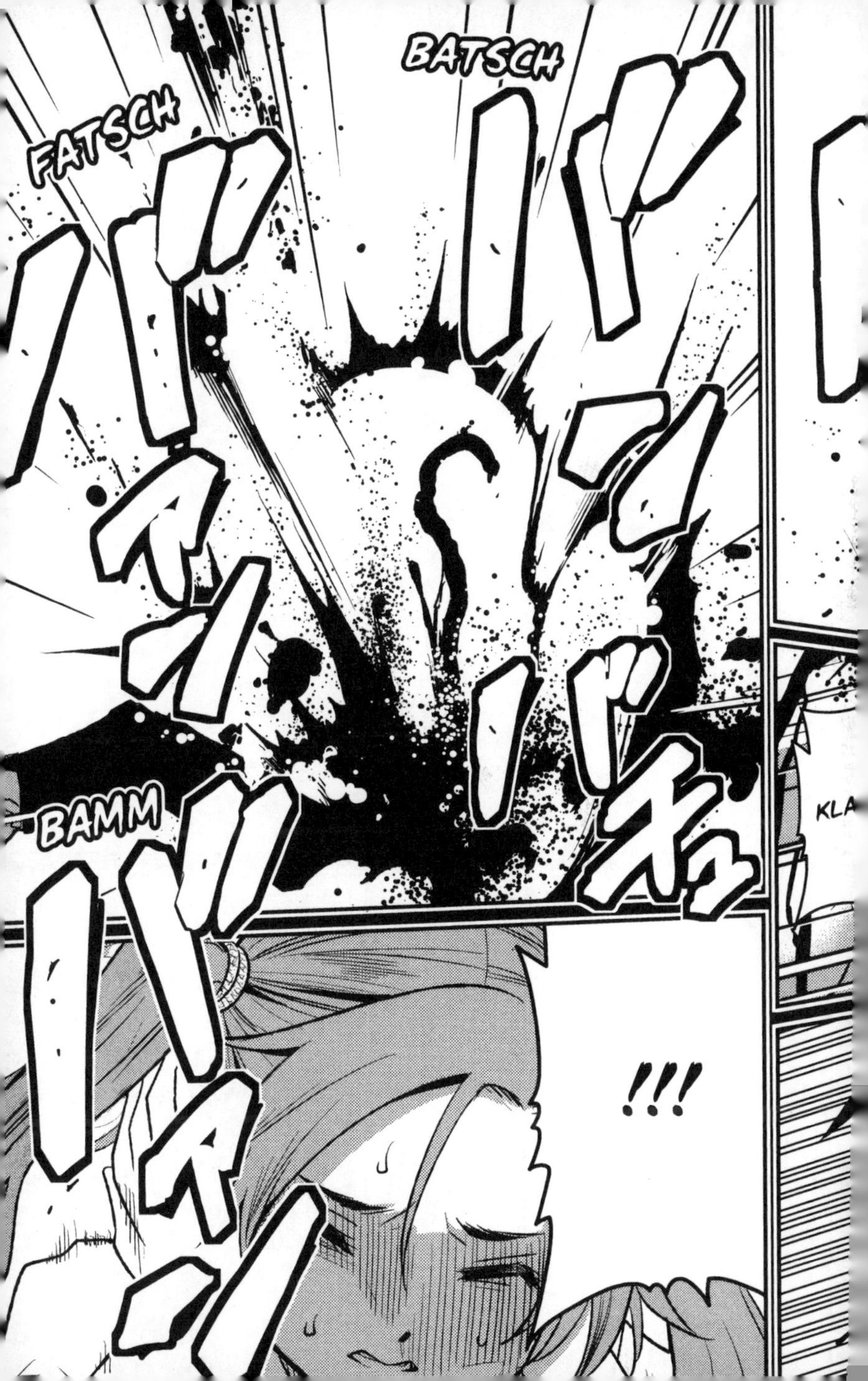
BATSCH
FATSCH
KLA
BAMM
!!!

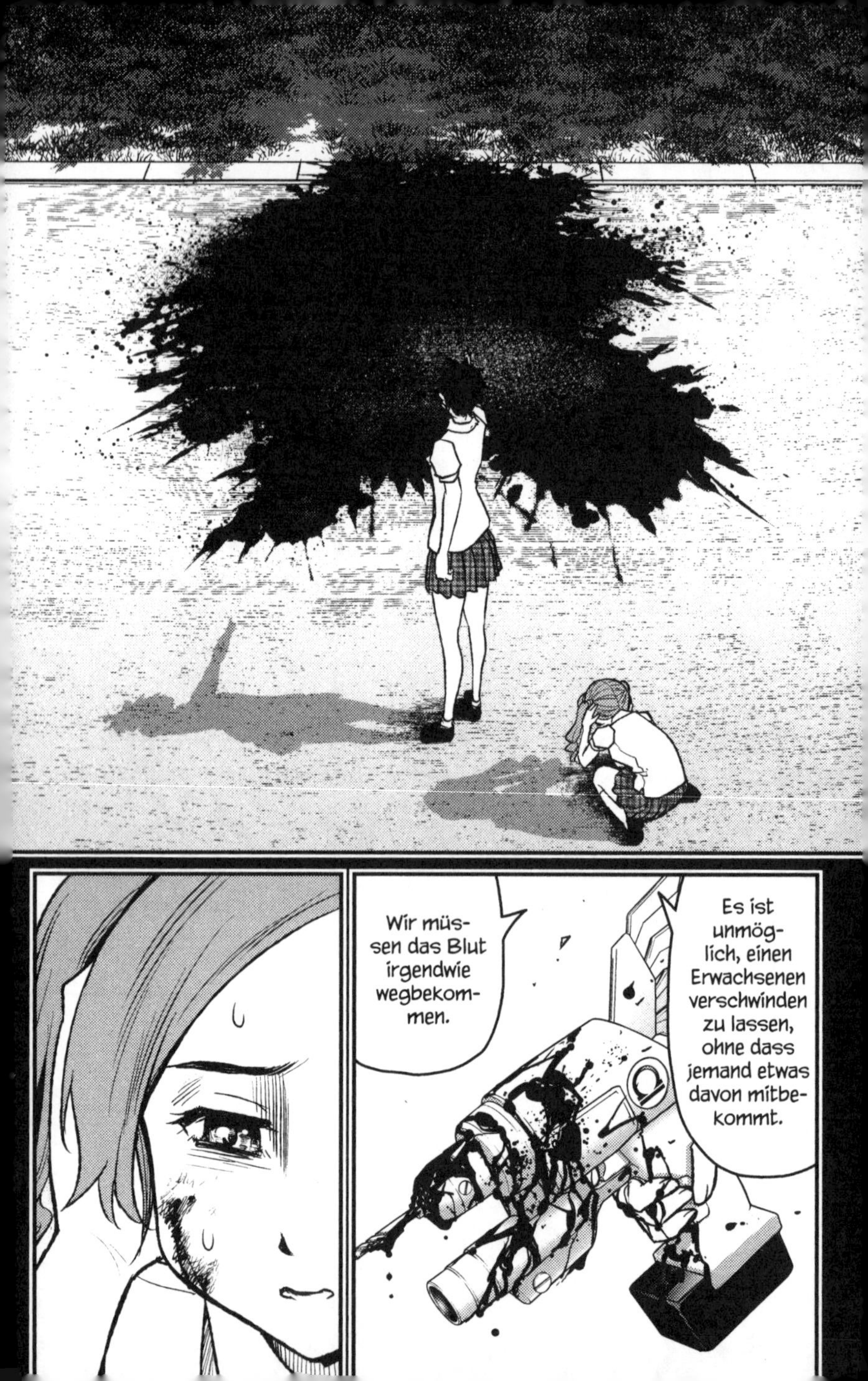

Es ist unmöglich, einen Erwachsenen verschwinden zu lassen, ohne dass jemand etwas davon mitbekommt.

Wir müssen das Blut irgendwie wegbekommen.

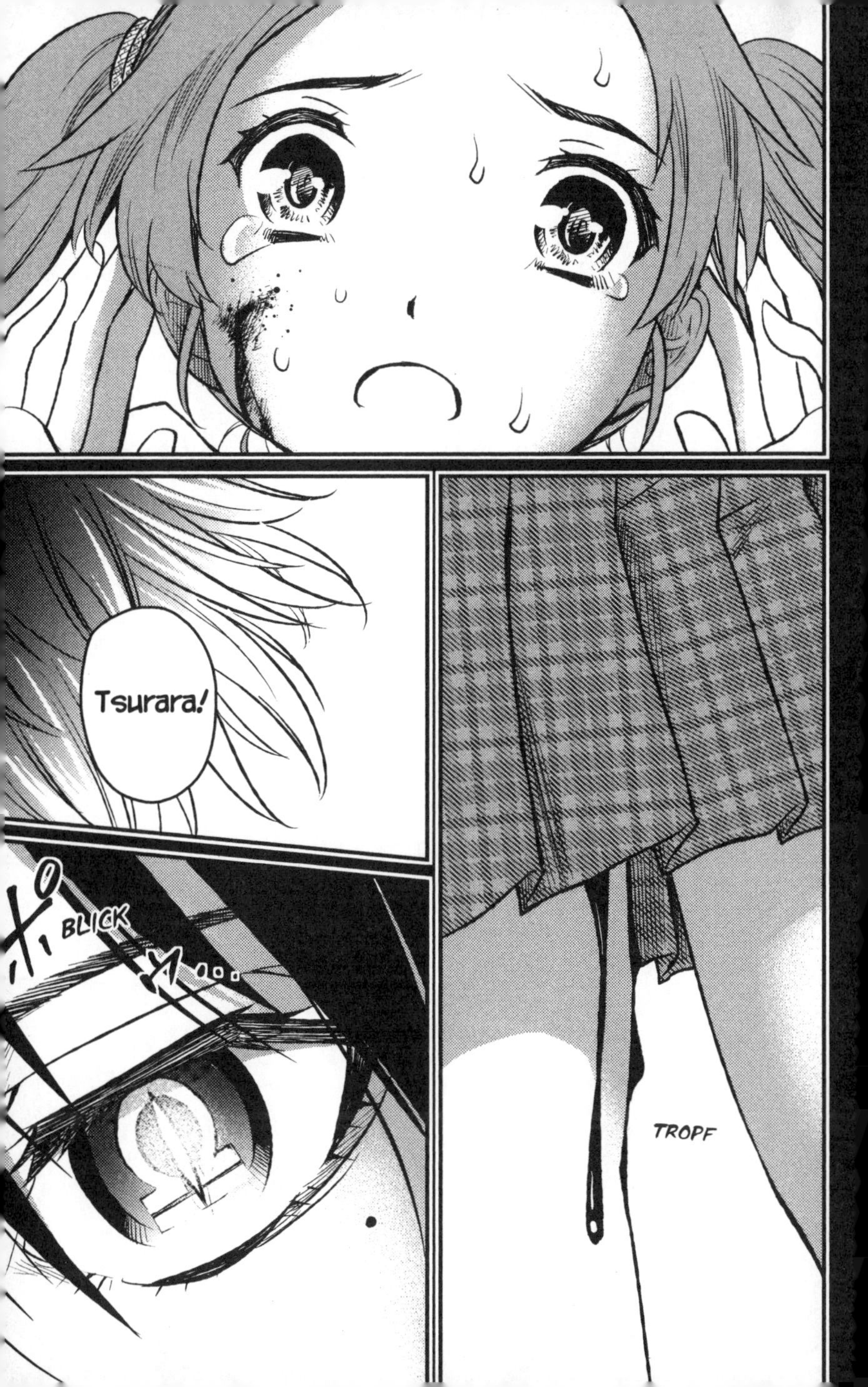

TROPF
Tsurara!
BLICK

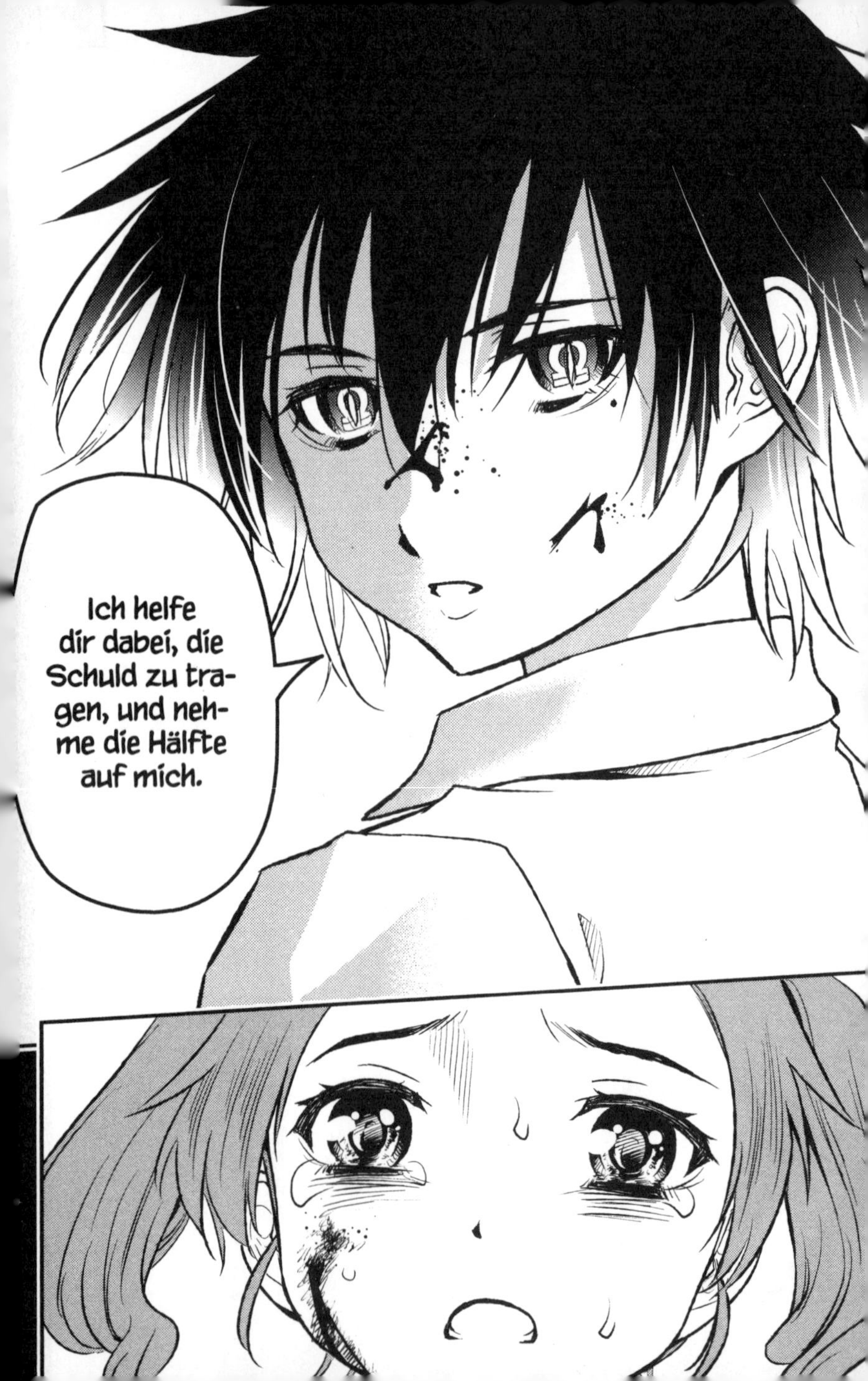
Ich helfe dir dabei, die Schuld zu tragen, und nehme die Hälfte auf mich.

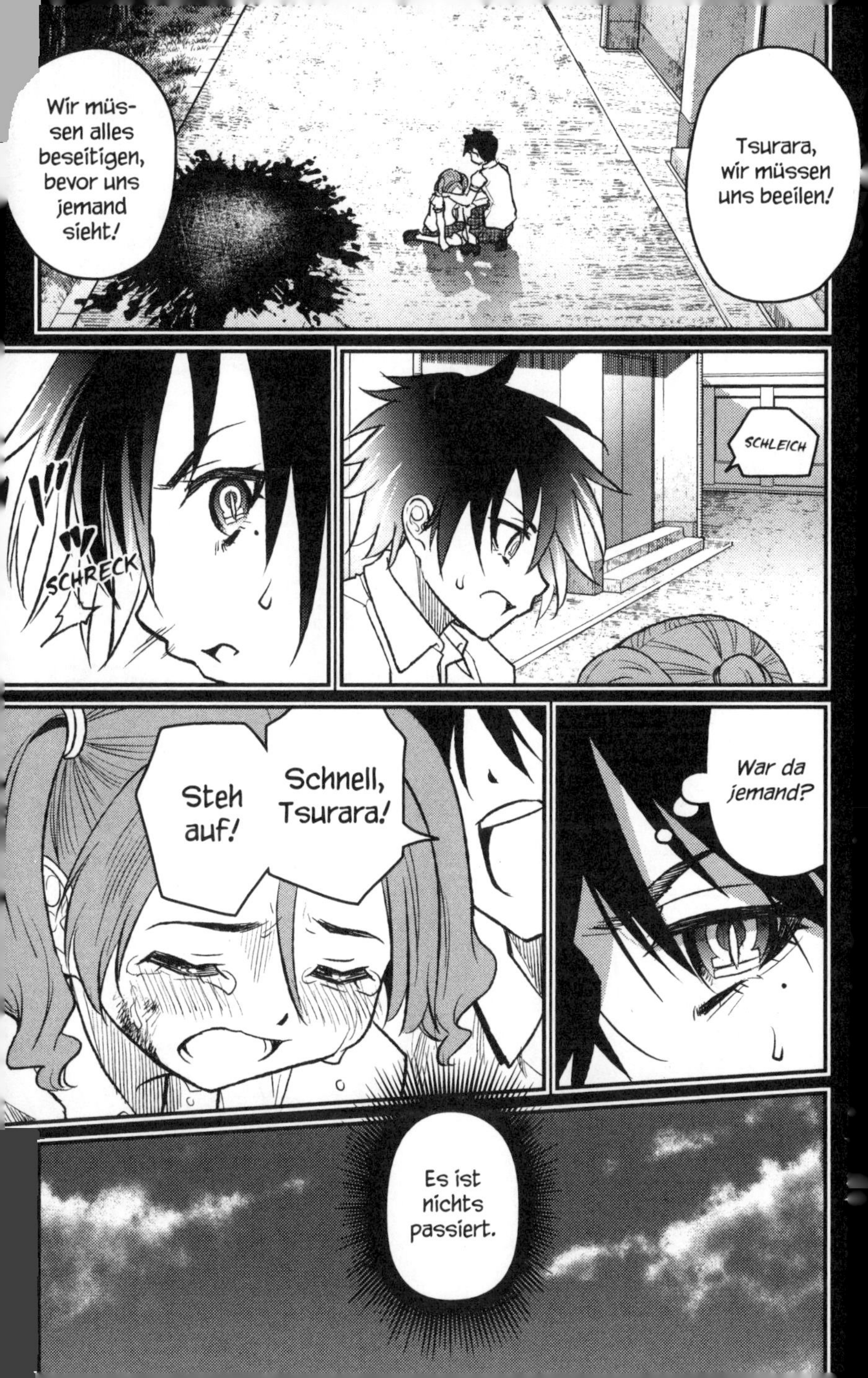

Tsurara, wir müssen uns beeilen!
Wir müssen alles beseitigen, bevor uns jemand sieht!
SCHLEICH
SCHRECK
War da jemand?
Schnell, Tsurara!
Steh auf!

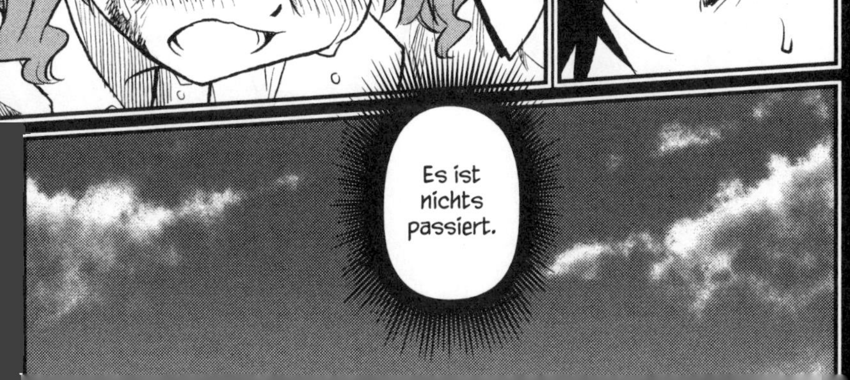

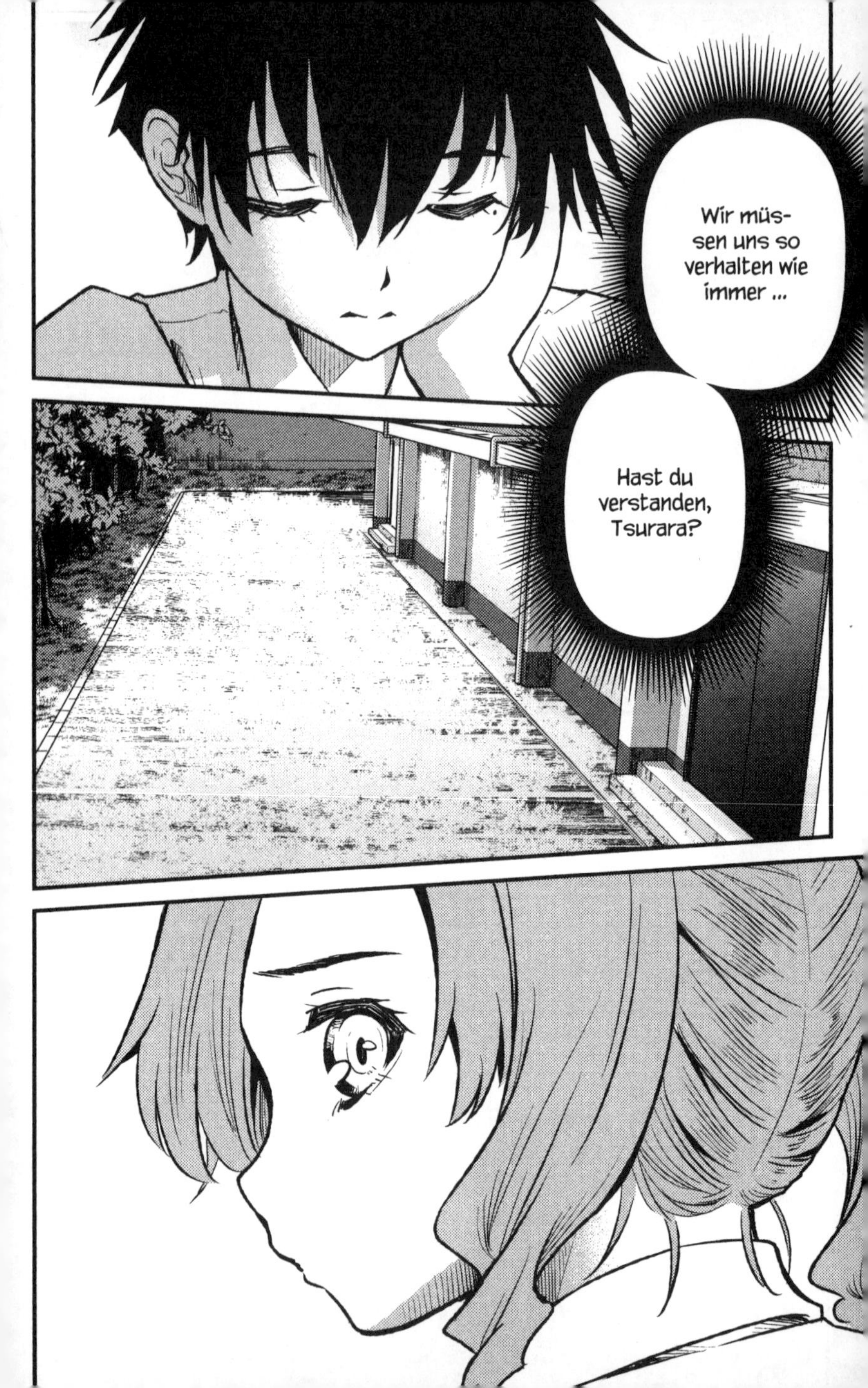
Wir müs-
sen uns so
verhalten wie
immer ...
Hast du
verstanden,
Tsurara?

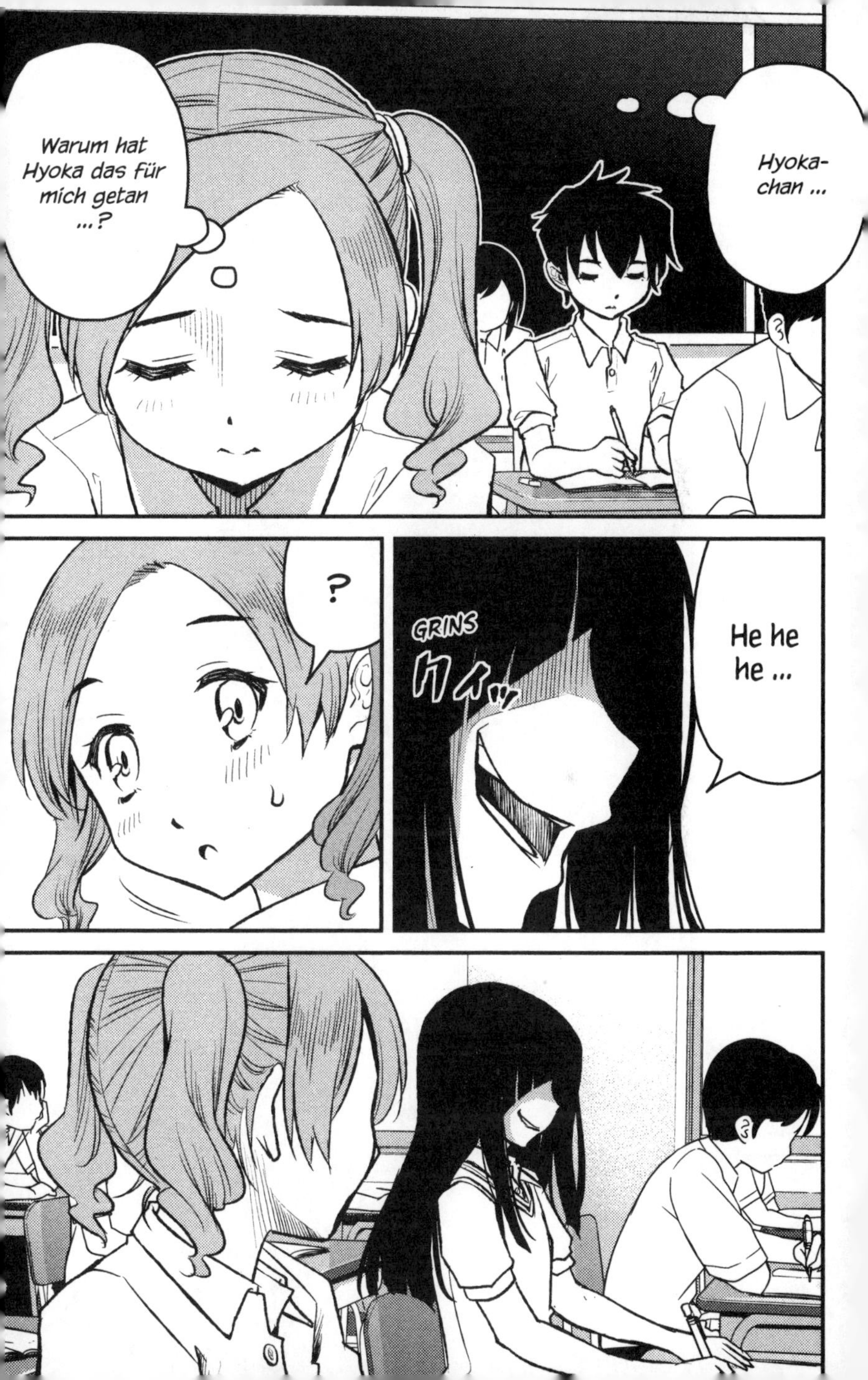

Hyoka-chan ...

Warum hat Hyoka das für mich getan ...?

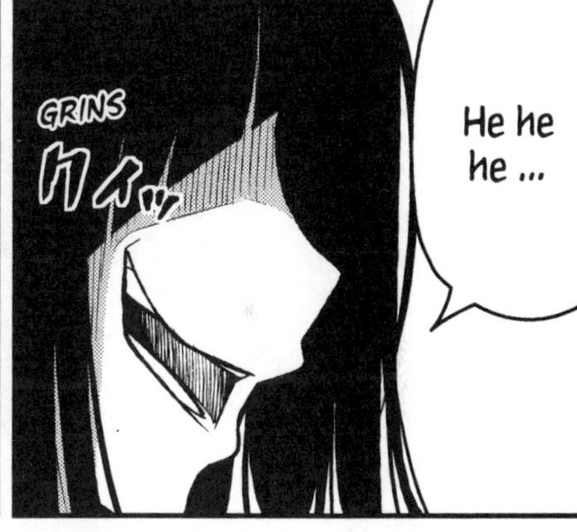

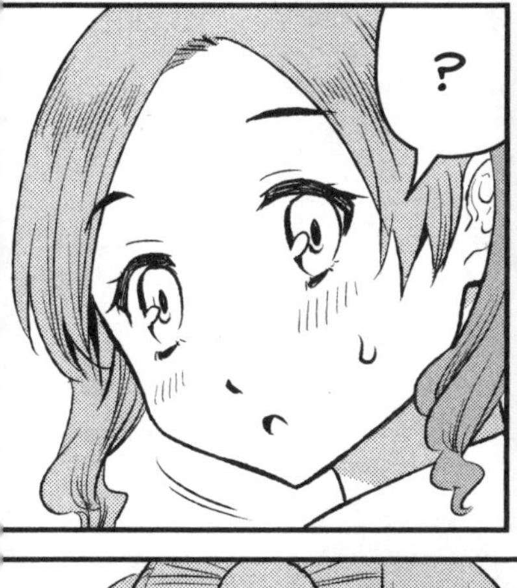

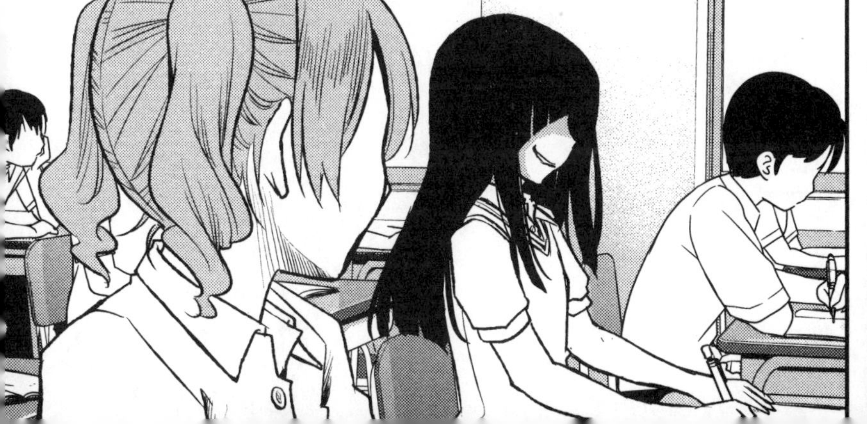

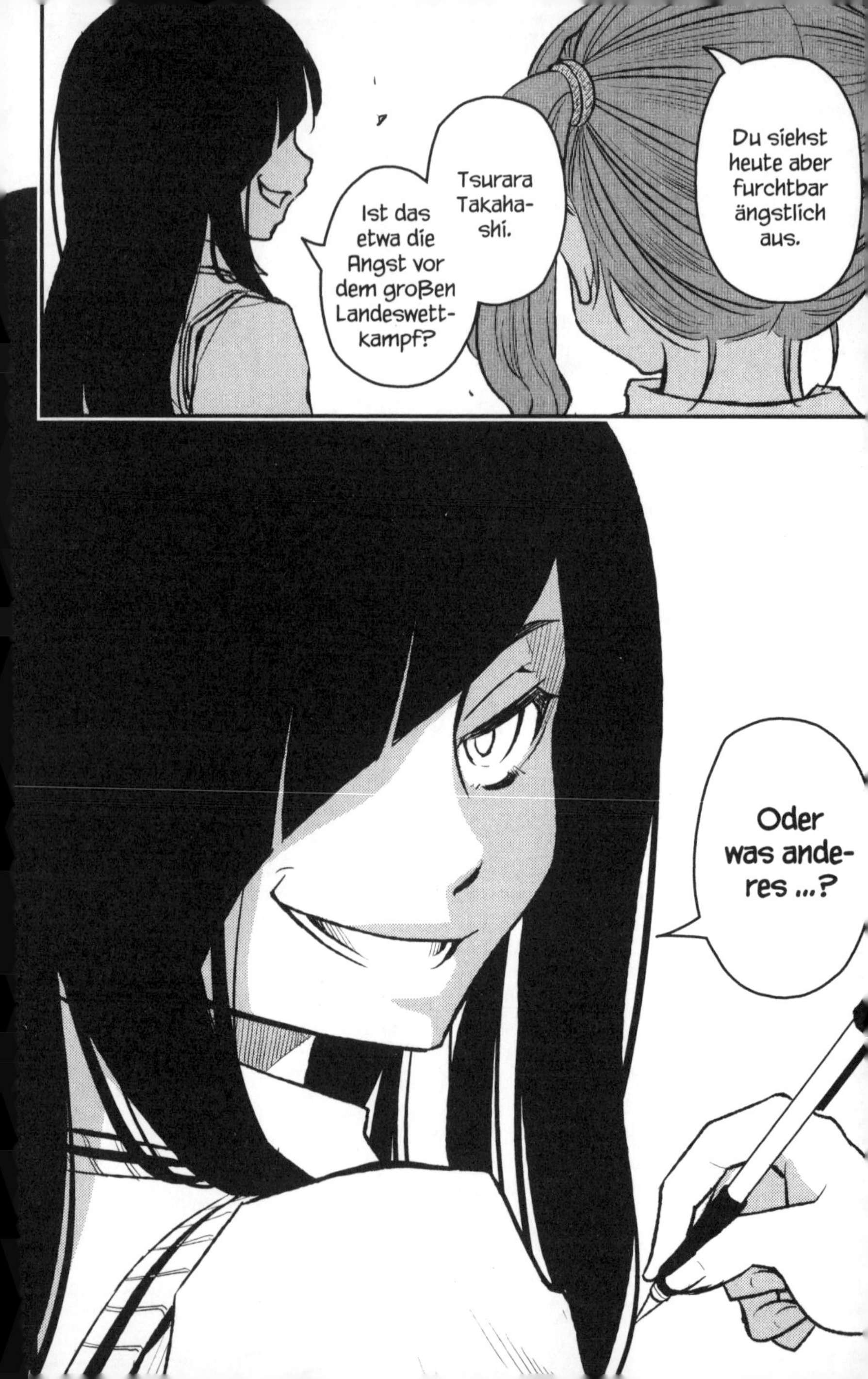
Du siehst heute aber furchtbar ängstlich aus.
Tsurara Takahashi.
Ist das etwa die Angst vor dem großen Landeswettkampf?
Oder was anderes ...?

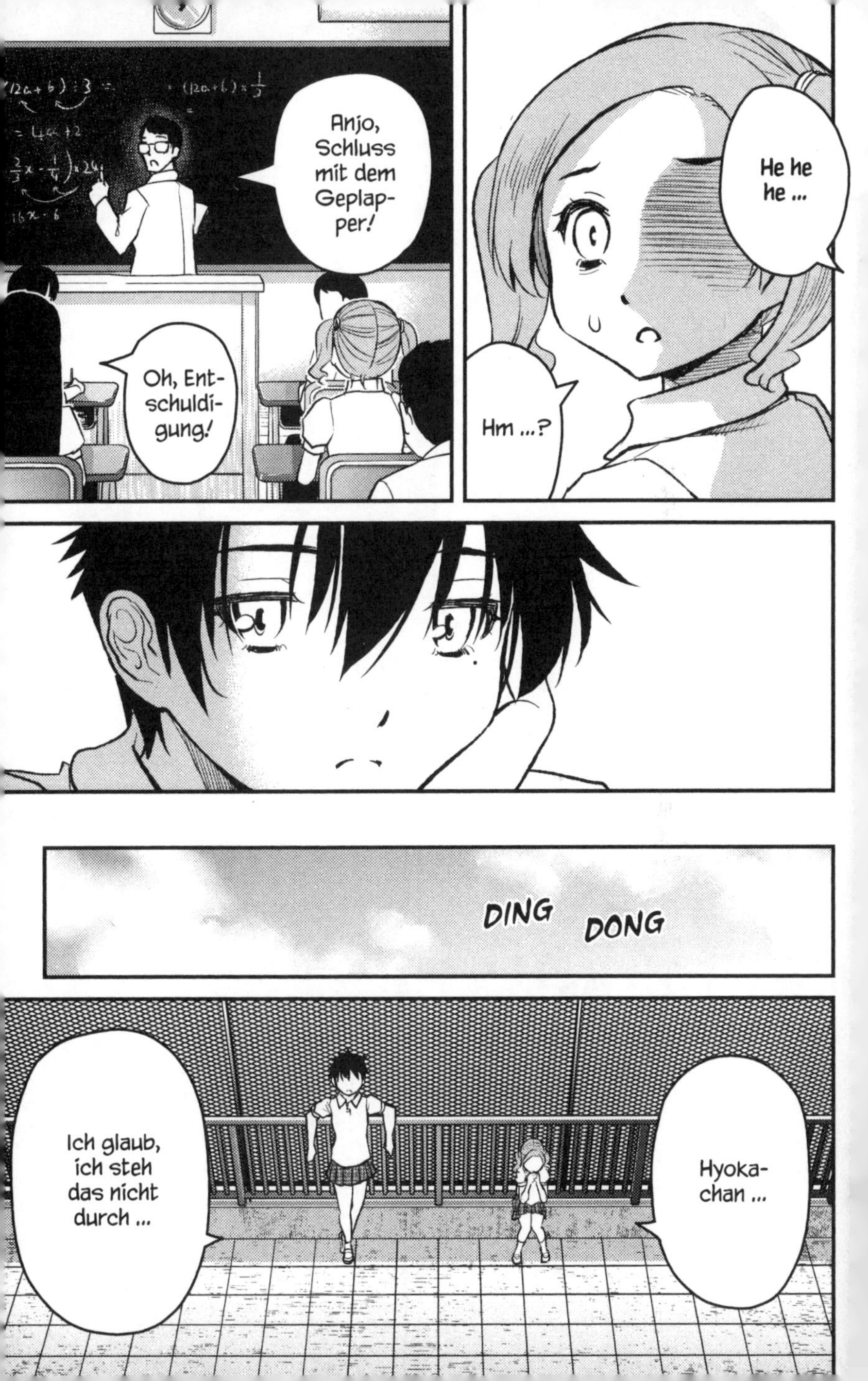

He he he ...
Hm ...?
Anjo, Schluss mit dem Geplapper!
Oh, Entschuldigung!

DING DONG

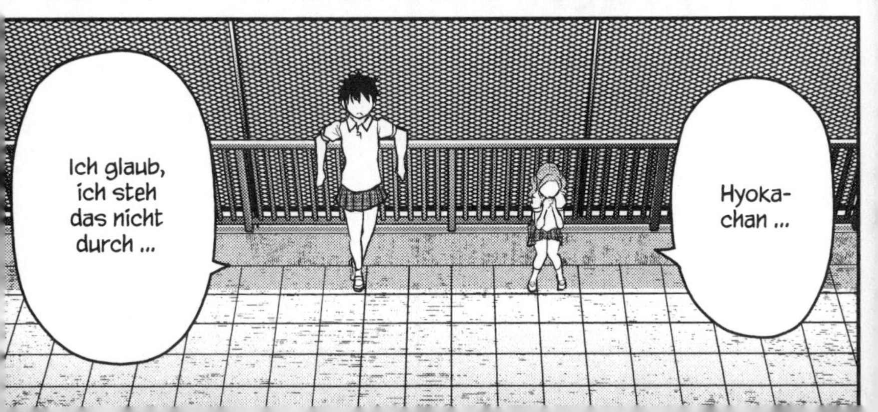

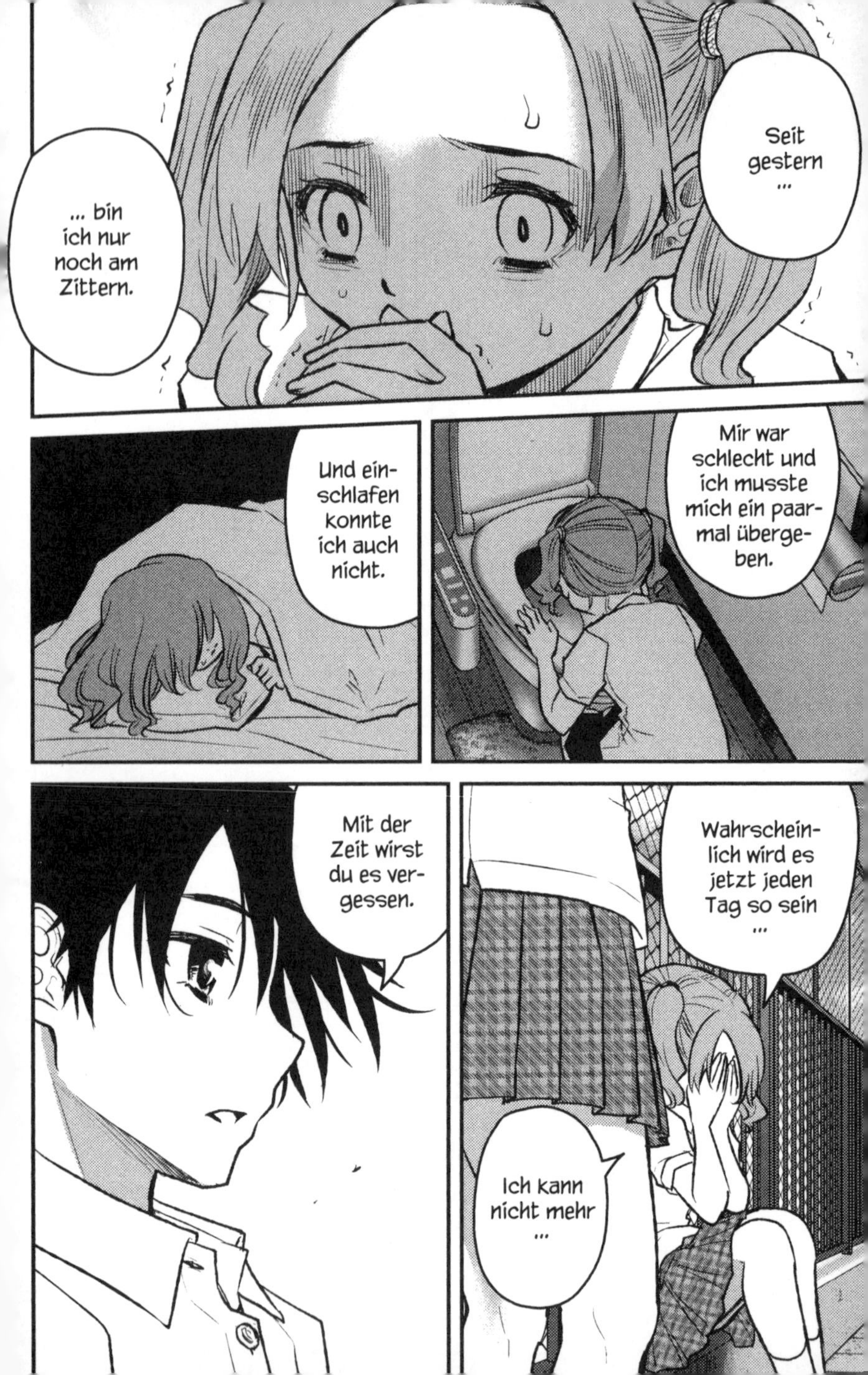
Seit gestern ...
... bin ich nur noch am Zittern.
Mir war schlecht und ich musste mich ein paarmal überge-ben.
Und ein-schlafen konnte ich auch nicht.
Wahrschein-lich wird es jetzt jeden Tag so sein ...
Ich kann nicht mehr ...
Mit der Zeit wirst du es ver-gessen.

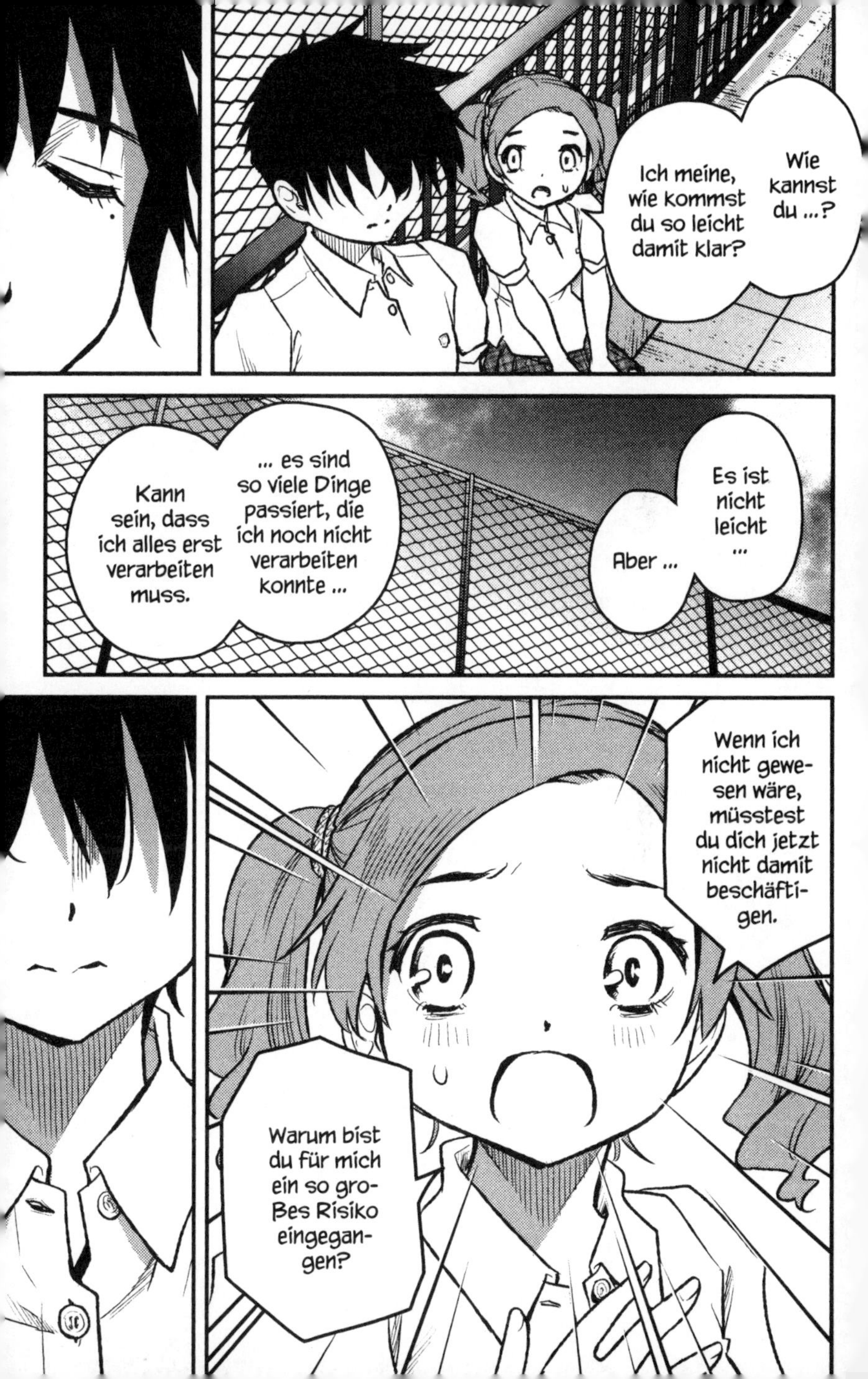

Wie kannst du ...?

Ich meine, wie kommst du so leicht damit klar?

Es ist nicht leicht ...

Aber ...

... es sind so viele Dinge passiert, die ich noch nicht verarbeiten konnte ...

Kann sein, dass ich alles erst verarbeiten muss.

Wenn ich nicht gewesen wäre, müsstest du dich jetzt nicht damit beschäftigen.

Warum bist du für mich ein so großes Risiko eingegangen?

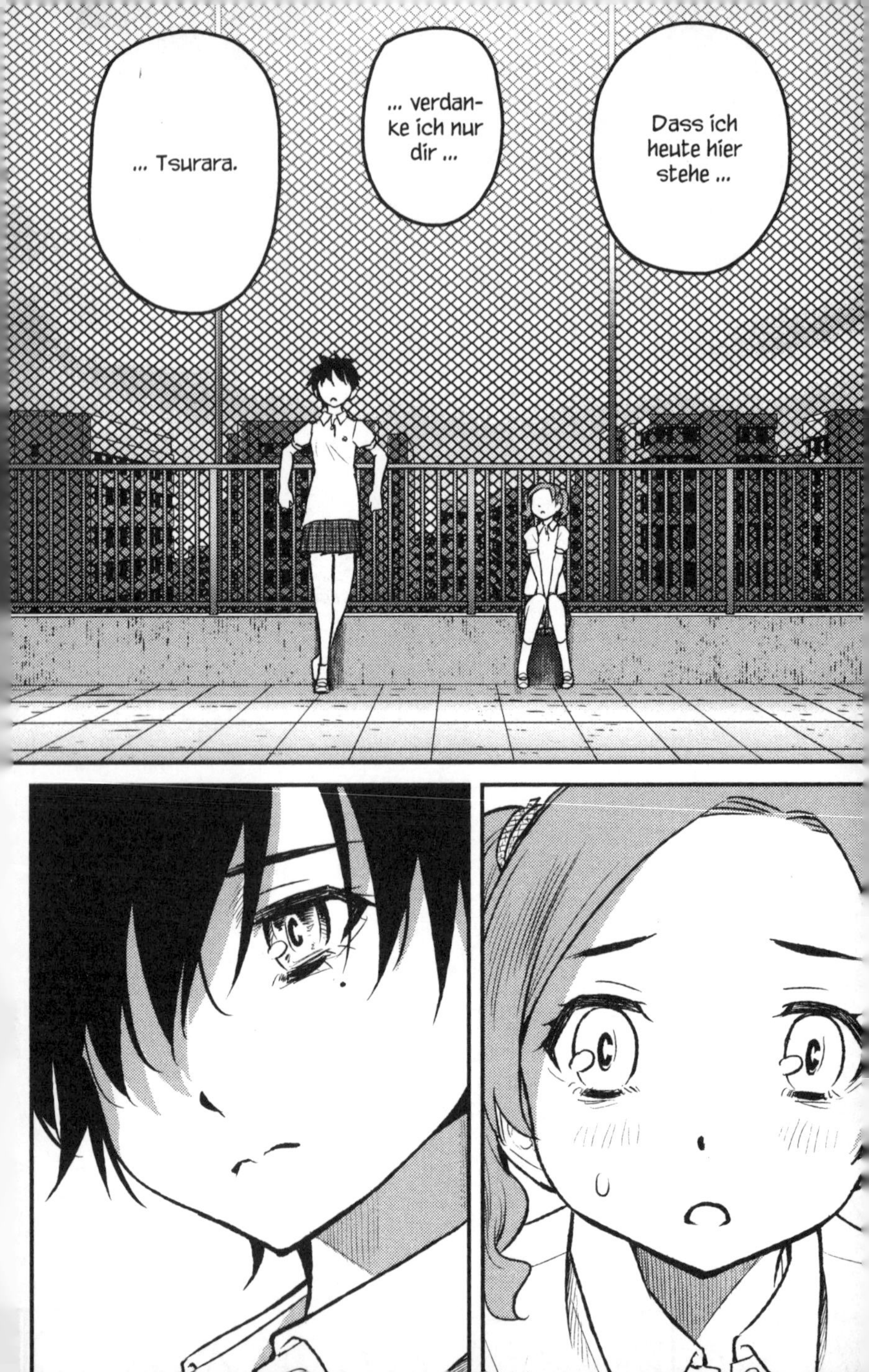
Dass ich heute hier stehe ...
... verdanke ich nur dir ...
... Tsurara.

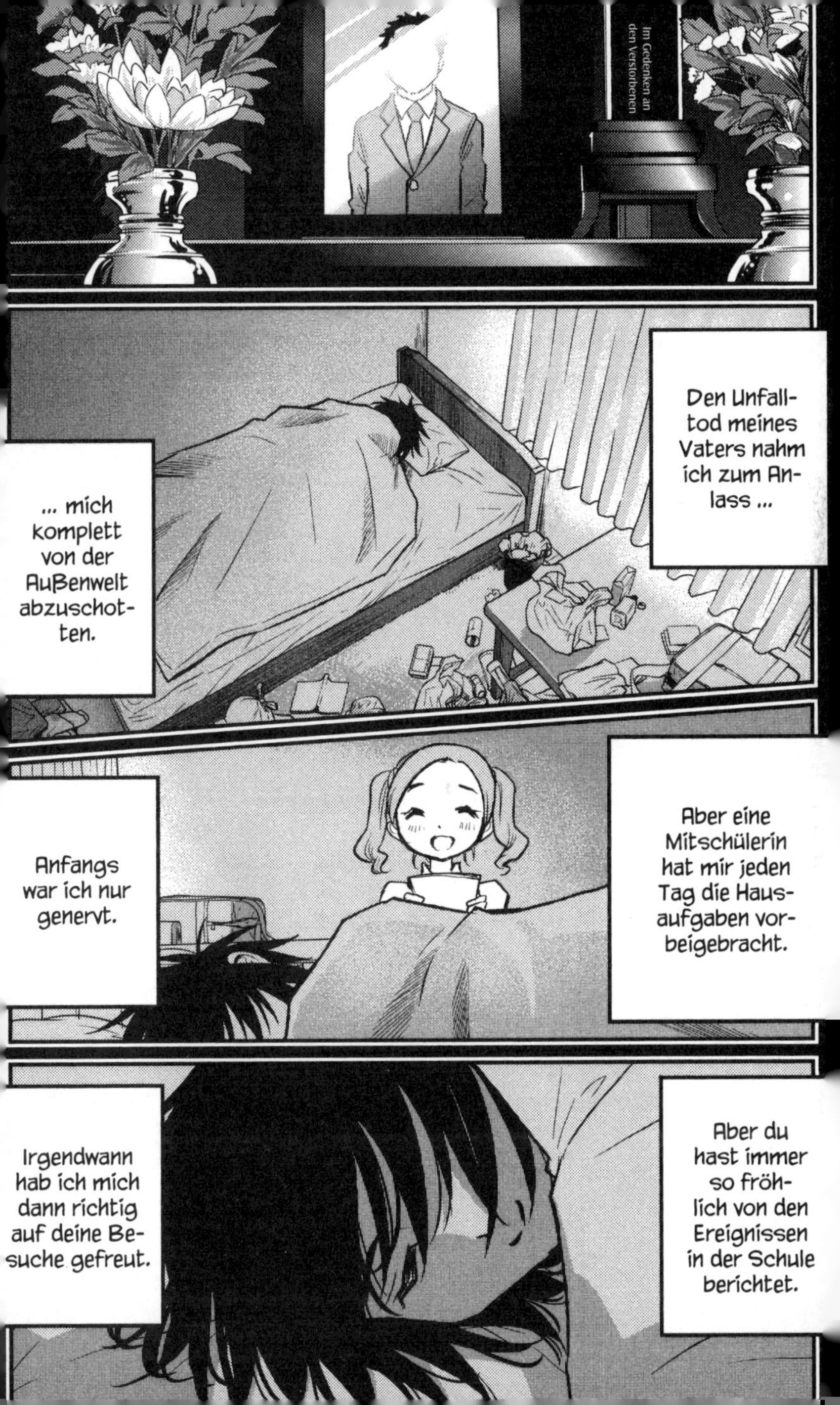

Im Gedenken an den Verstorbenen

Den Unfalltod meines Vaters nahm ich zum Anlass ...

... mich komplett von der Außenwelt abzuschotten.

Aber eine Mitschülerin hat mir jeden Tag die Hausaufgaben vorbeigebracht.

Anfangs war ich nur genervt.

Aber du hast immer so fröhlich von den Ereignissen in der Schule berichtet.

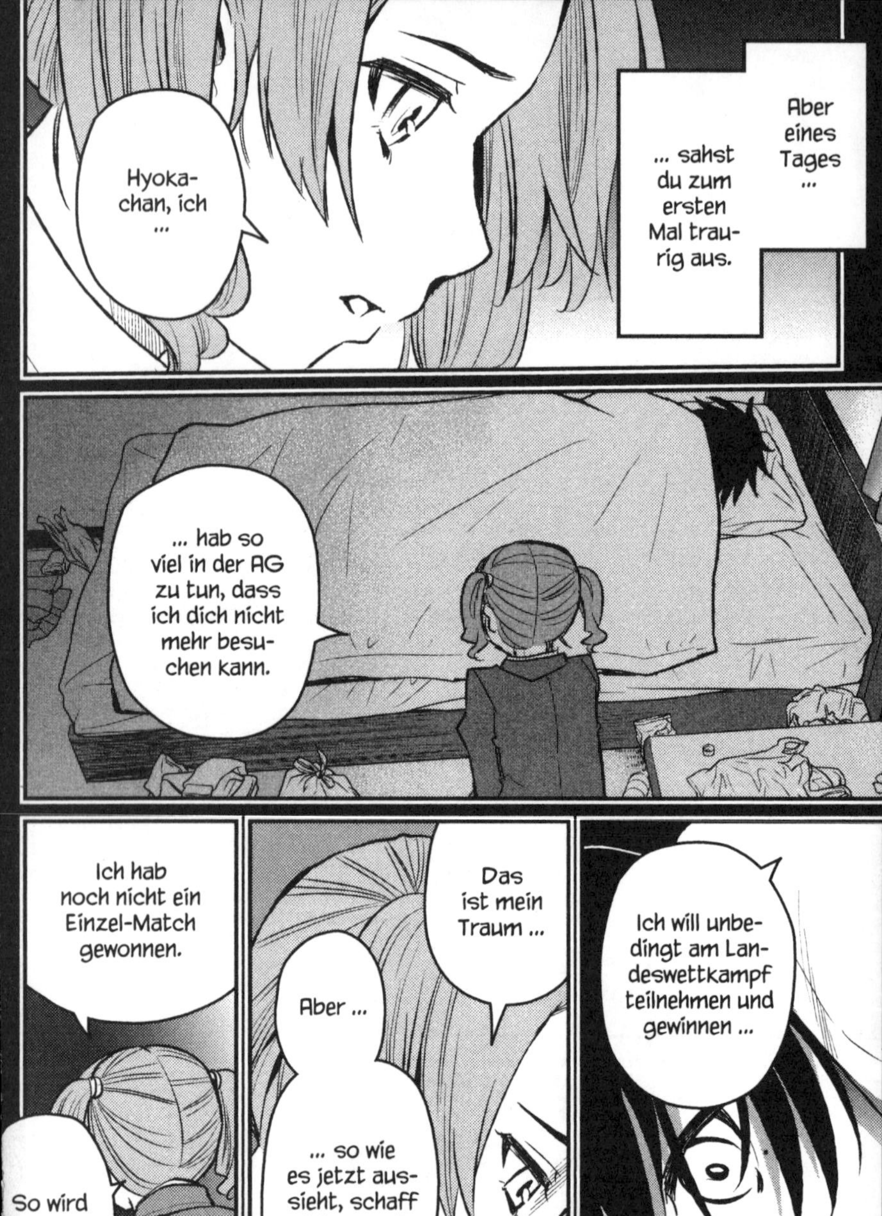
Aber eines Tages ...
... sahst du zum ersten Mal traurig aus.
Hyoka-chan, ich ...
... hab so viel in der AG zu tun, dass ich dich nicht mehr besuchen kann.
Ich will unbedingt am Landeswettkampf teilnehmen und gewinnen ...
Das ist mein Traum ...
Aber ...
... so wie es jetzt aussieht, schaff ich es auf keinen Fall.
Ich hab noch nicht ein Einzel-Match gewonnen.
So wird das nichts ...

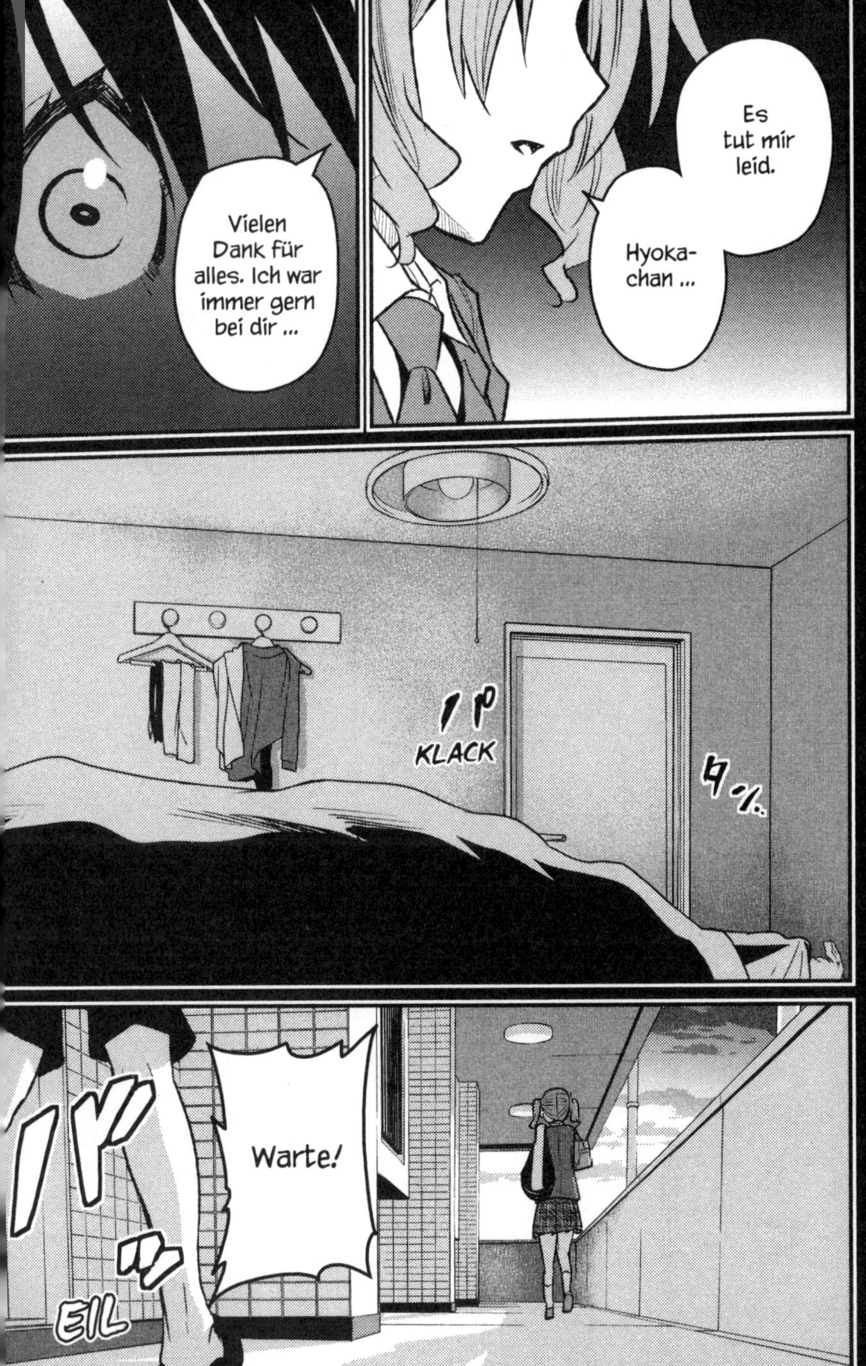

Es tut mir leid.
Hyoka-chan ...
Vielen Dank für alles. Ich war immer gern bei dir ...
KLACK
Warte!
EIL

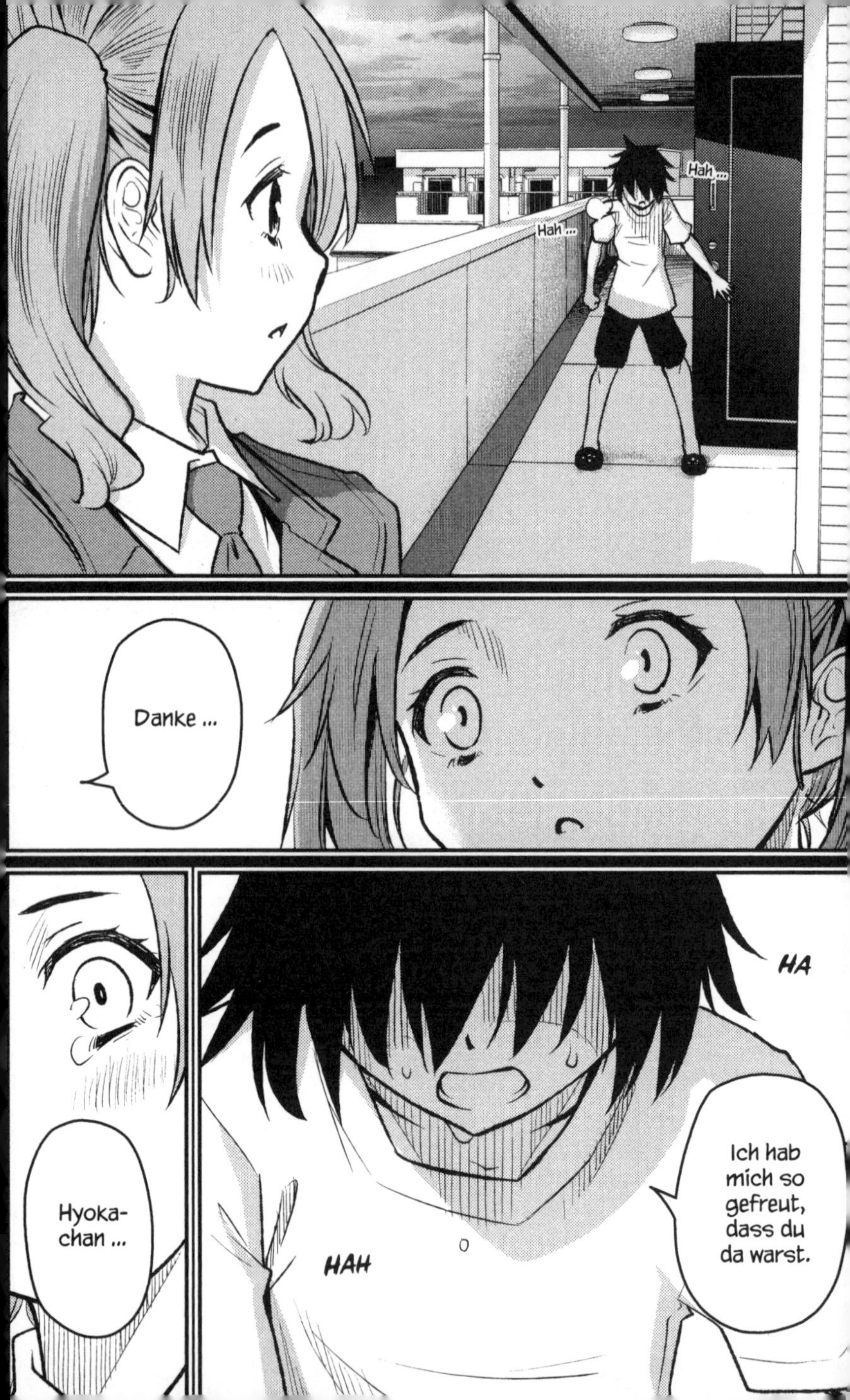
Hah ...
Hah ...
Danke ...
HA
Ich hab mich so gefreut, dass du da warst.
HAH
Hyoka-chan ...

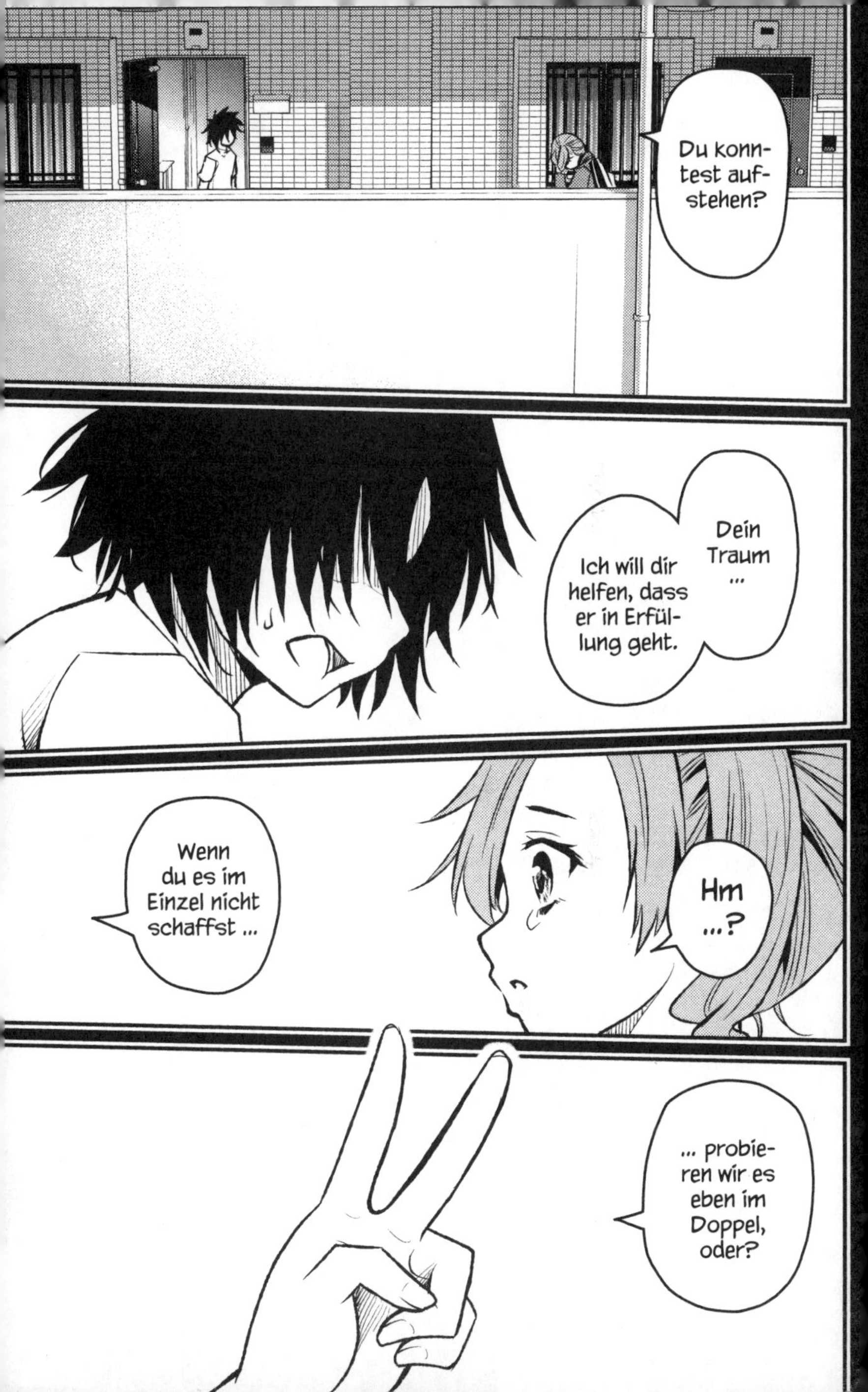
Du konntest aufstehen?
Dein Traum ...
Ich will dir helfen, dass er in Erfüllung geht.
Hm ...?
Wenn du es im Einzel nicht schaffst ...
... probieren wir es eben im Doppel, oder?

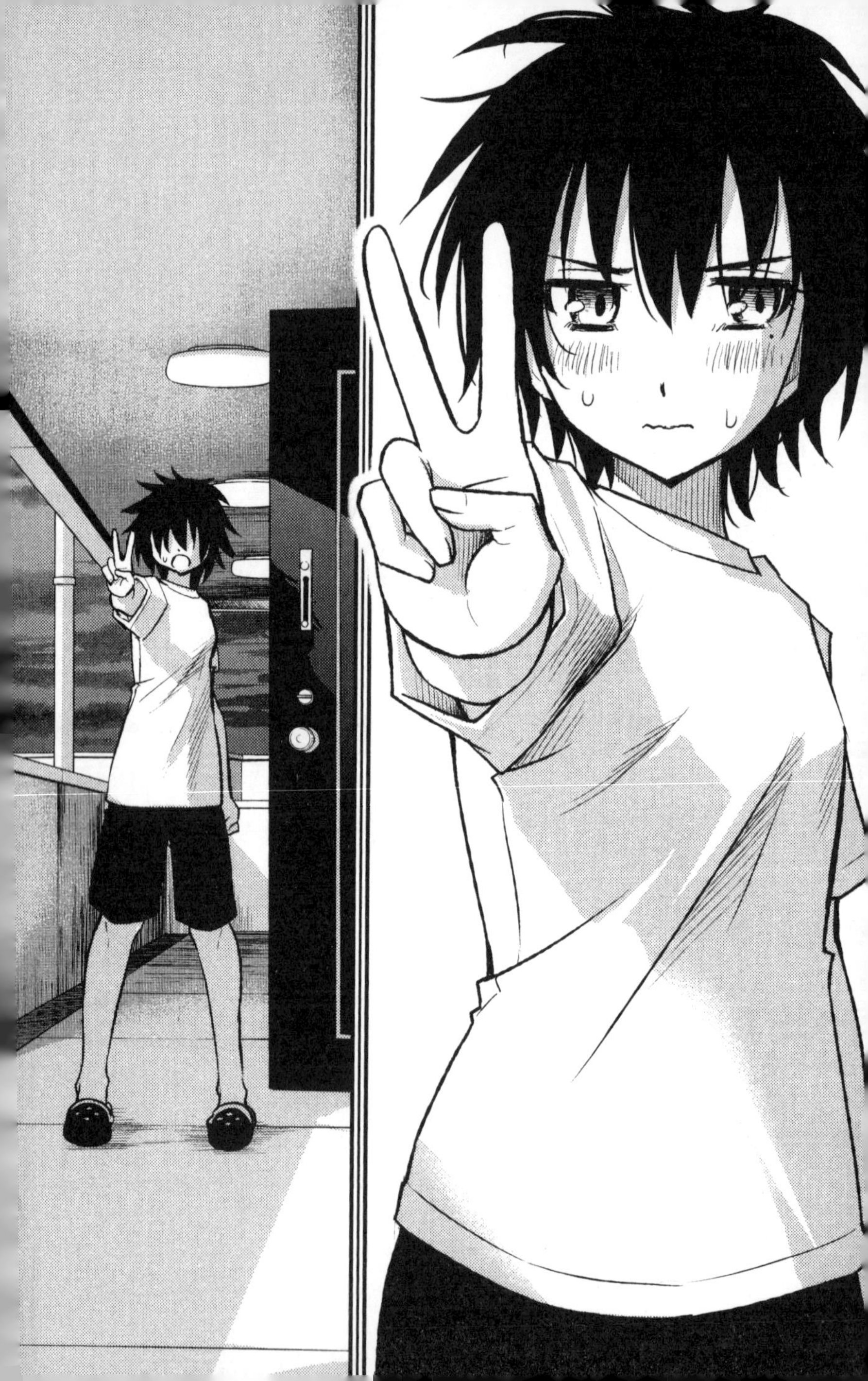

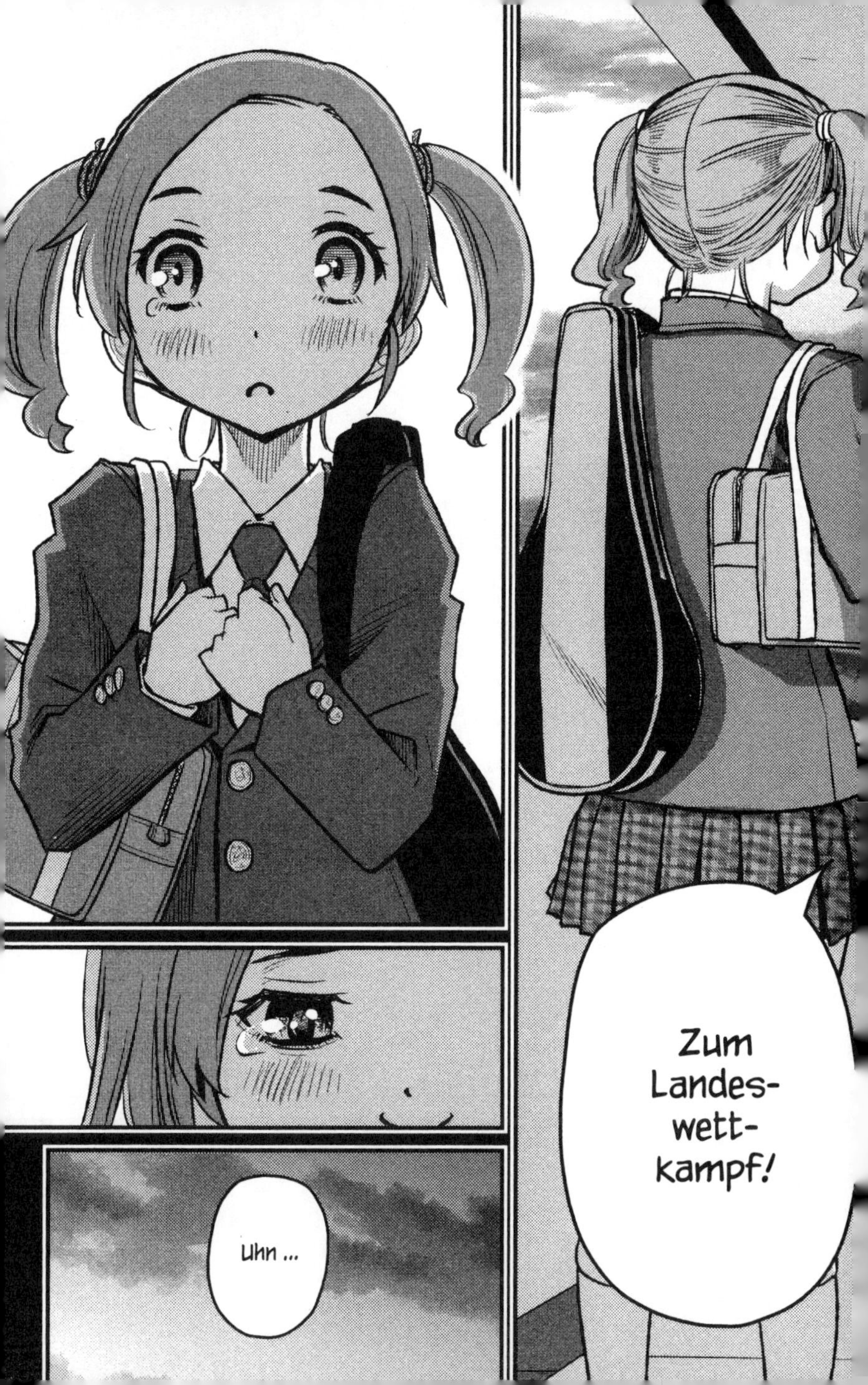
Zum Landes-wett-kampf!
uhn ...

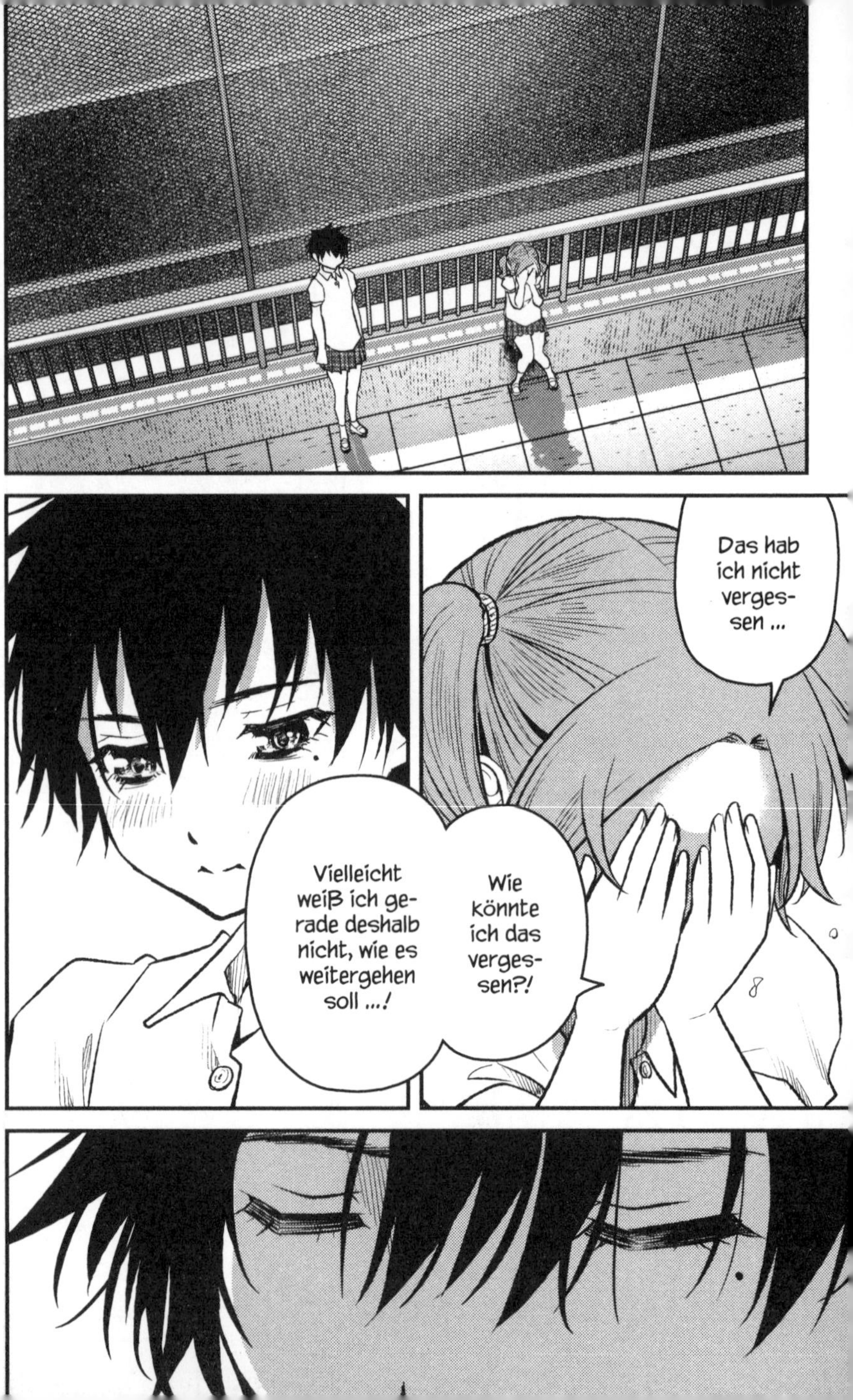

Das hab ich nicht verges-sen ...
Wie könnte ich das verges-sen?!
Vielleicht weiß ich ge-rade deshalb nicht, wie es weitergehen soll ...!

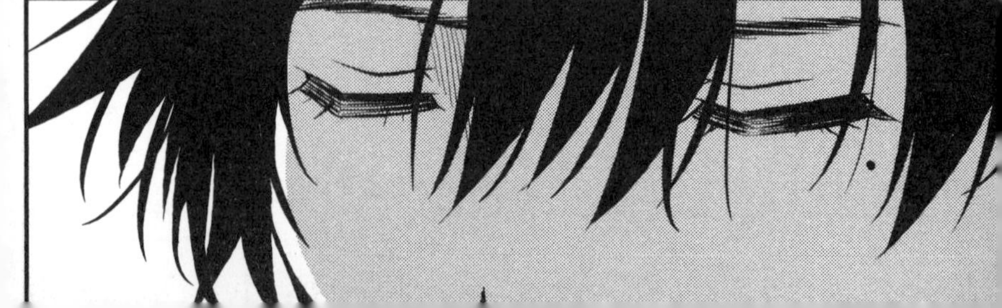

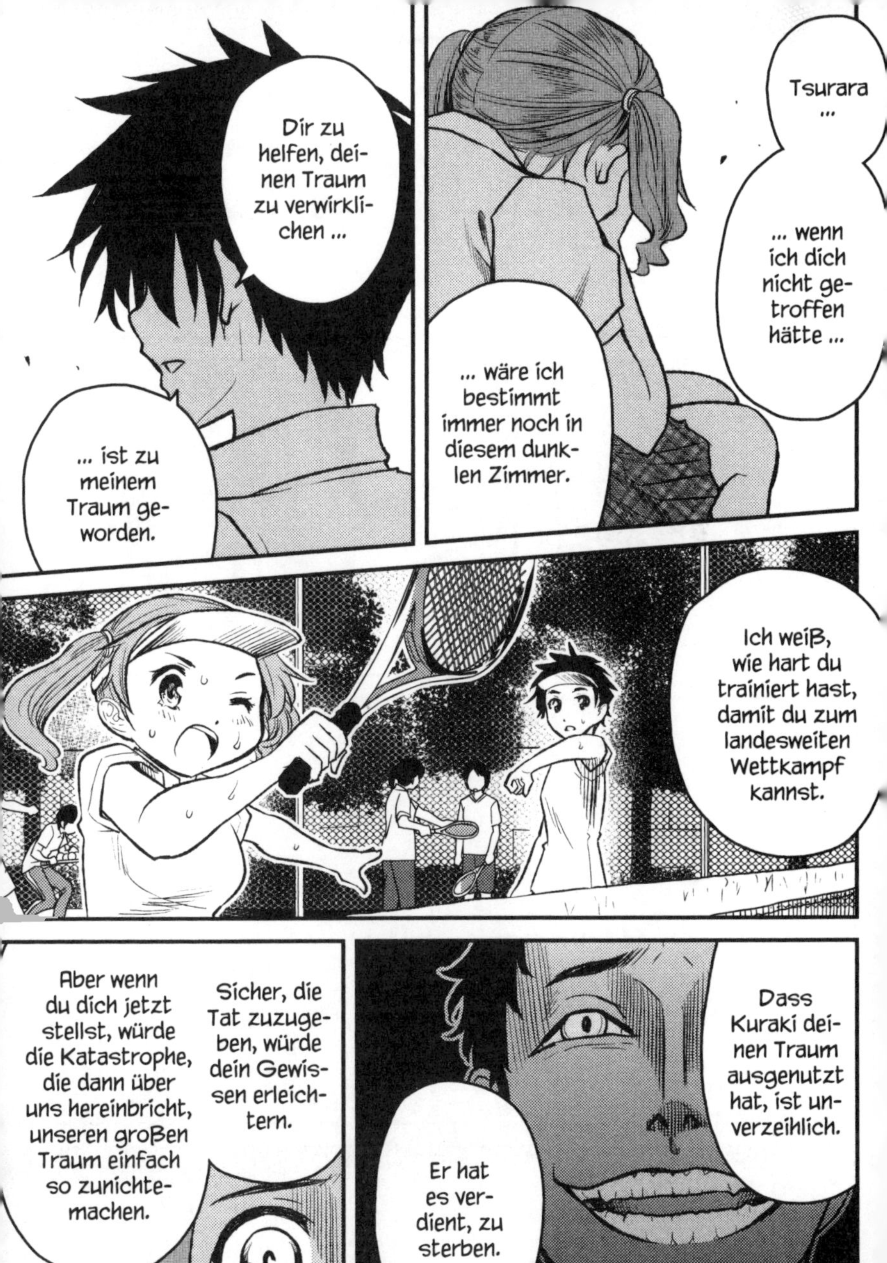

Tsurara ...
... wenn ich dich nicht getroffen hätte ...
... wäre ich bestimmt immer noch in diesem dunklen Zimmer.
Dir zu helfen, deinen Traum zu verwirklichen ...
... ist zu meinem Traum geworden.
Ich weiß, wie hart du trainiert hast, damit du zum landesweiten Wettkampf kannst.
Dass Kuraki deinen Traum ausgenutzt hat, ist unverzeihlich.
Er hat es verdient, zu sterben.
Sicher, die Tat zuzugeben, würde dein Gewissen erleichtern.
Aber wenn du dich jetzt stellst, würde die Katastrophe, die dann über uns hereinbricht, unseren großen Traum einfach so zunichtemachen.

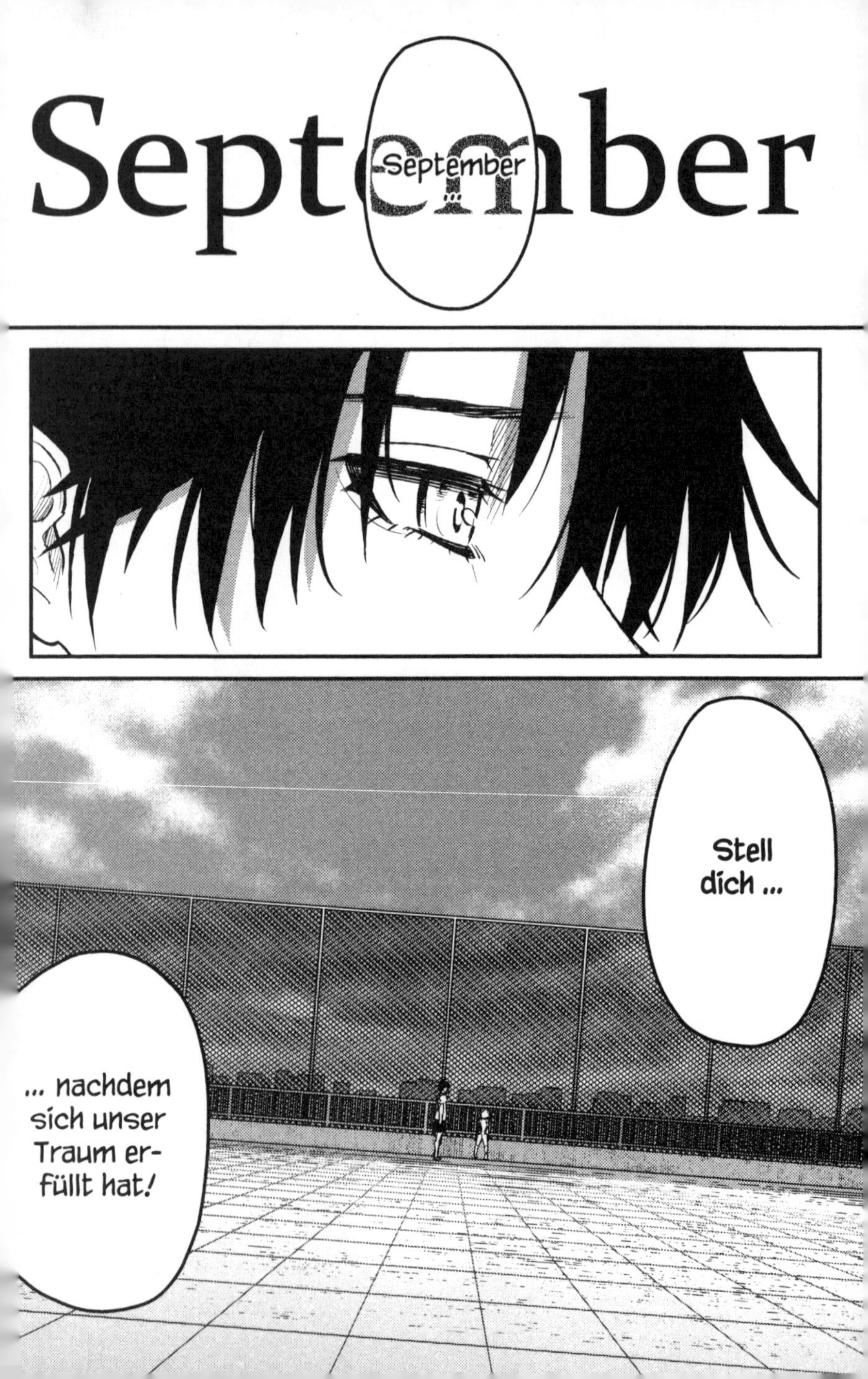

September

September ...

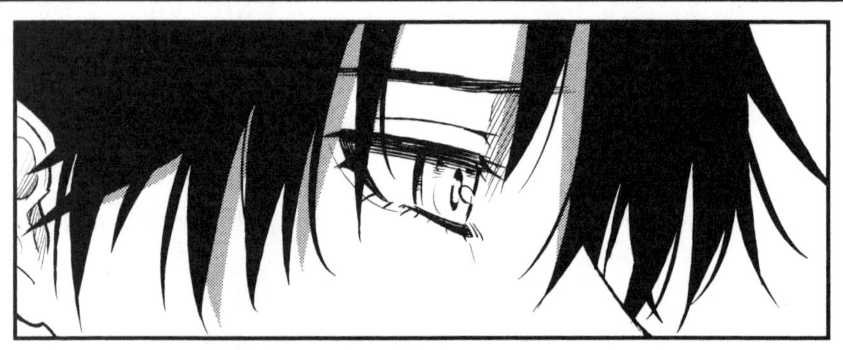

Stell dich ...

... nachdem sich unser Traum erfüllt hat!

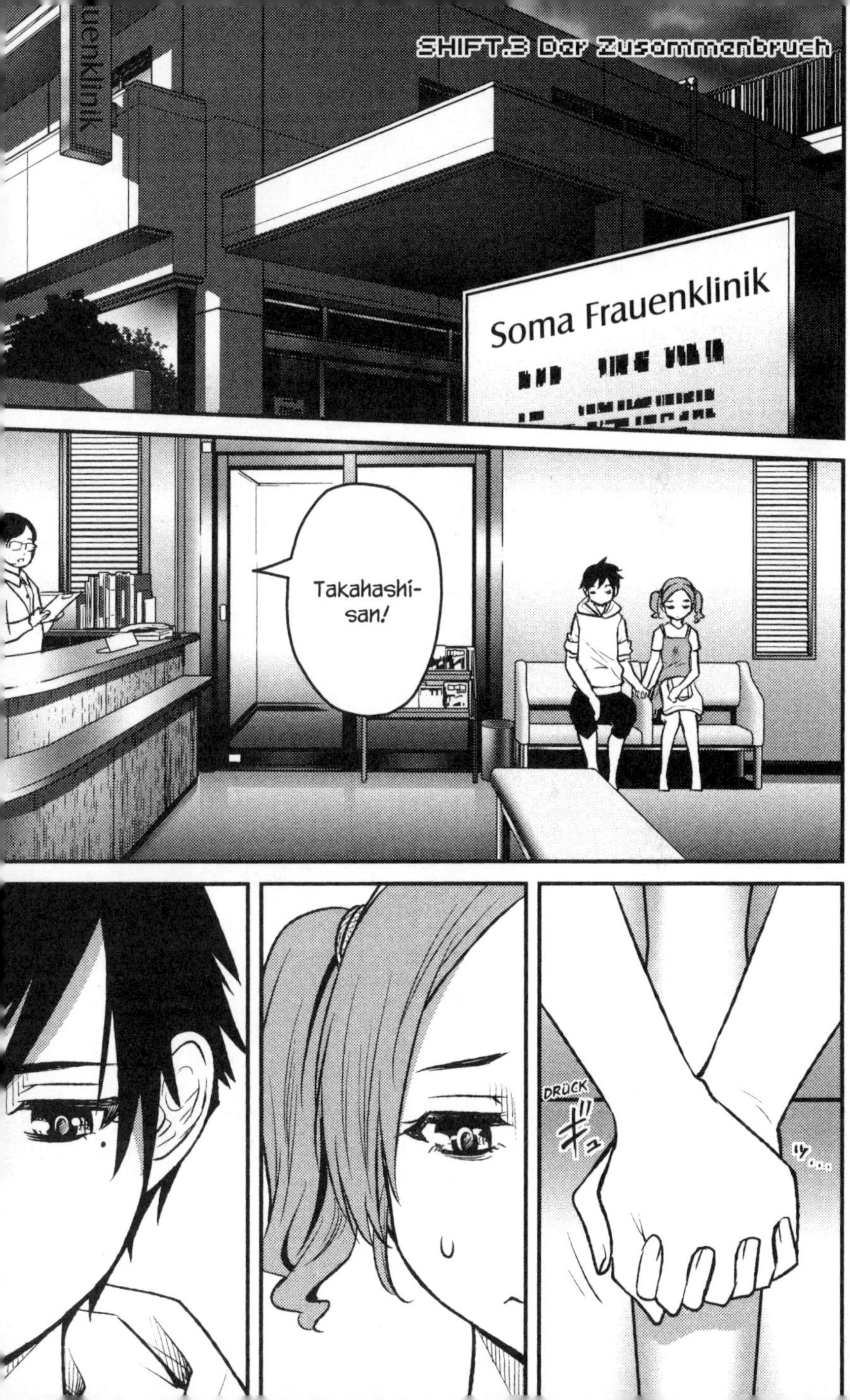

SHIFT.3 Der Zusammenbruch

uenklinik

Soma Frauenklinik

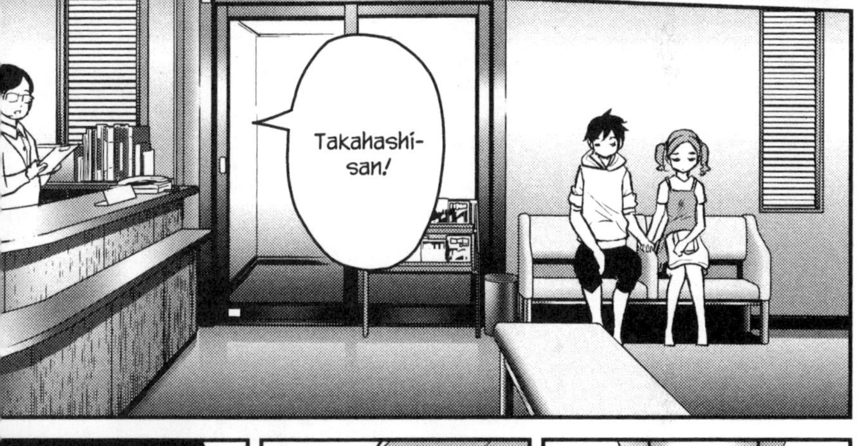

DRÜCK

ギュ

ッ...

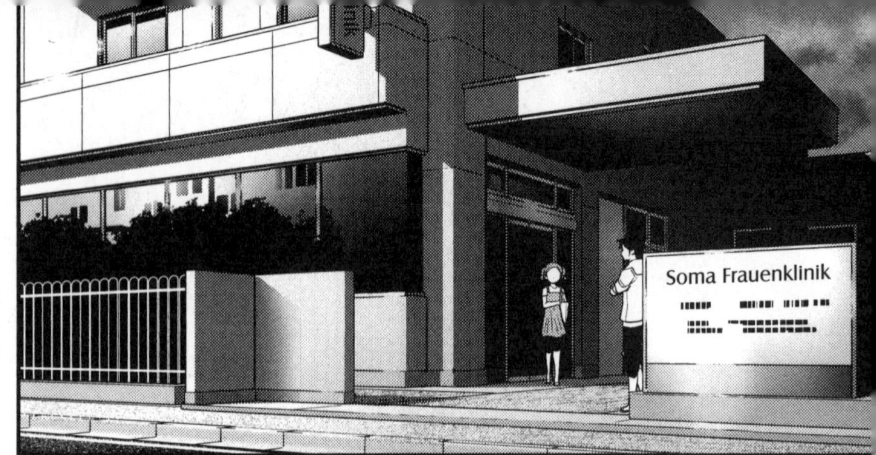
Soma Frauenklinik

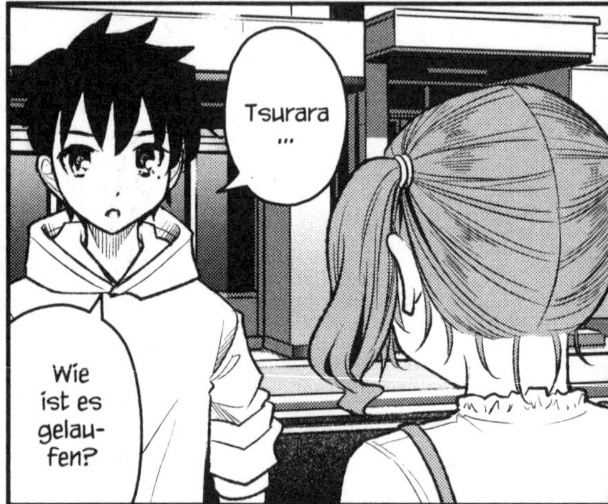
Tsurara ...
Wie ist es gelaufen?

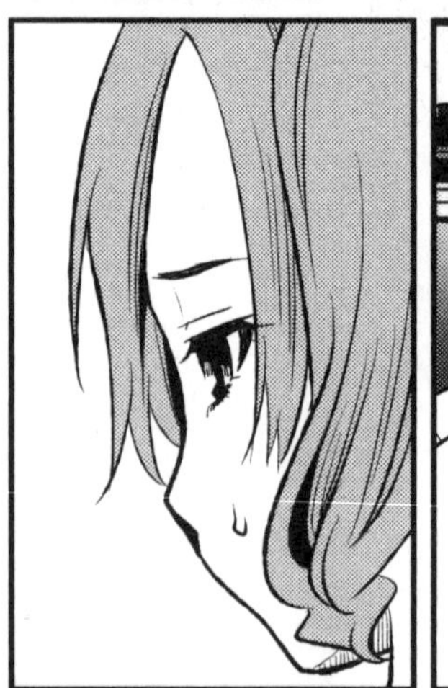

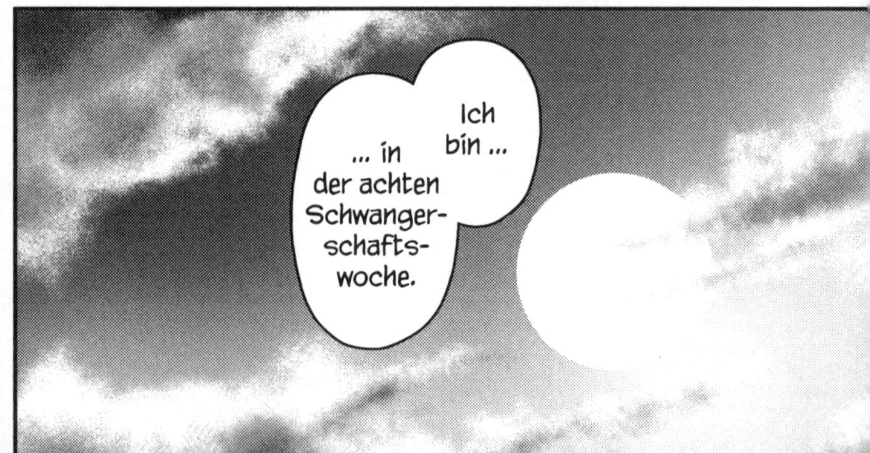
Ich bin ...
... in der achten Schwangerschaftswoche.

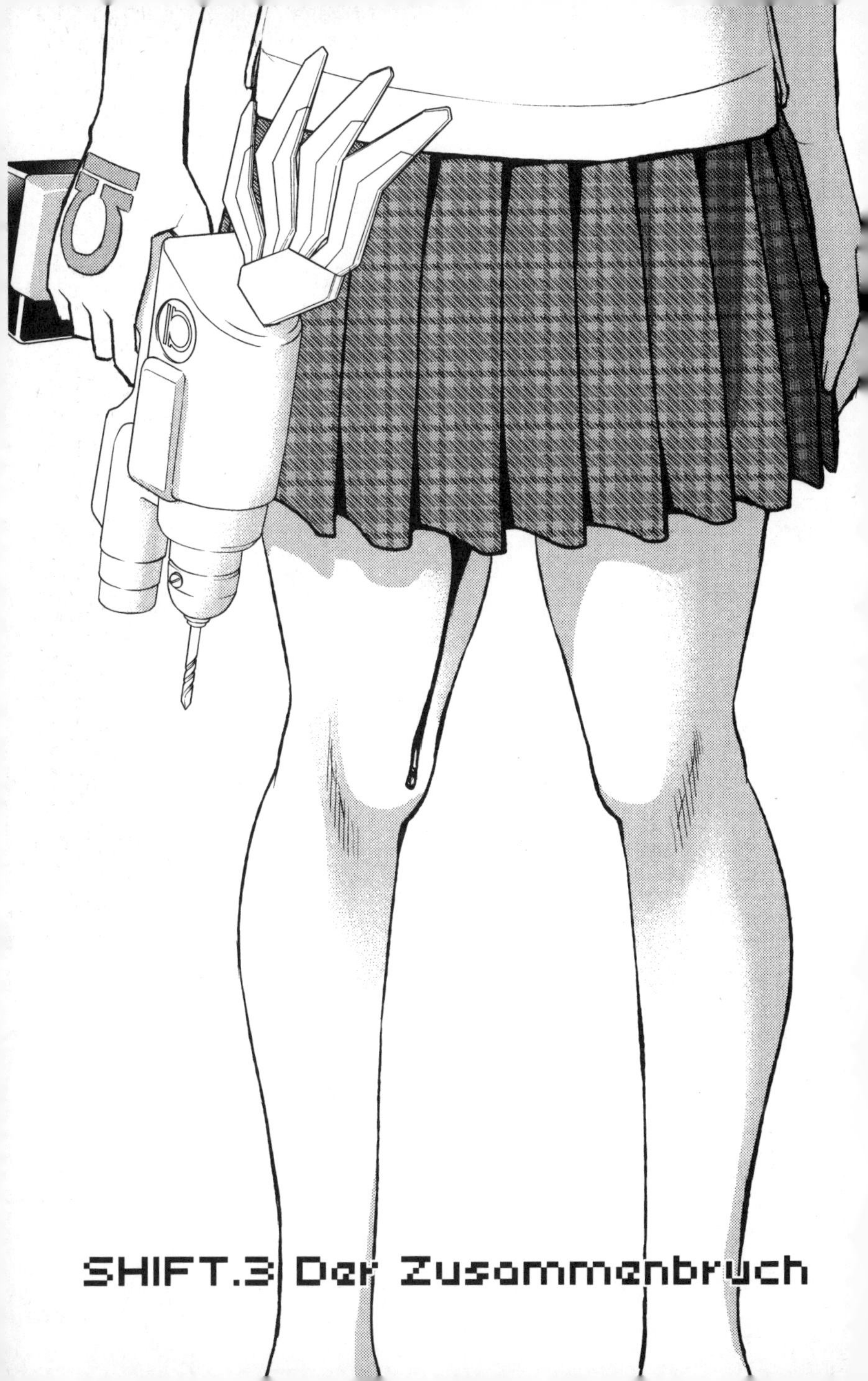
SHIFT.3 Der Zusammenbruch

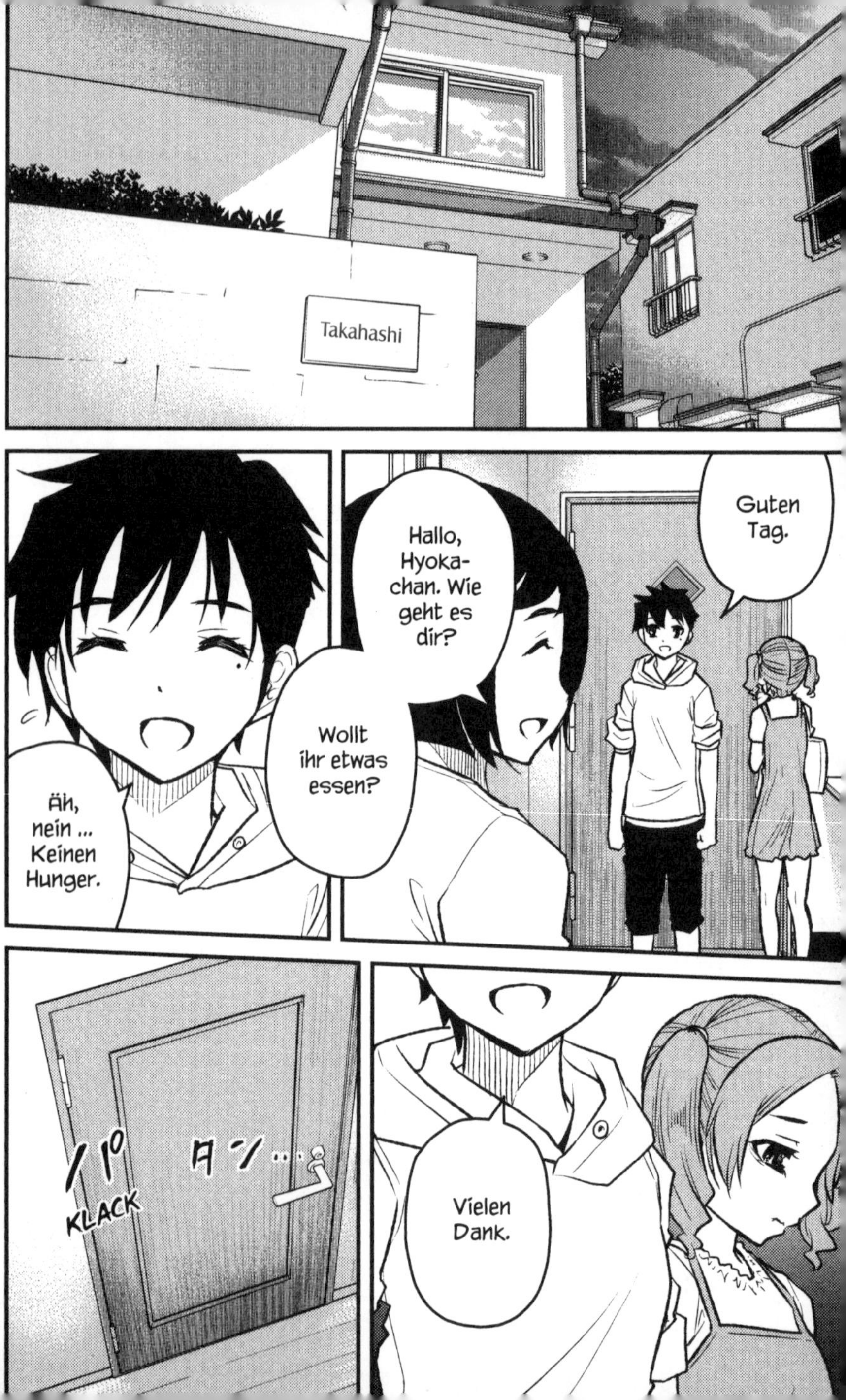

Takahashi

Guten Tag.

Hallo, Hyoka-chan. Wie geht es dir?

Wollt ihr etwas essen?

Äh, nein ... Keinen Hunger.

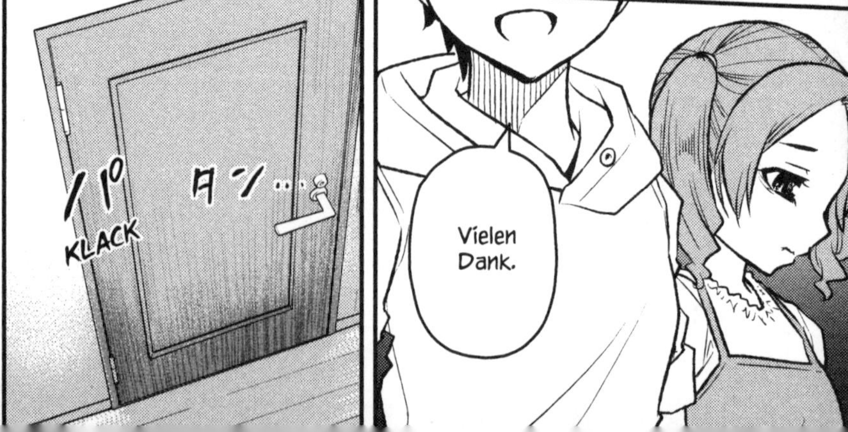

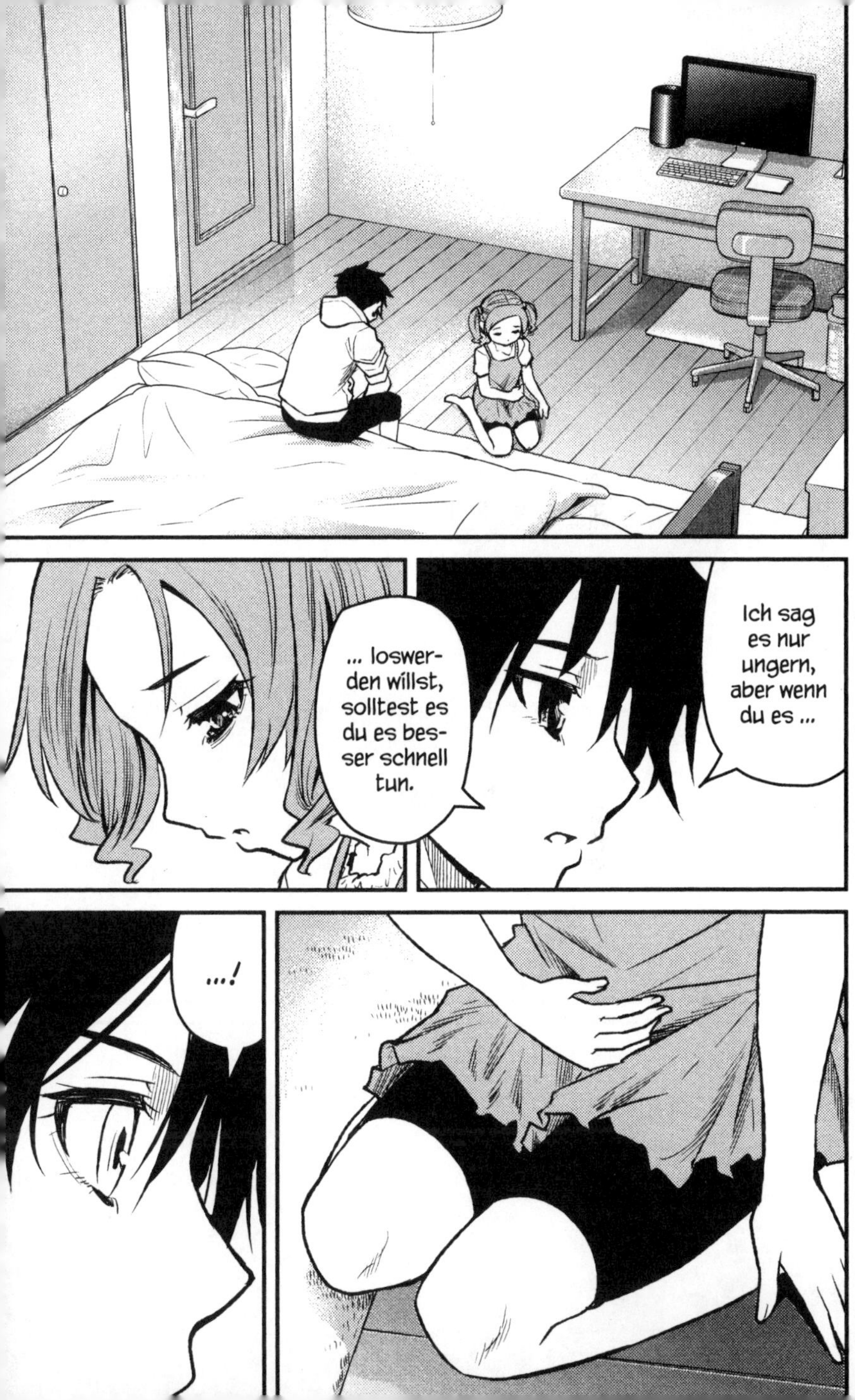

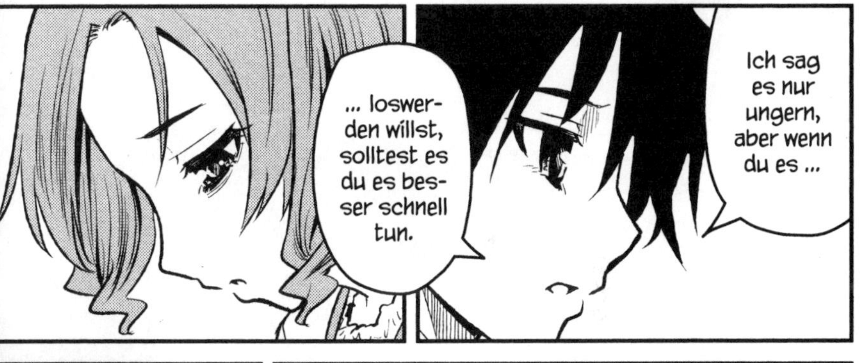
Ich sag es nur ungern, aber wenn du es ...
... loswerden willst, solltest es du es besser schnell tun.

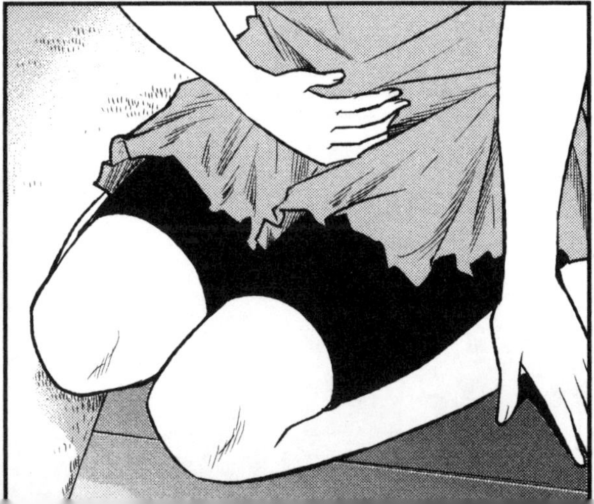

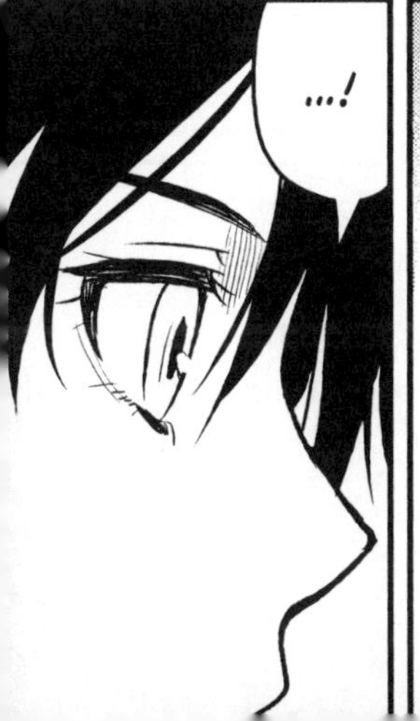
...!

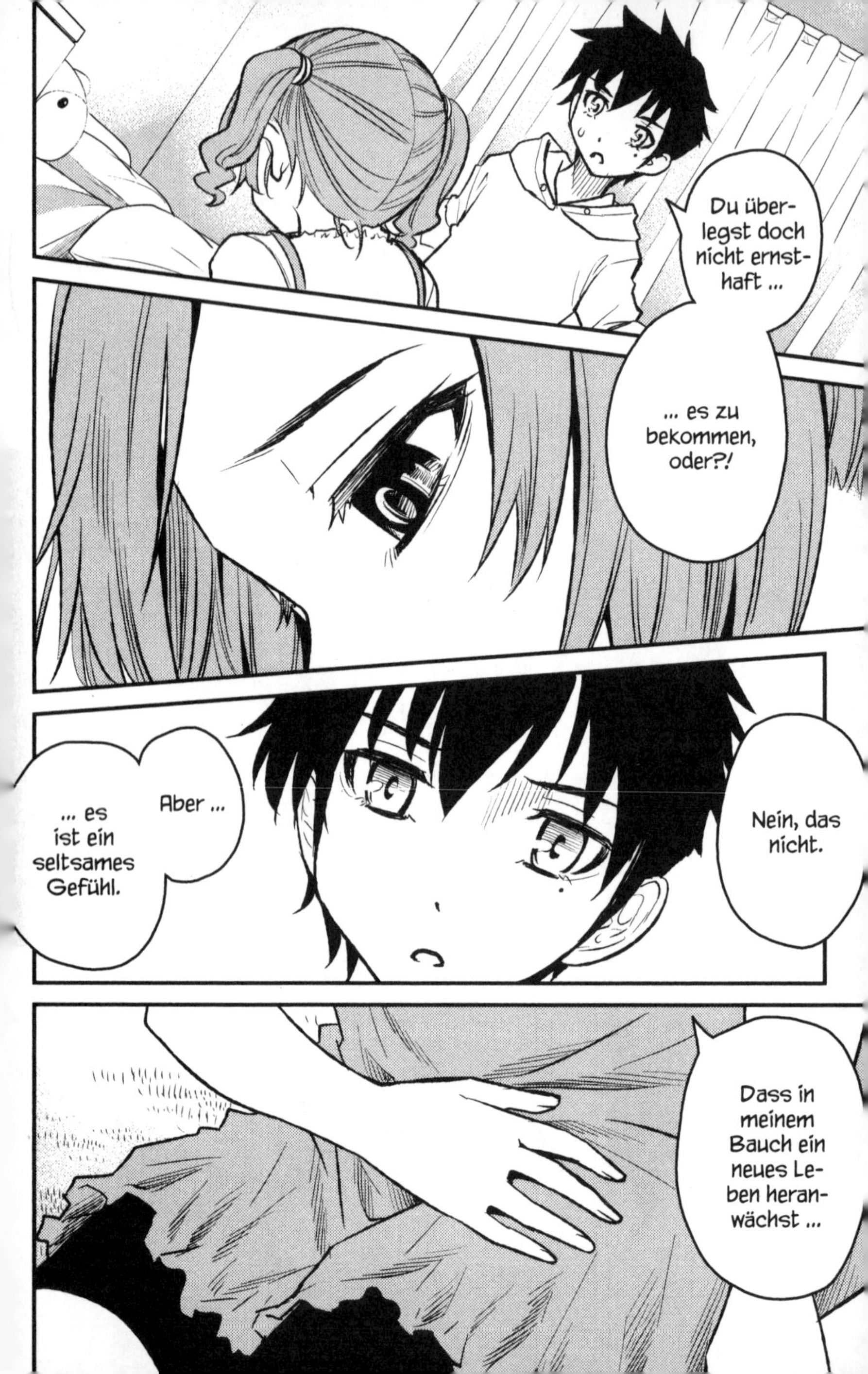
Du überlegst doch nicht ernsthaft ...
... es zu bekommen, oder?!
Nein, das nicht.
Aber ...
... es ist ein seltsames Gefühl.
Dass in meinem Bauch ein neues Leben heranwächst ...

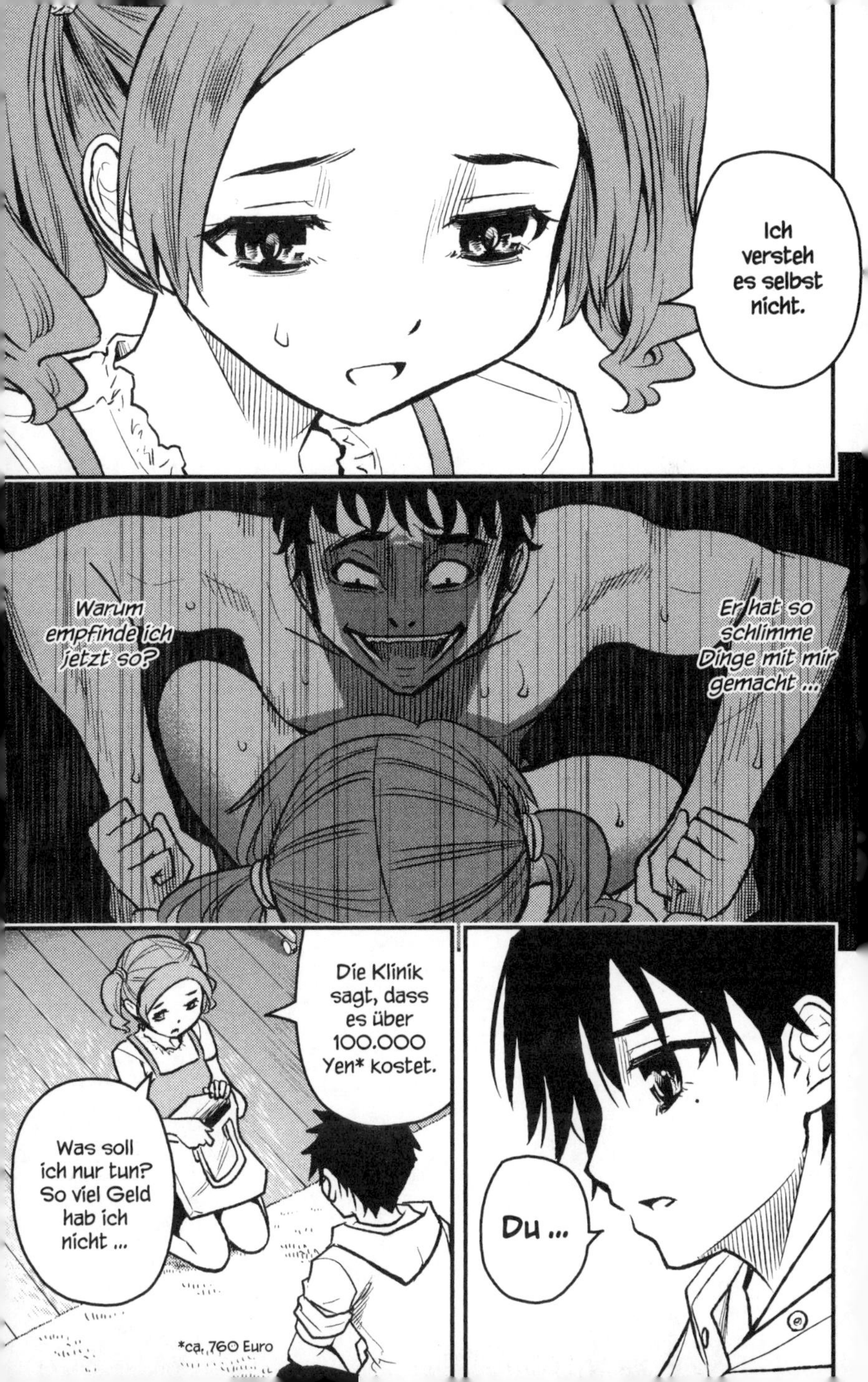
Ich versteh es selbst nicht.
Er hat so schlimme Dinge mit mir gemacht ...
Warum empfinde ich jetzt so?
Die Klinik sagt, dass es über 100.000 Yen* kostet.
Was soll ich nur tun? So viel Geld hab ich nicht ...
Du ...
*ca. 760 Euro

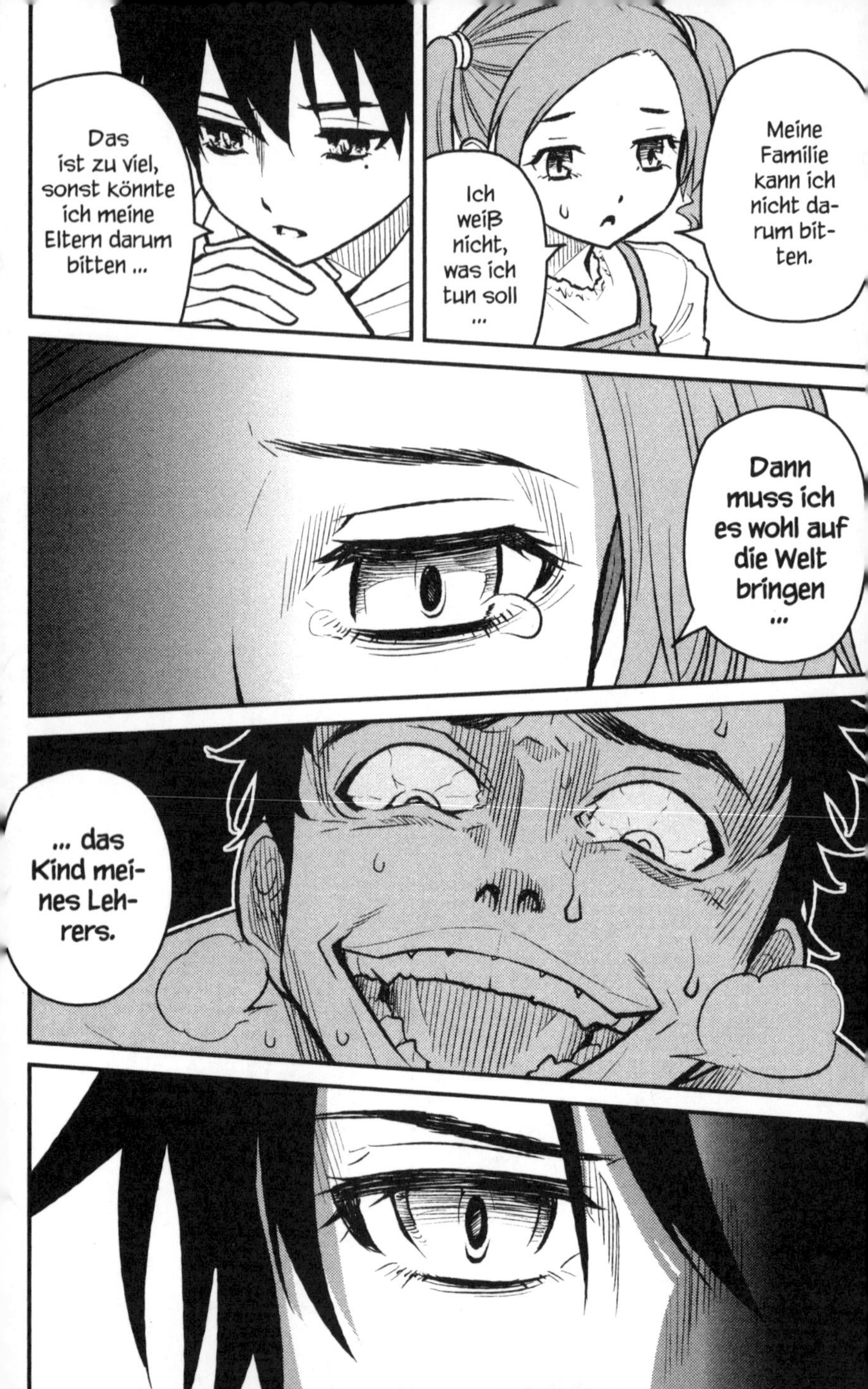
Meine Familie kann ich nicht darum bitten.
Ich weiß nicht, was ich tun soll …
Das ist zu viel, sonst könnte ich meine Eltern darum bitten …
Dann muss ich es wohl auf die Welt bringen …
… das Kind meines Lehrers.

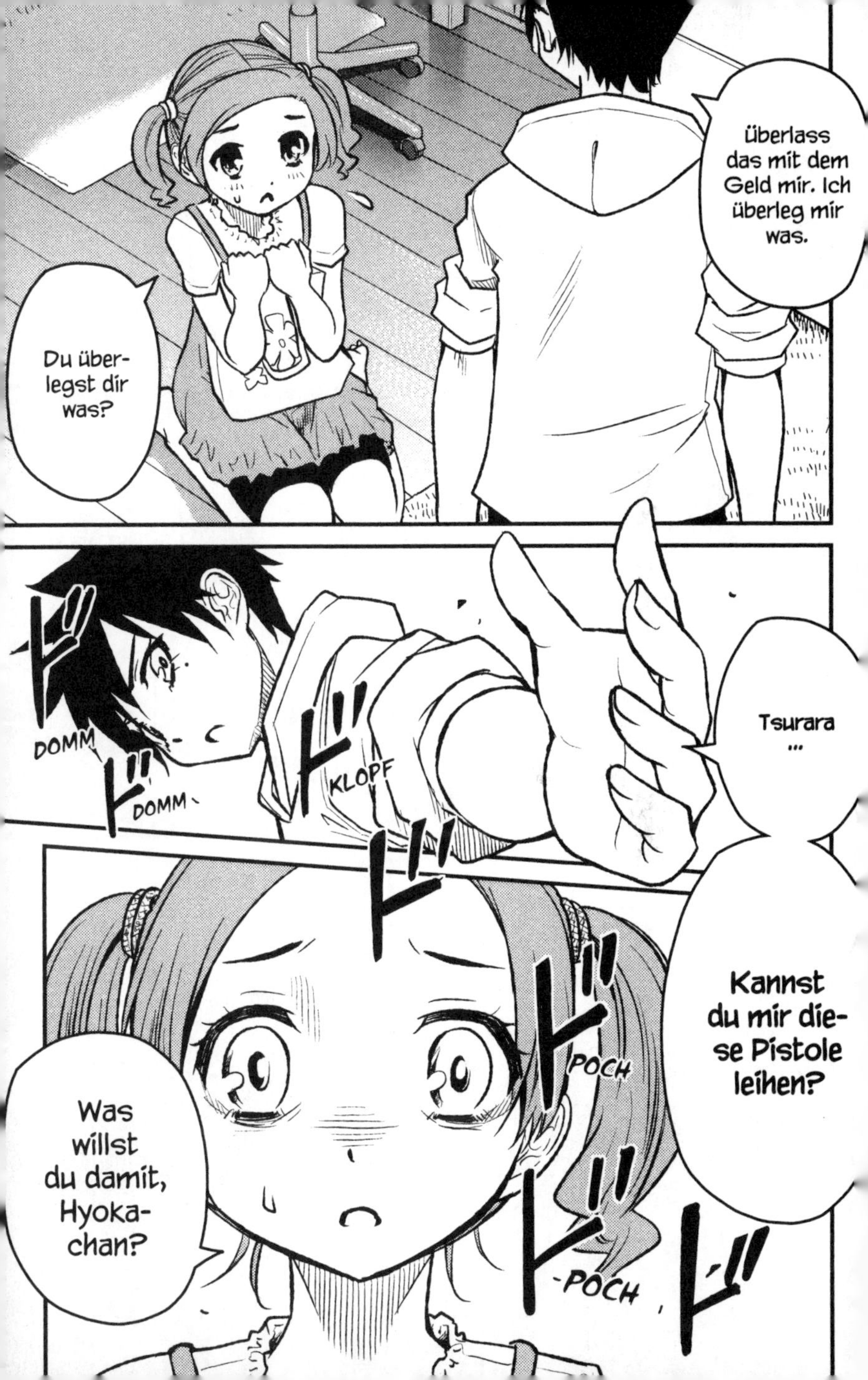
Überlass das mit dem Geld mir. Ich überleg mir was.
Du überlegst dir was?
Tsurara ...
KLOPF
DOMM
DOMM
Kannst du mir diese Pistole leihen?
POCH
POCH
Was willst du damit, Hyoka-chan?

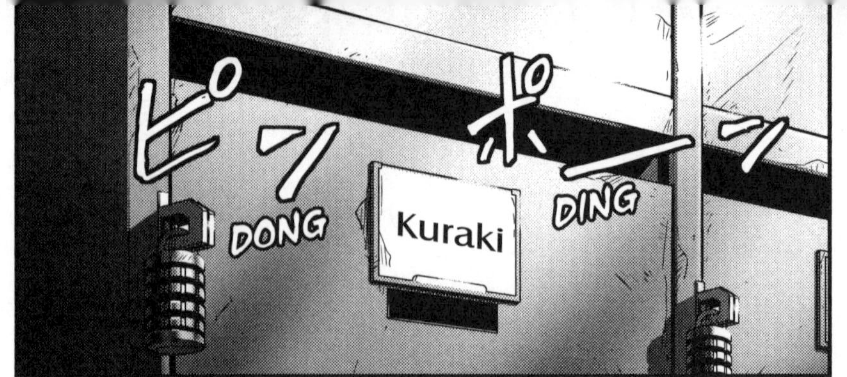
ピンポーン
DING
DONG
Kuraki

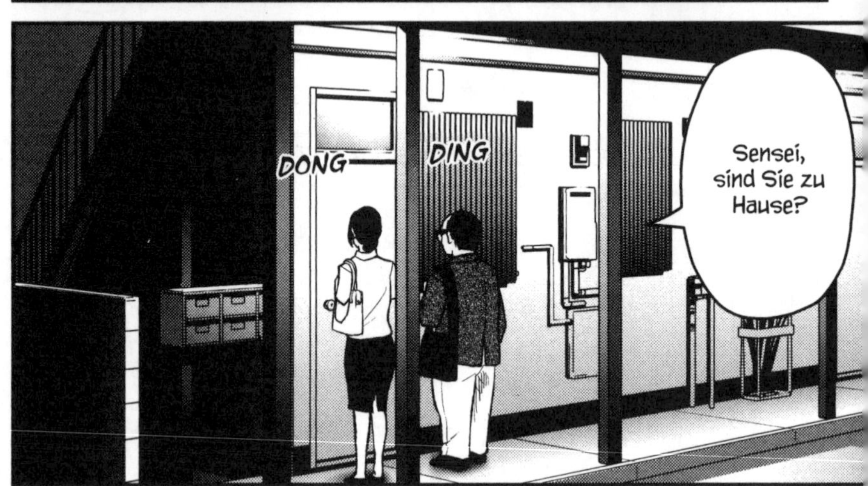
Sensei, sind Sie zu Hause?
DING
DONG

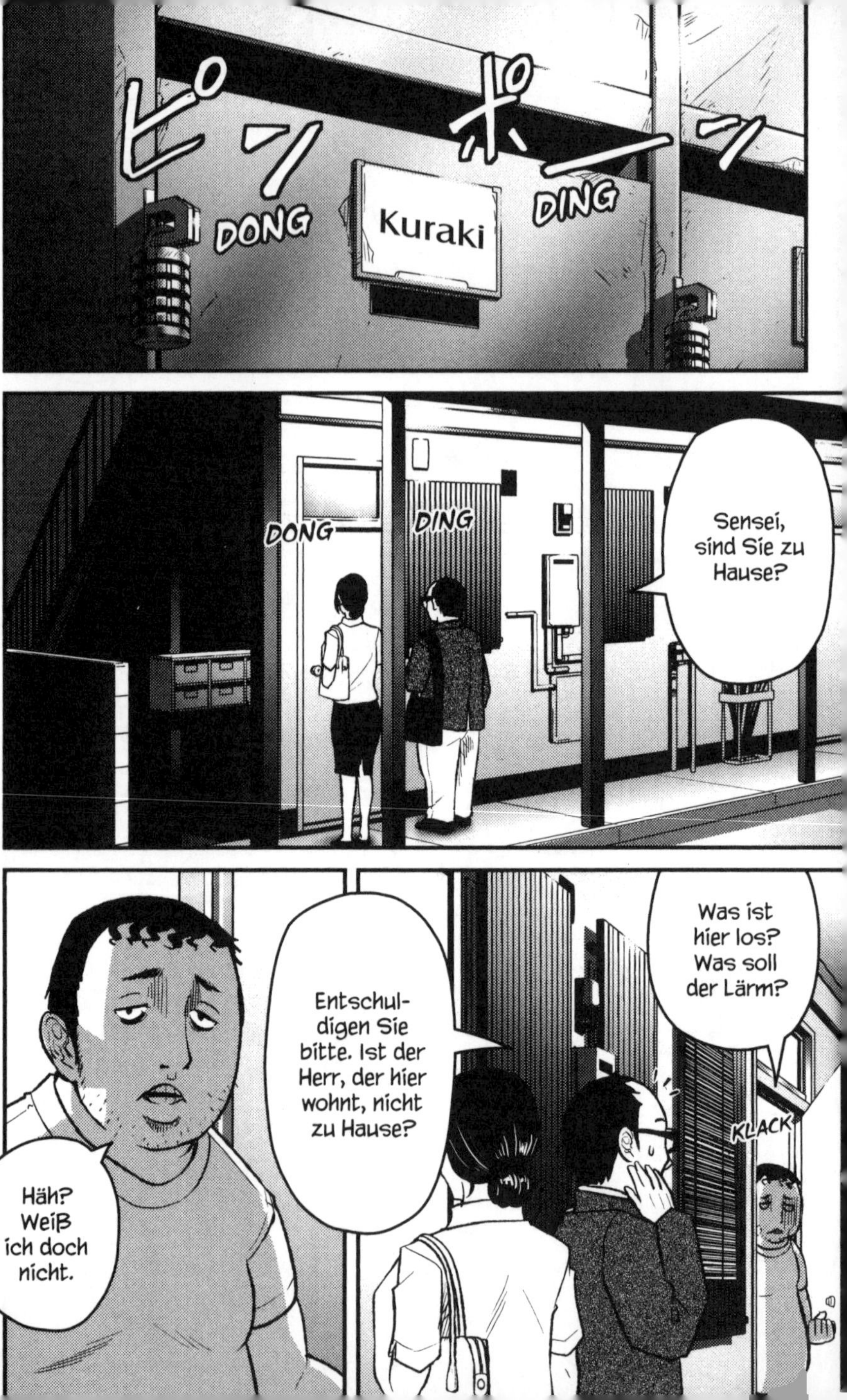

Was ist hier los? Was soll der Lärm?
KLACK
Entschul-digen Sie bitte. Ist der Herr, der hier wohnt, nicht zu Hause?
Häh? Weiß ich doch nicht.

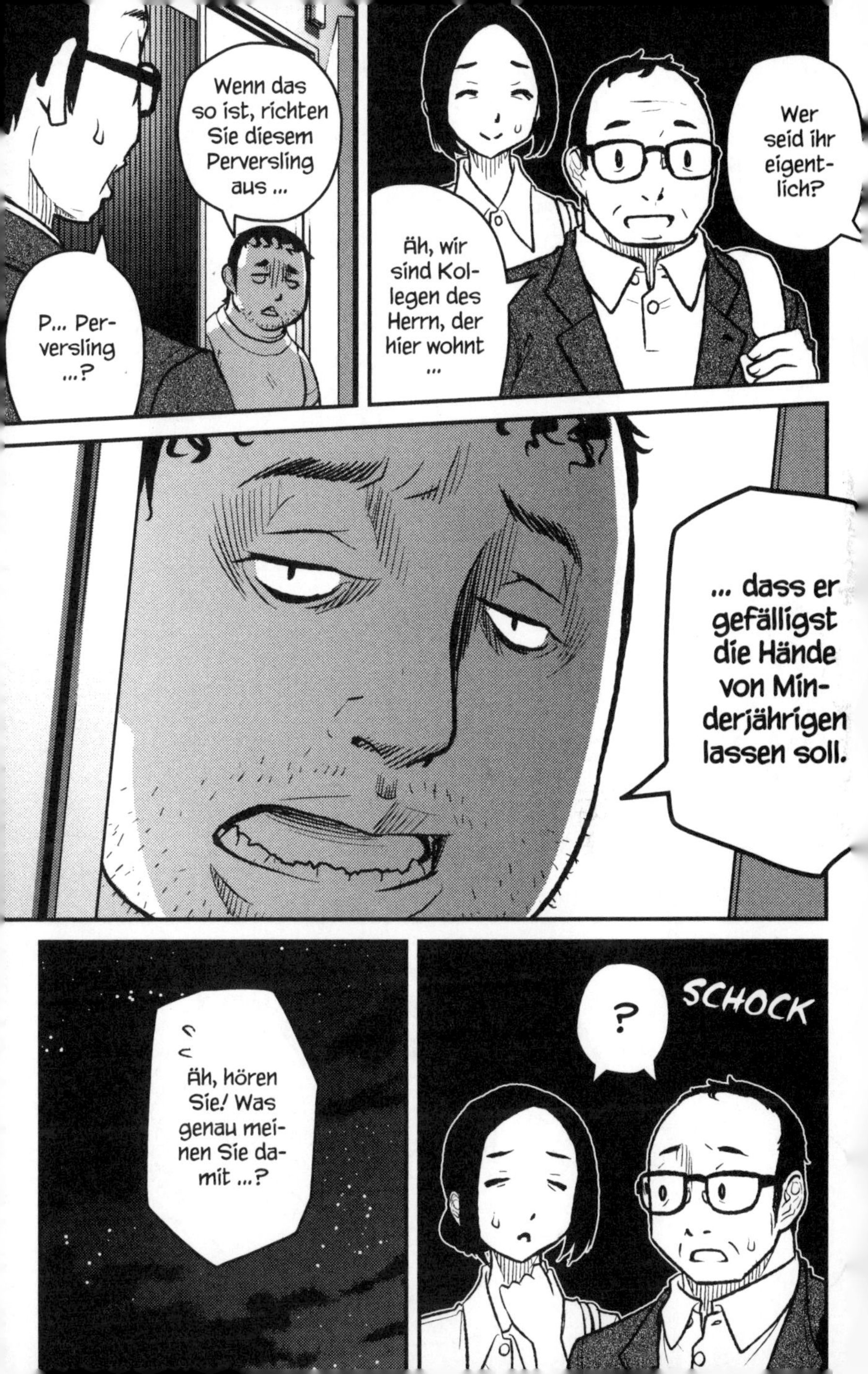

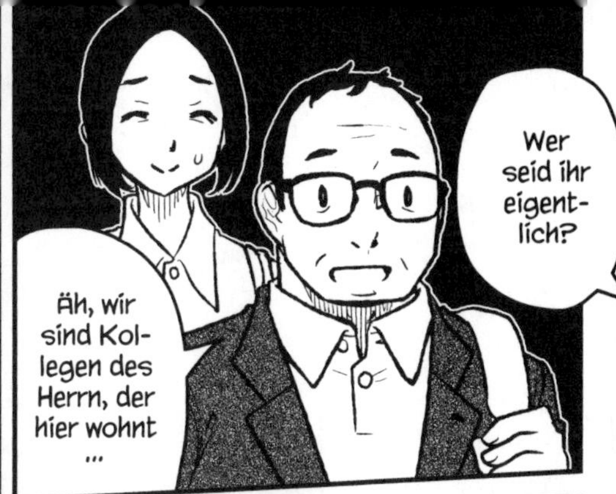

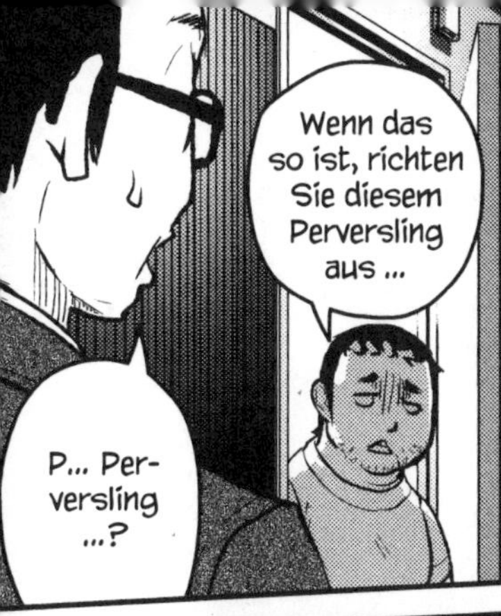

... dass er gefälligst die Hände von Minderjährigen lassen soll.

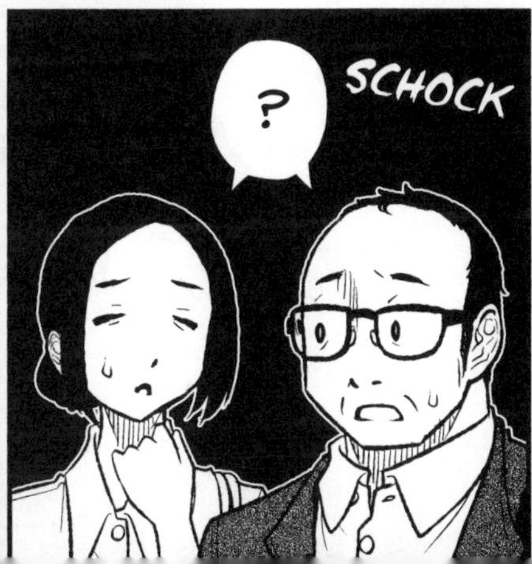

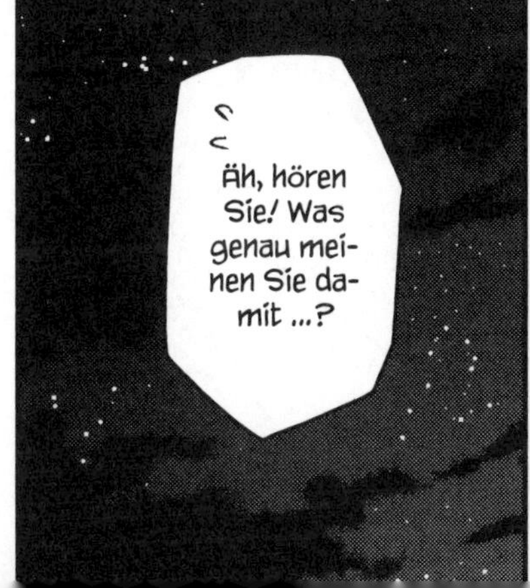

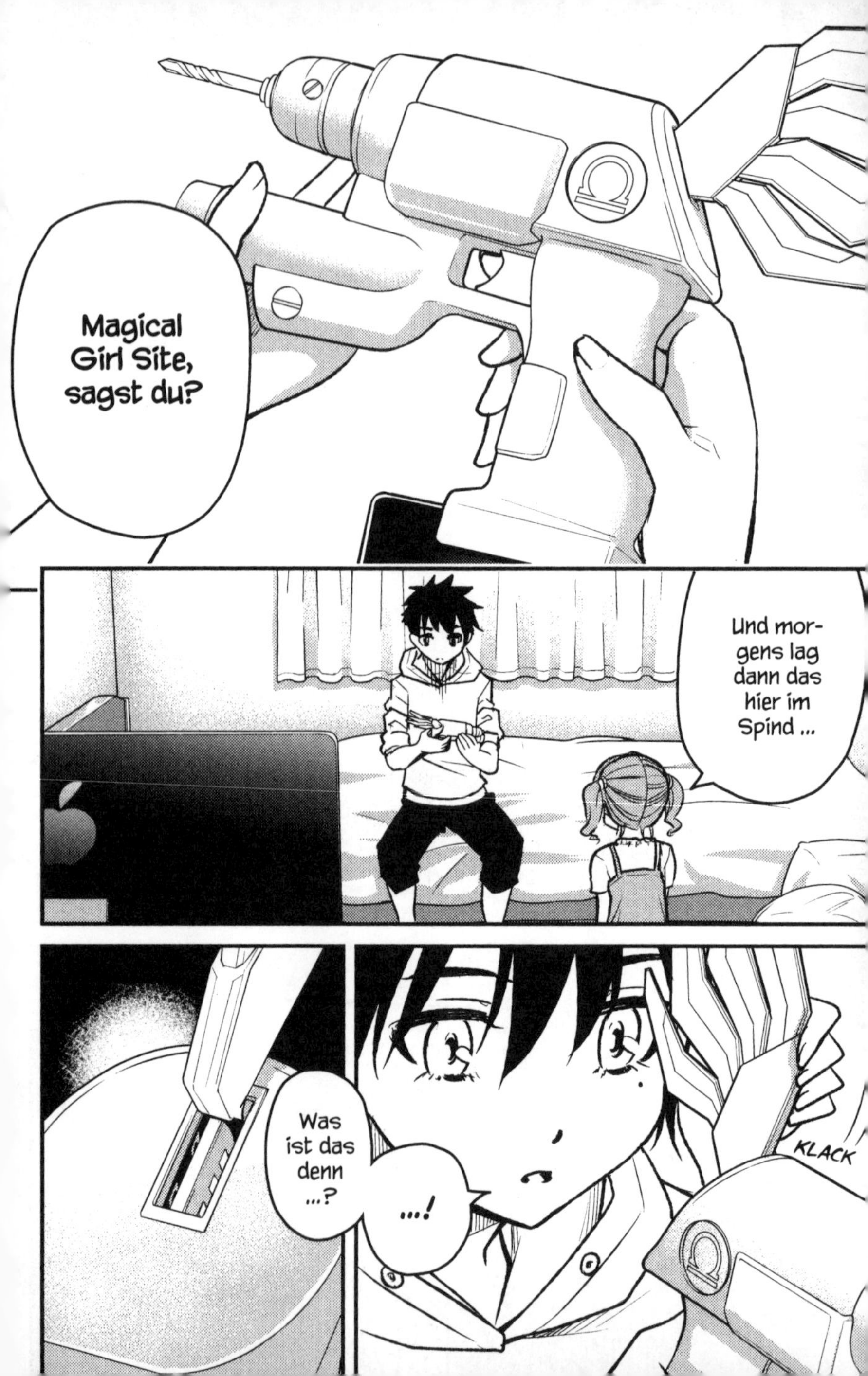
Magical Girl Site, sagst du?
Und morgens lag dann das hier im Spind ...
KLACK
...!
Was ist das denn ...?

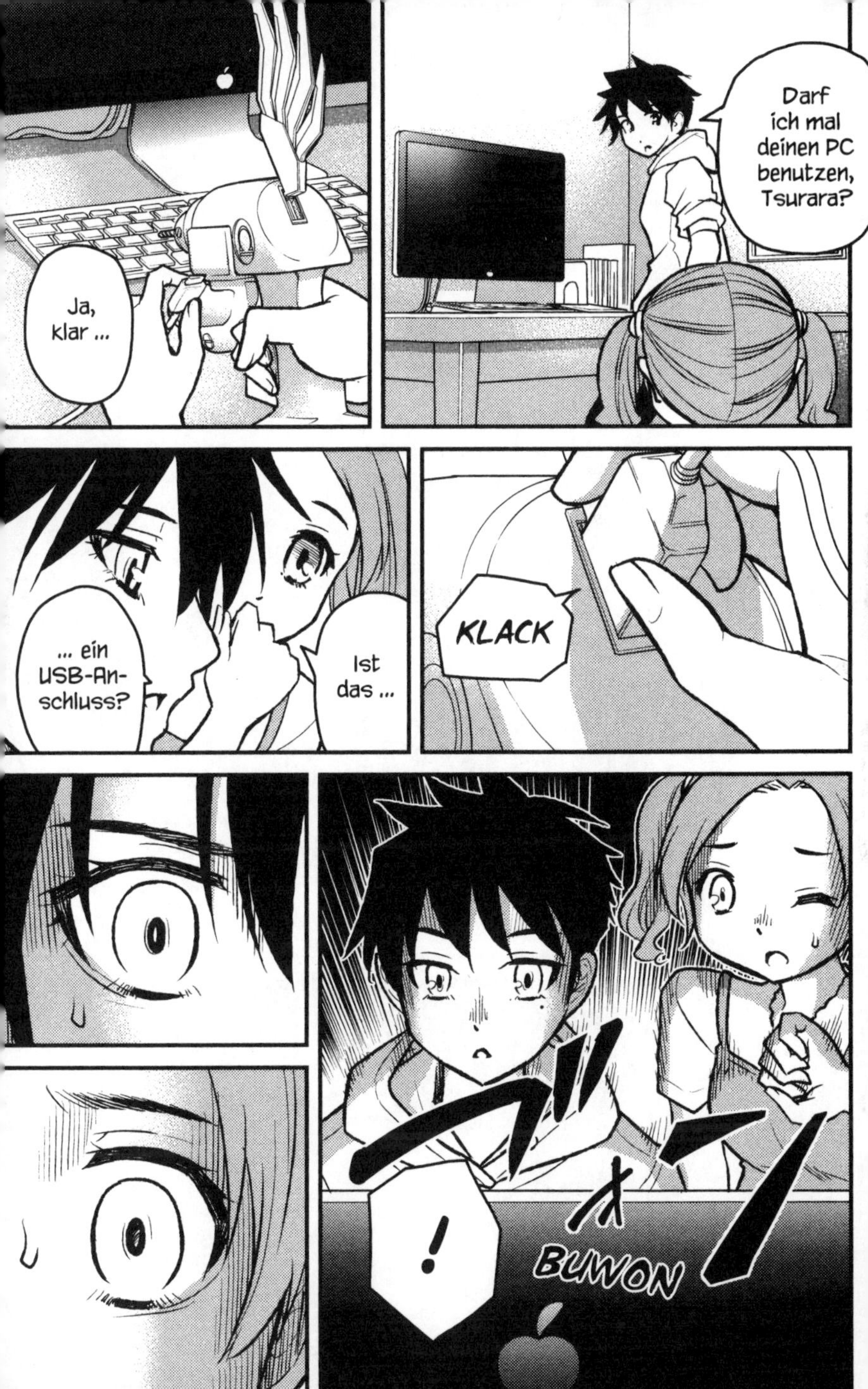

Darf ich mal deinen PC benutzen, Tsurara?
Ja, klar ...
KLACK
Ist das ...
... ein USB-Anschluss?
BUWON
!

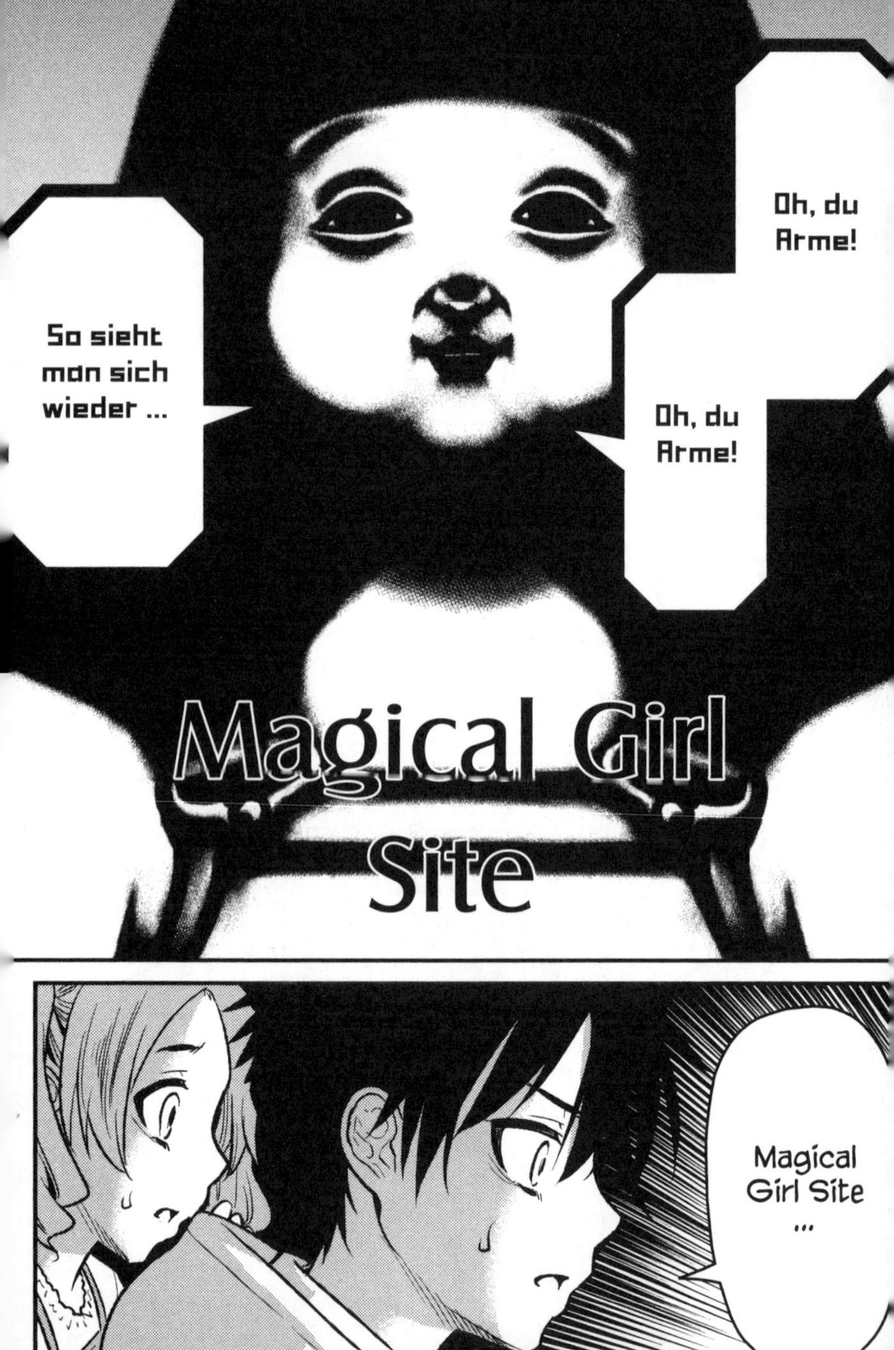

Oh, du Arme!
Oh, du Arme!
So sieht man sich wieder ...
Magical Girl Site
Magical Girl Site ...

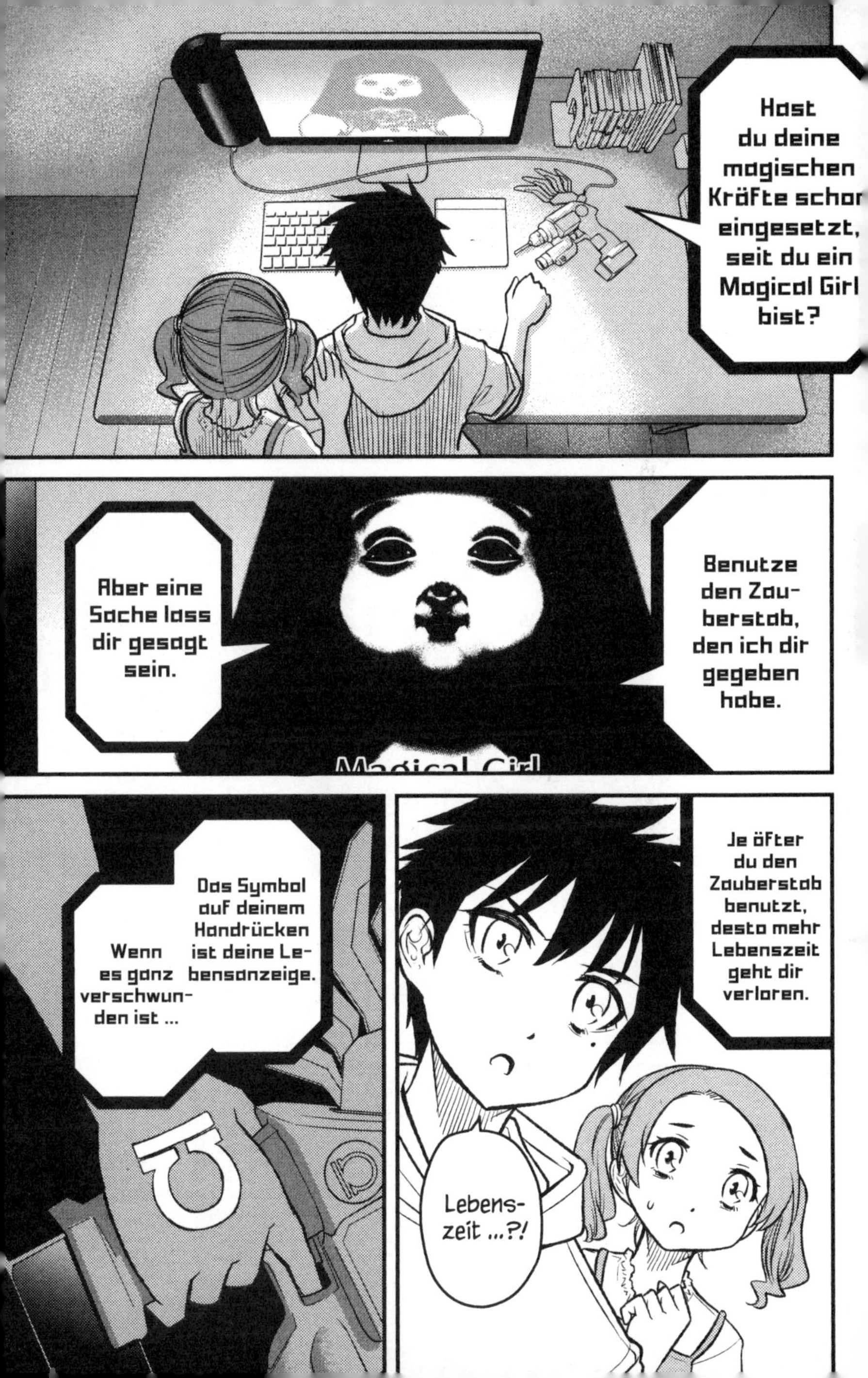

Hast du deine magischen Kräfte schon eingesetzt, seit du ein Magical Girl bist?

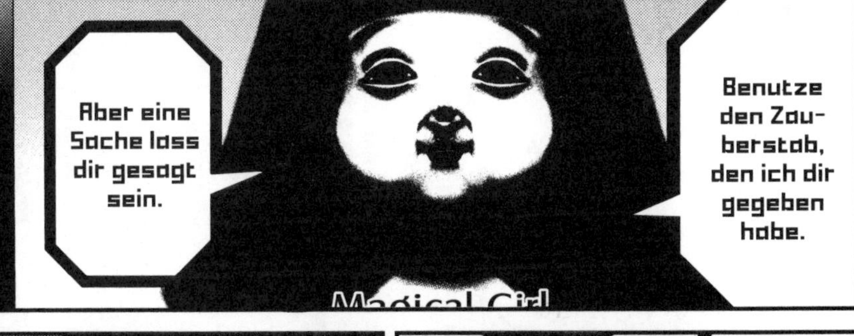

Je öfter du den Zauberstab benutzt, desto mehr Lebenszeit geht dir verloren.

Lebens-zeit ...?!

Das Symbol auf deinem Handrücken ist deine Lebensanzeige.

Wenn es ganz verschwunden ist ...

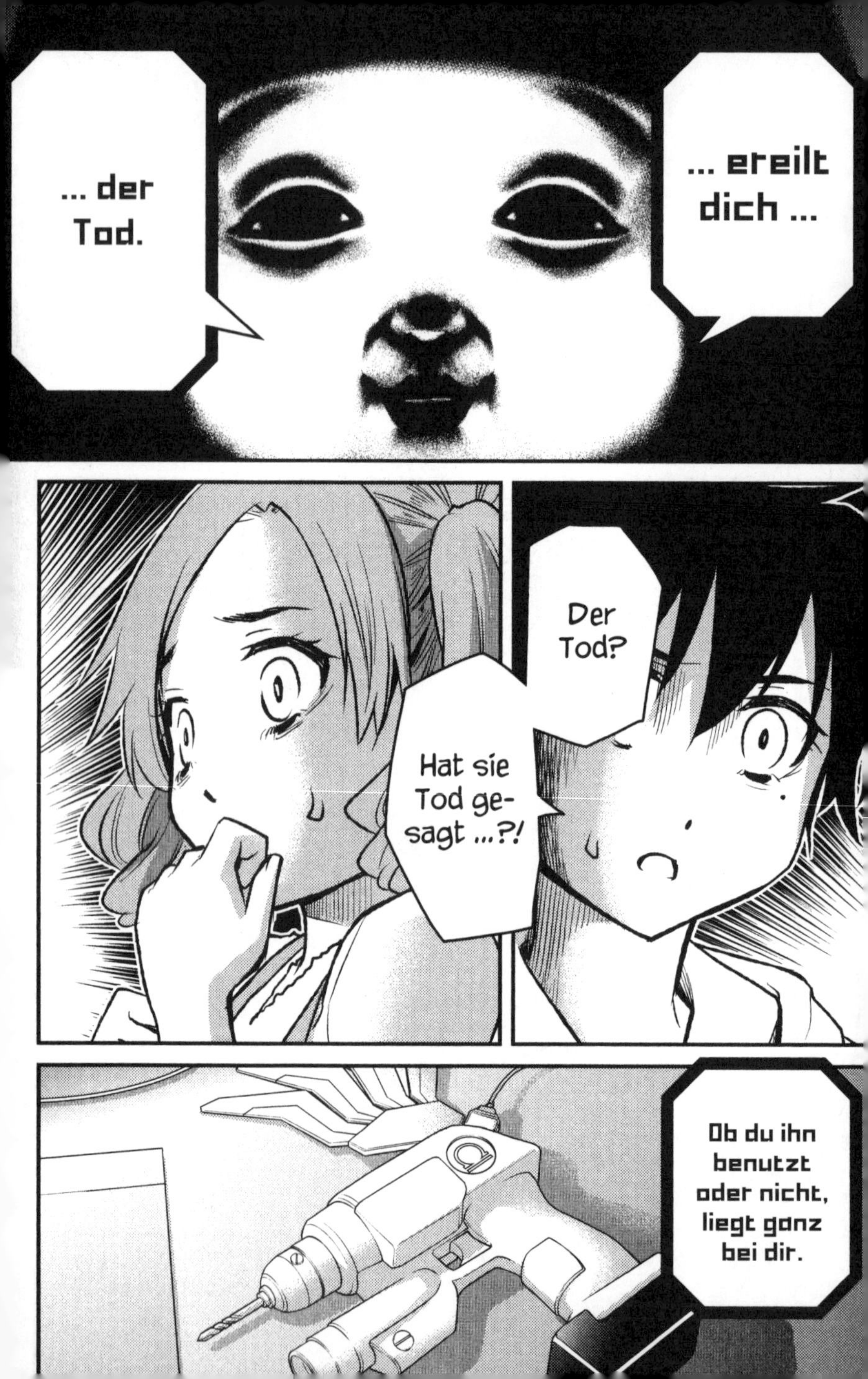

... ereilt dich ...

... der Tod.

Der Tod?

Hat sie Tod gesagt ...?!

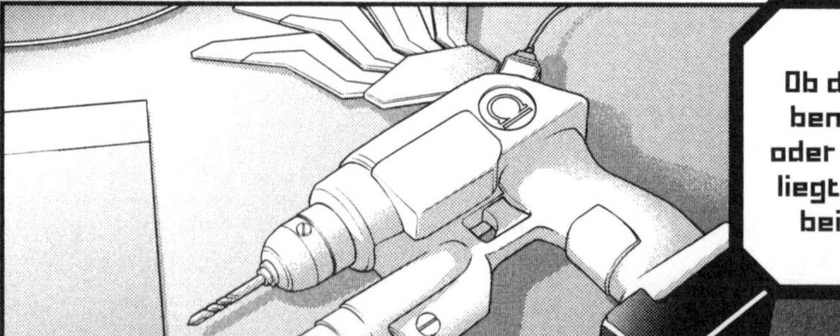

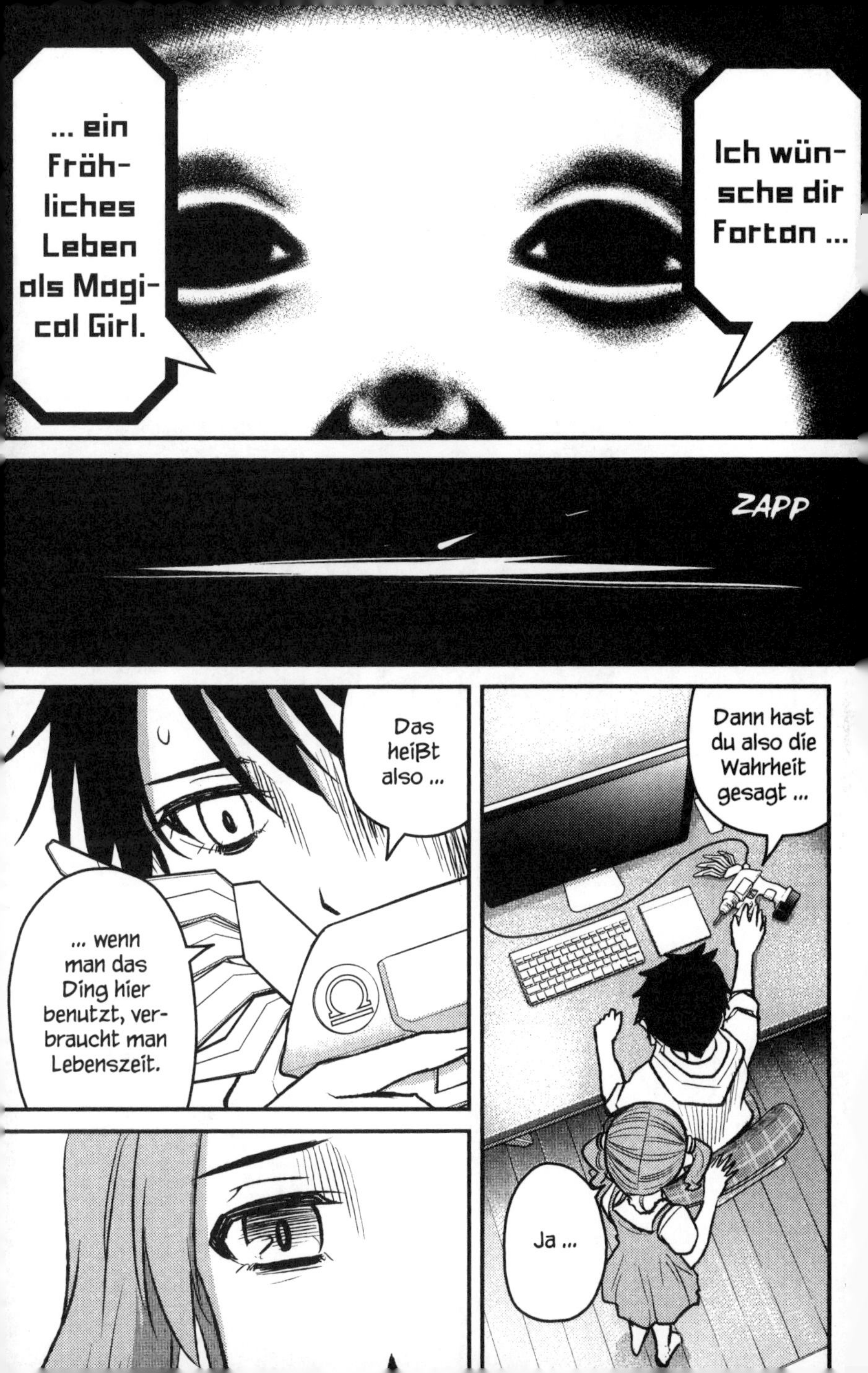

Ich wünsche dir Fortan ...

... ein fröhliches Leben als Magical Girl.

ZAPP

Dann hast du also die Wahrheit gesagt ...

Ja ...

Das heißt also ...

... wenn man das Ding hier benutzt, verbraucht man Lebenszeit.

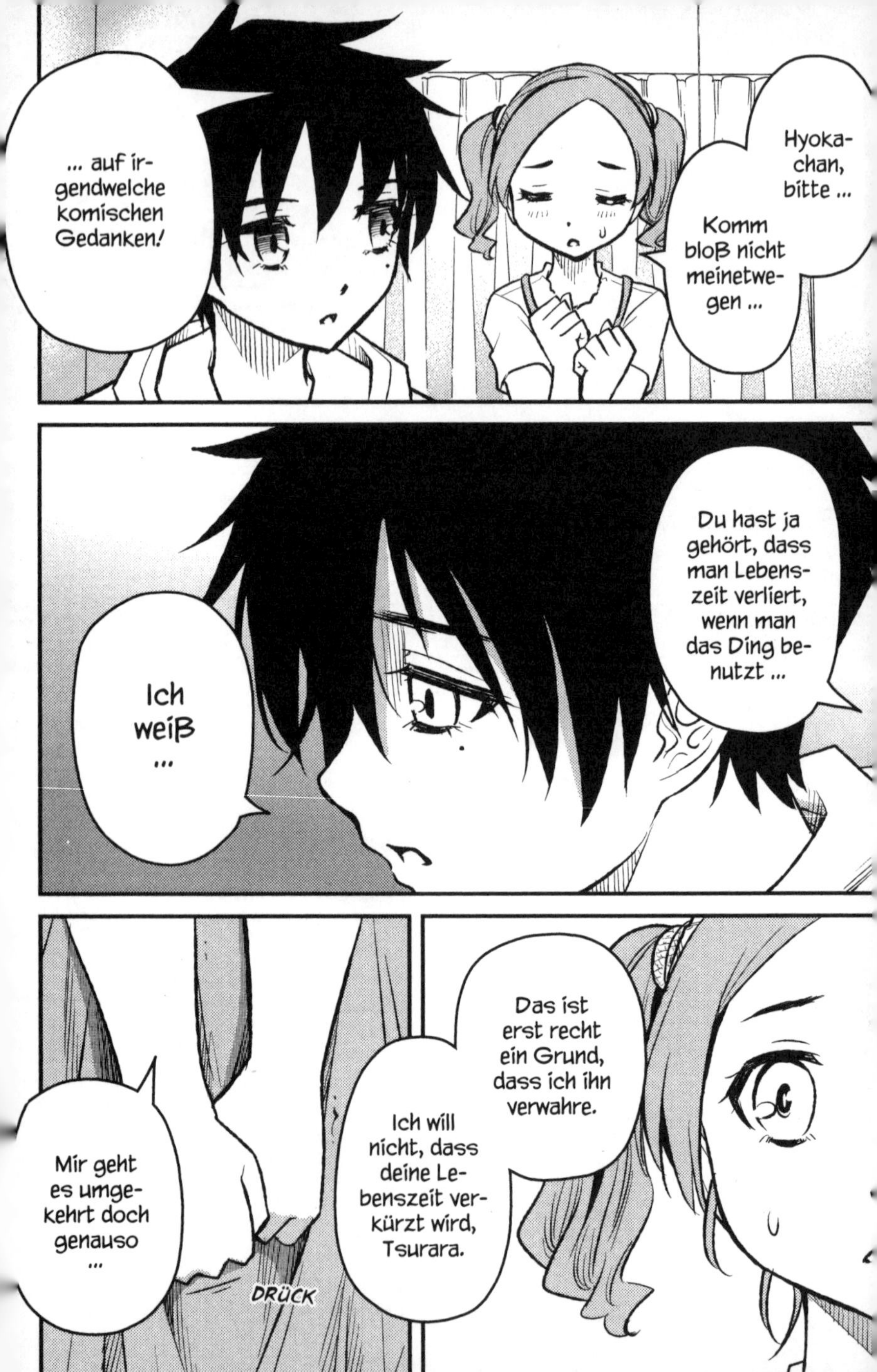
Hyoka-chan, bitte ...
Komm bloß nicht meinetwegen ...
... auf irgendwelche komischen Gedanken!
Du hast ja gehört, dass man Lebenszeit verliert, wenn man das Ding benutzt ...
Ich weiß ...
Das ist erst recht ein Grund, dass ich ihn verwahre.
Ich will nicht, dass deine Lebenszeit verkürzt wird, Tsurara.
Mir geht es umgekehrt doch genauso ...
DRÜCK

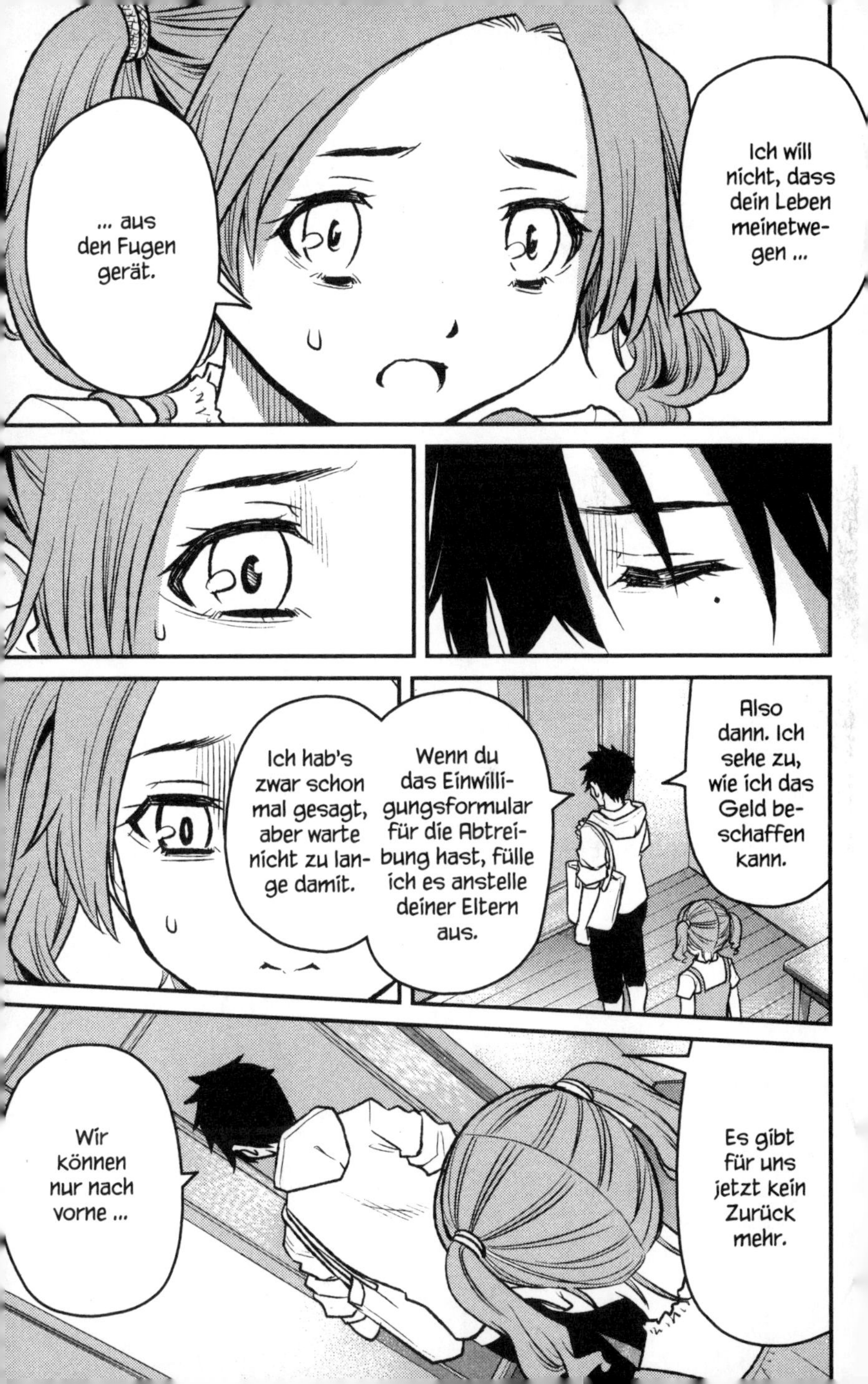
Ich will nicht, dass dein Leben meinetwegen ...
... aus den Fugen gerät.
Also dann. Ich sehe zu, wie ich das Geld beschaffen kann.
Wenn du das Einwilligungsformular für die Abtreibung hast, fülle ich es anstelle deiner Eltern aus.
Ich hab's zwar schon mal gesagt, aber warte nicht zu lange damit.
Es gibt für uns jetzt kein Zurück mehr.
Wir können nur nach vorne ...

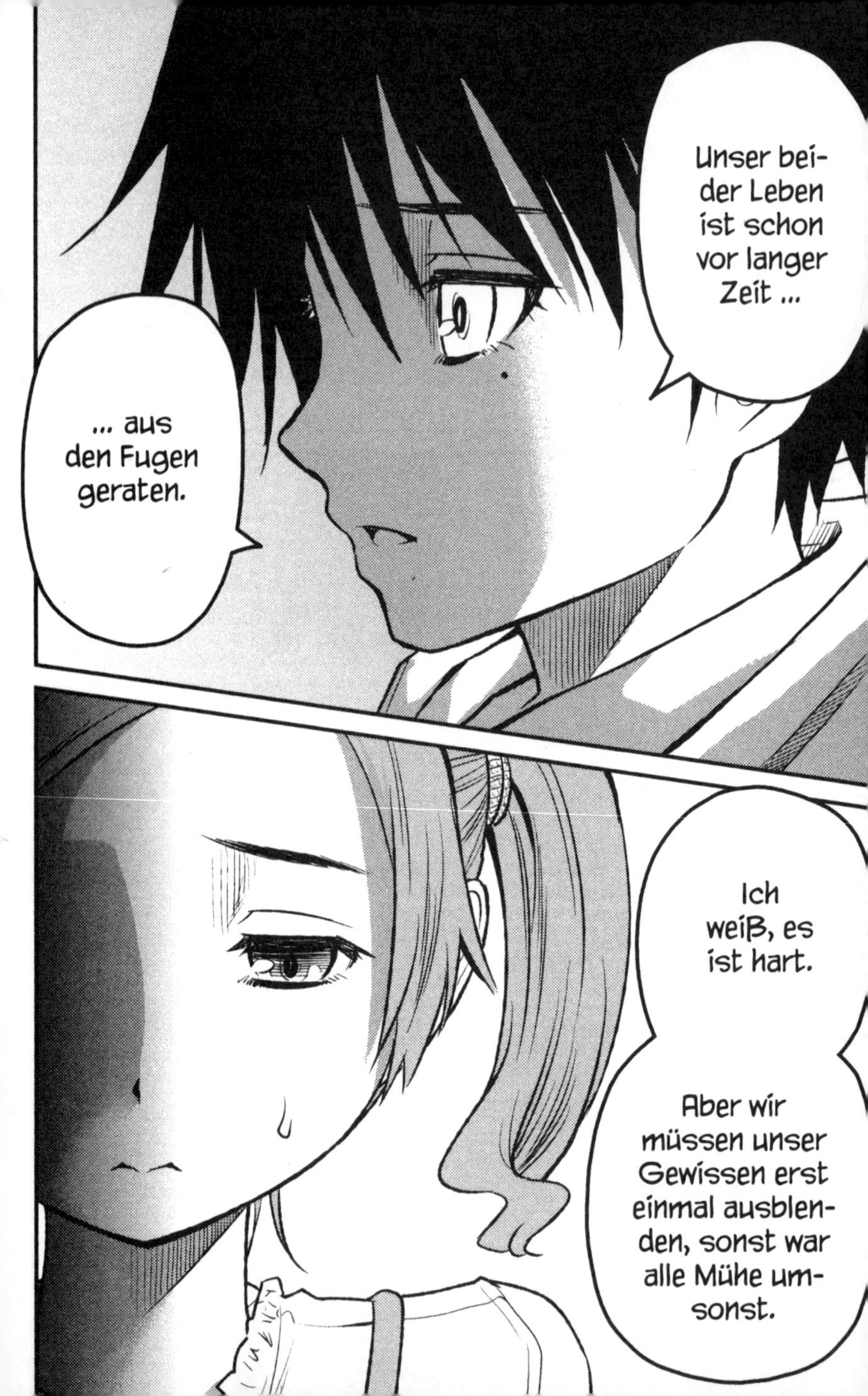
Unser beider Leben ist schon vor langer Zeit ...
... aus den Fugen geraten.
Ich weiß, es ist hart.
Aber wir müssen unser Gewissen erst einmal ausblenden, sonst war alle Mühe umsonst.

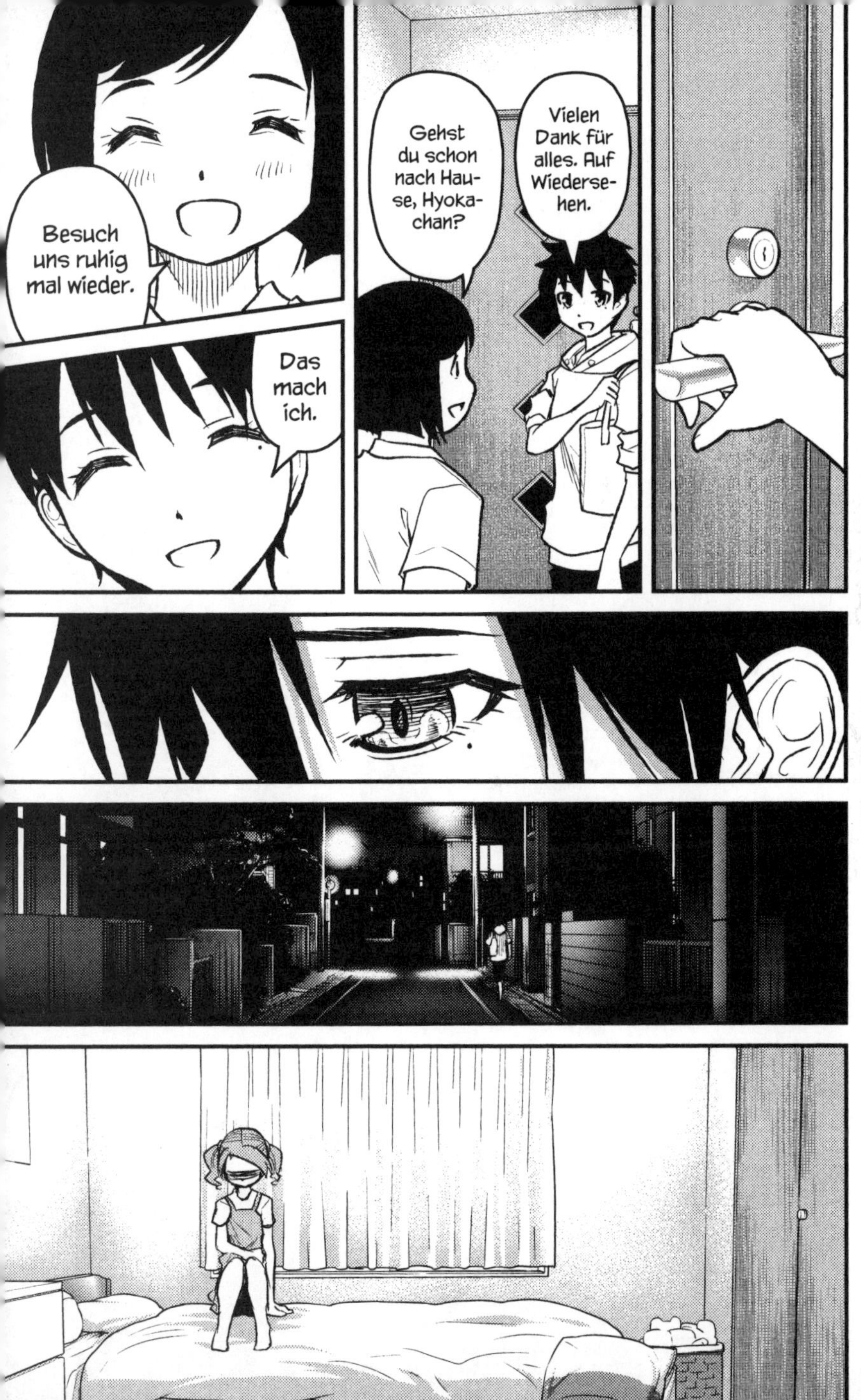
Vielen Dank für alles. Auf Wiedersehen.
Gehst du schon nach Hause, Hyoka-chan?
Besuch uns ruhig mal wieder.
Das mach ich.

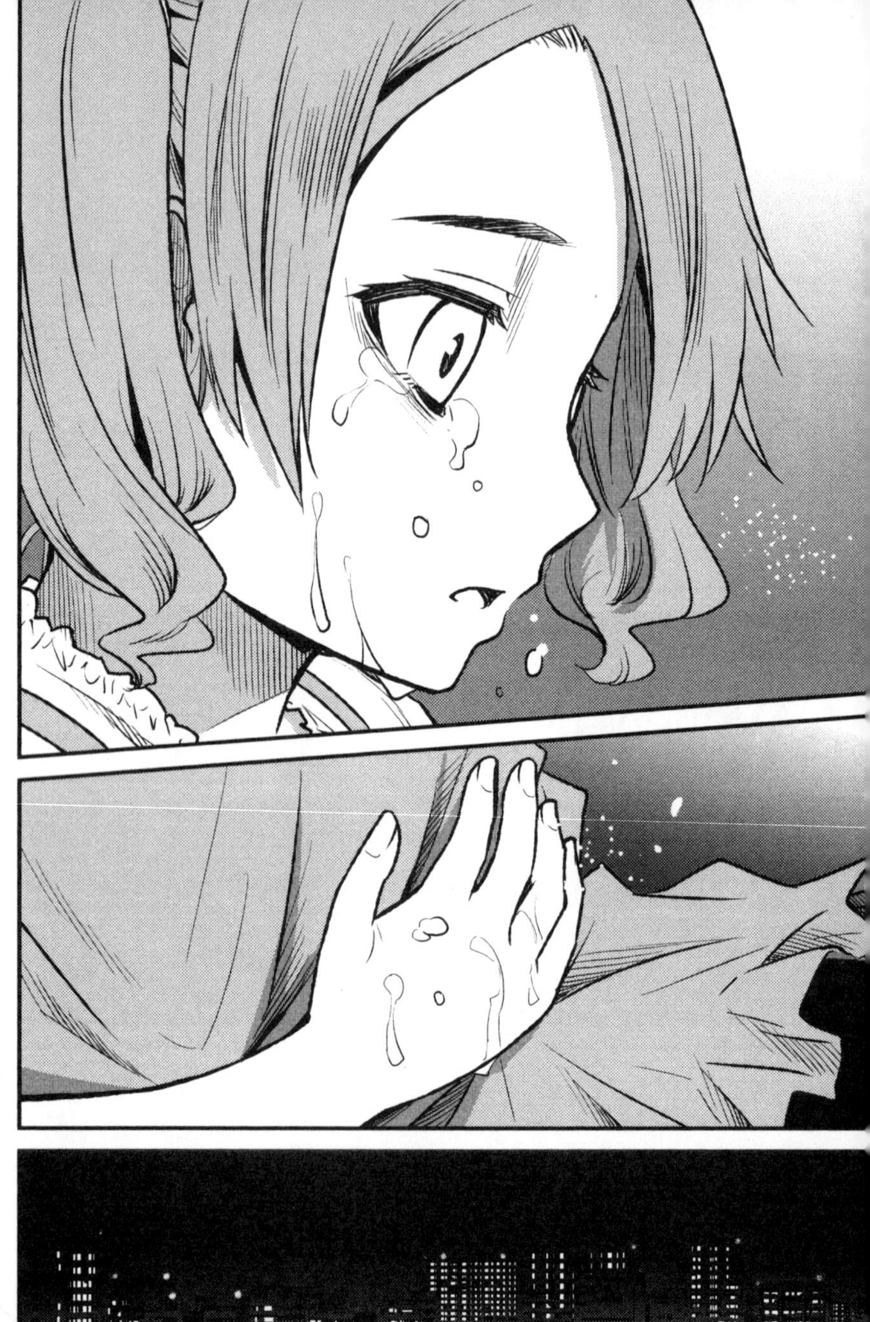

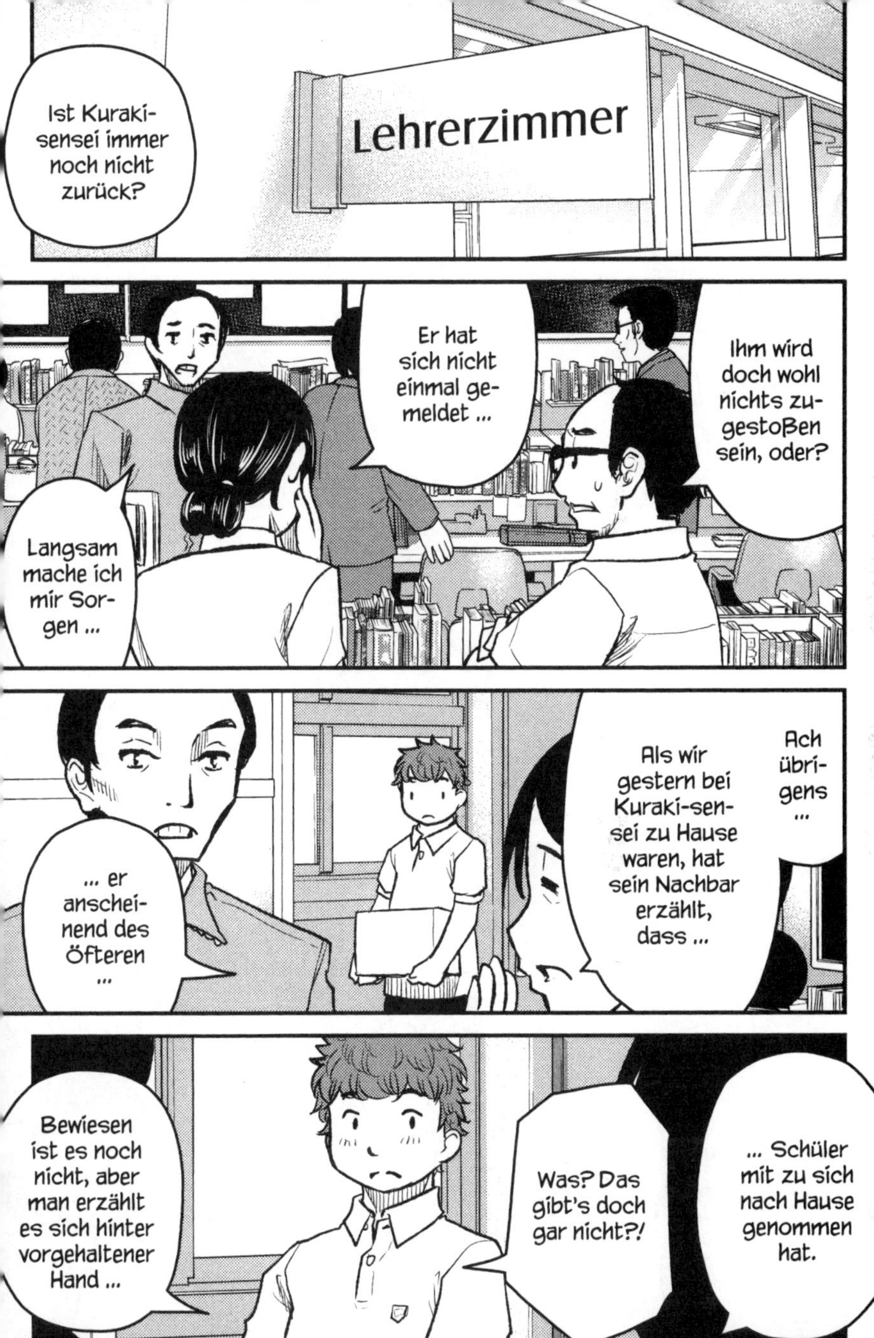
Lehrerzimmer
Ist Kuraki-sensei immer noch nicht zurück?
Ihm wird doch wohl nichts zugestoßen sein, oder?
Er hat sich nicht einmal gemeldet ...
Langsam mache ich mir Sorgen ...
Ach übrigens ...
Als wir gestern bei Kuraki-sensei zu Hause waren, hat sein Nachbar erzählt, dass ...
... er anscheinend des Öfteren ...
... Schüler mit zu sich nach Hause genommen hat.
Was? Das gibt's doch gar nicht?!
Bewiesen ist es noch nicht, aber man erzählt es sich hinter vorgehaltener Hand ...

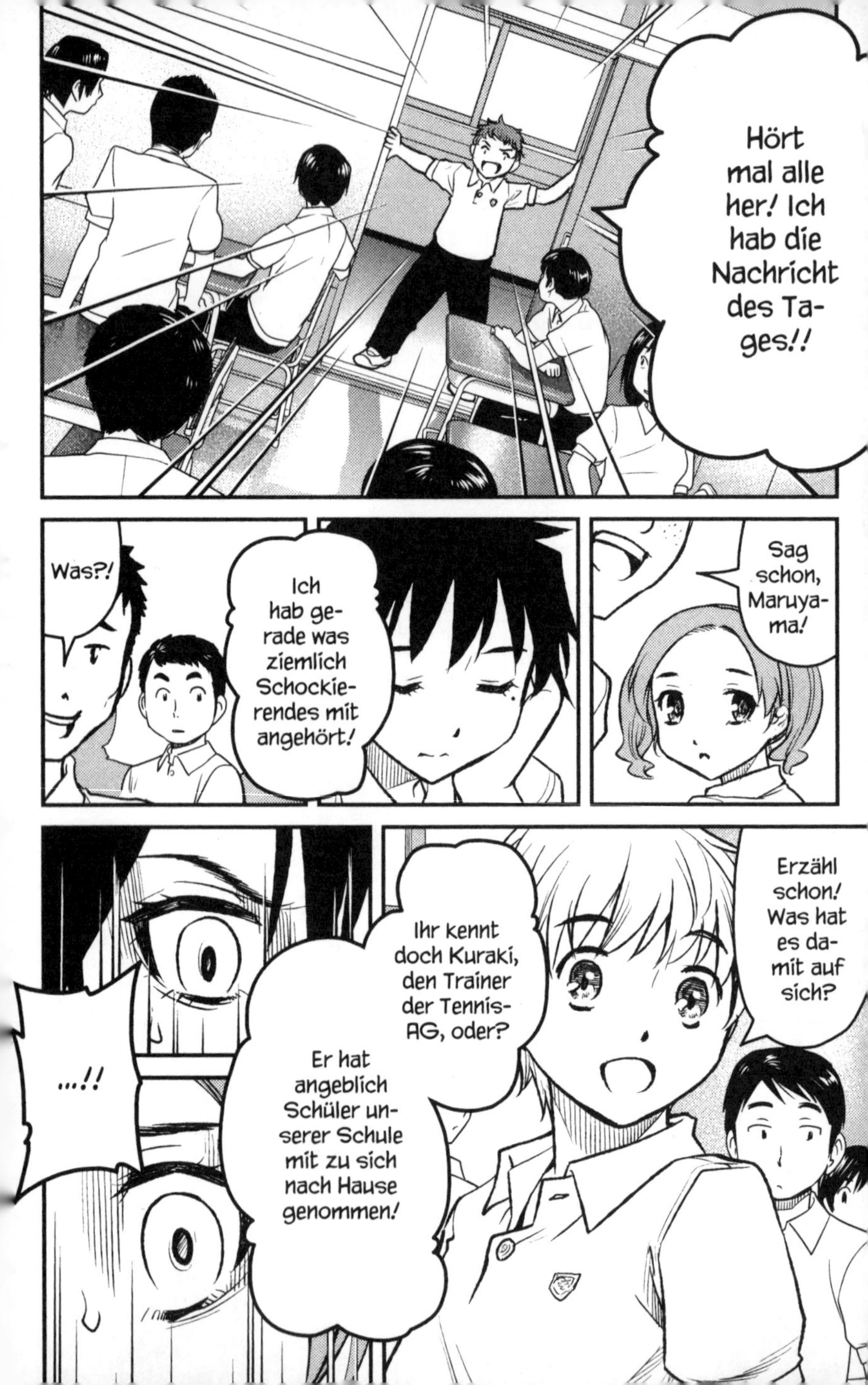
Hört mal alle her! Ich hab die Nachricht des Tages!!
Sag schon, Maruyama!
Ich hab gerade was ziemlich Schockierendes mit angehört!
Was?!
Erzähl schon! Was hat es damit auf sich?
Ihr kennt doch Kuraki, den Trainer der Tennis-AG, oder?
Er hat angeblich Schüler unserer Schule mit zu sich nach Hause genommen!
...!!

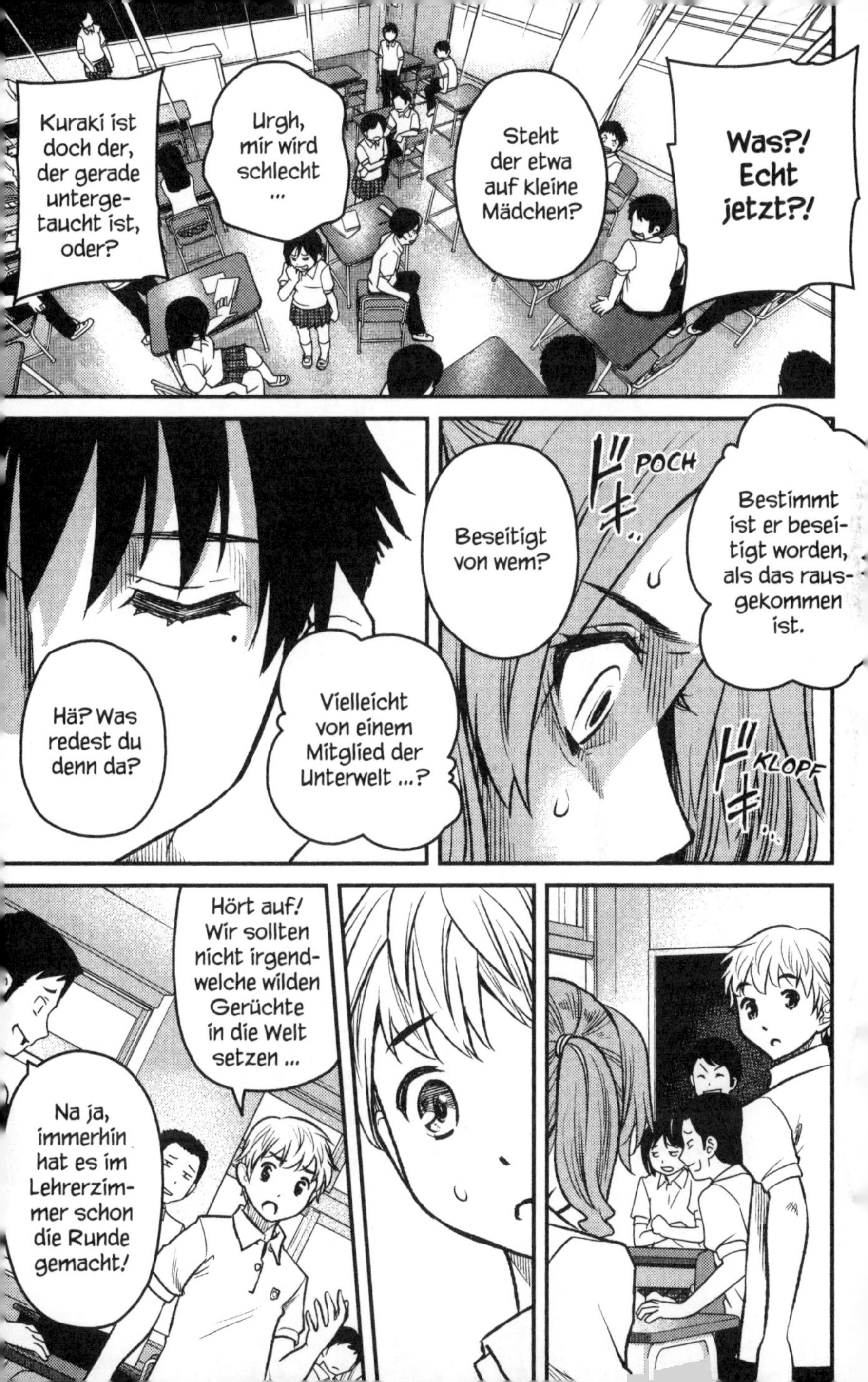
Was?! Echt jetzt?!
Steht der etwa auf kleine Mädchen?
Urgh, mir wird schlecht ...
Kuraki ist doch der, der gerade untergetaucht ist, oder?
Bestimmt ist er beseitigt worden, als das rausgekommen ist.
POCH
Beseitigt von wem?
Vielleicht von einem Mitglied der Unterwelt ...?
KLOPF
Hä? Was redest du denn da?
Hört auf! Wir sollten nicht irgendwelche wilden Gerüchte in die Welt setzen ...
Na ja, immerhin hat es im Lehrerzimmer schon die Runde gemacht!

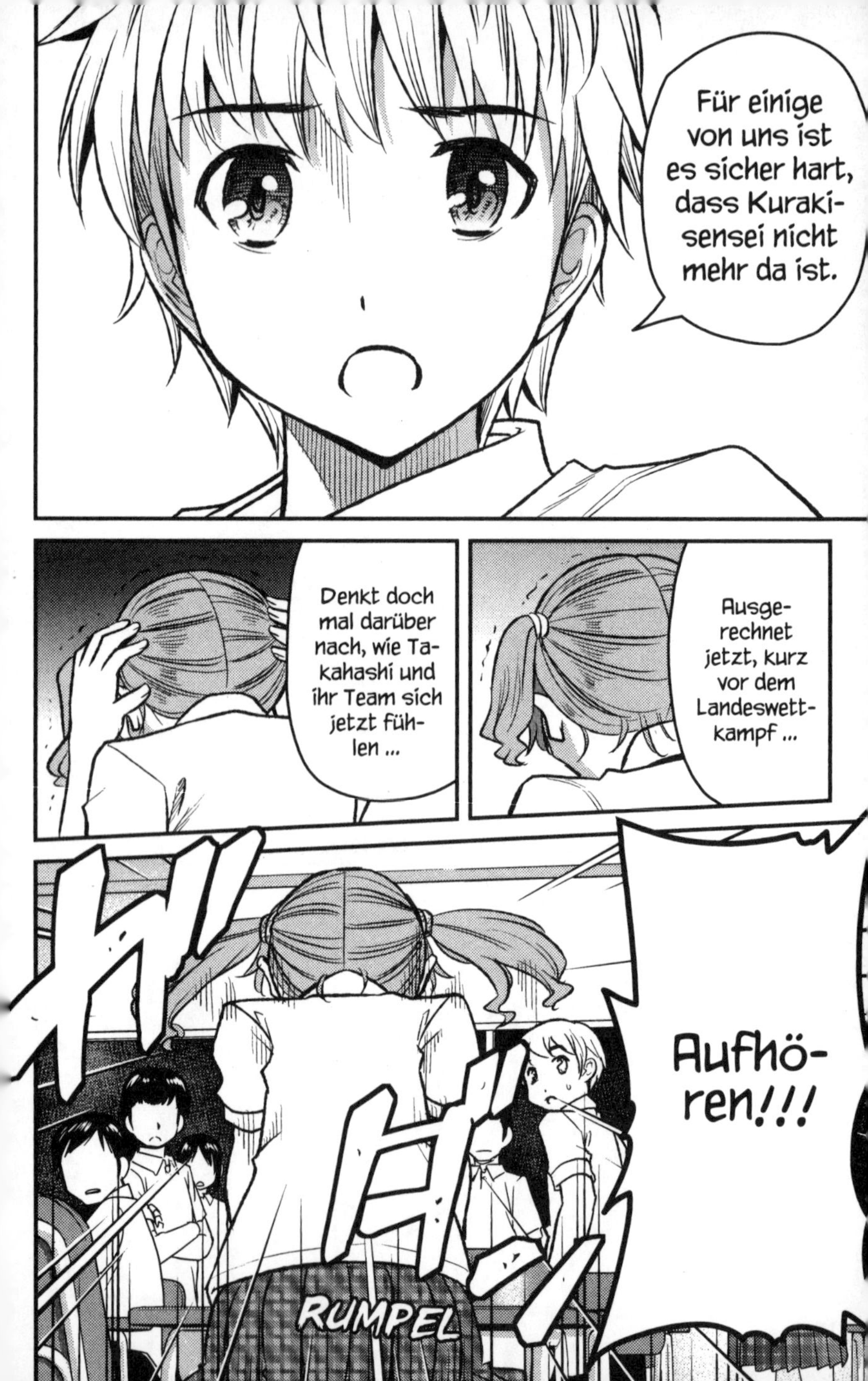
Für einige von uns ist es sicher hart, dass Kuraki-sensei nicht mehr da ist.
Ausgerechnet jetzt, kurz vor dem Landeswettkampf ...
Denkt doch mal darüber nach, wie Takahashi und ihr Team sich jetzt fühlen ...
Aufhören!!!
RUMPEL

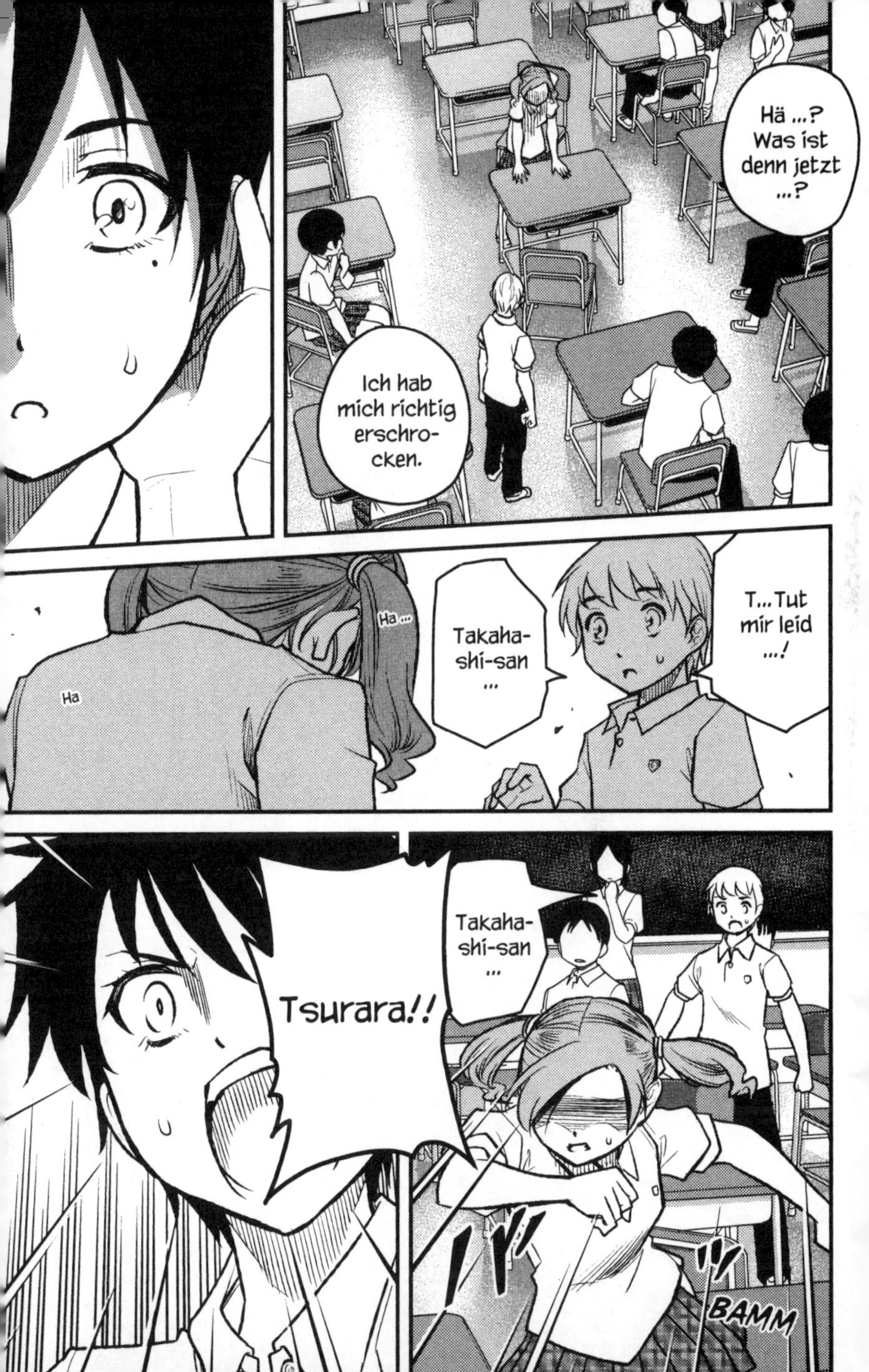
Hä ...? Was ist denn jetzt ...?
Ich hab mich richtig erschrocken.
T... Tut mir leid ...!
Ha ...
Takahashi-san ...
Ha
Takahashi-san ...
Tsurara!!
BAMM

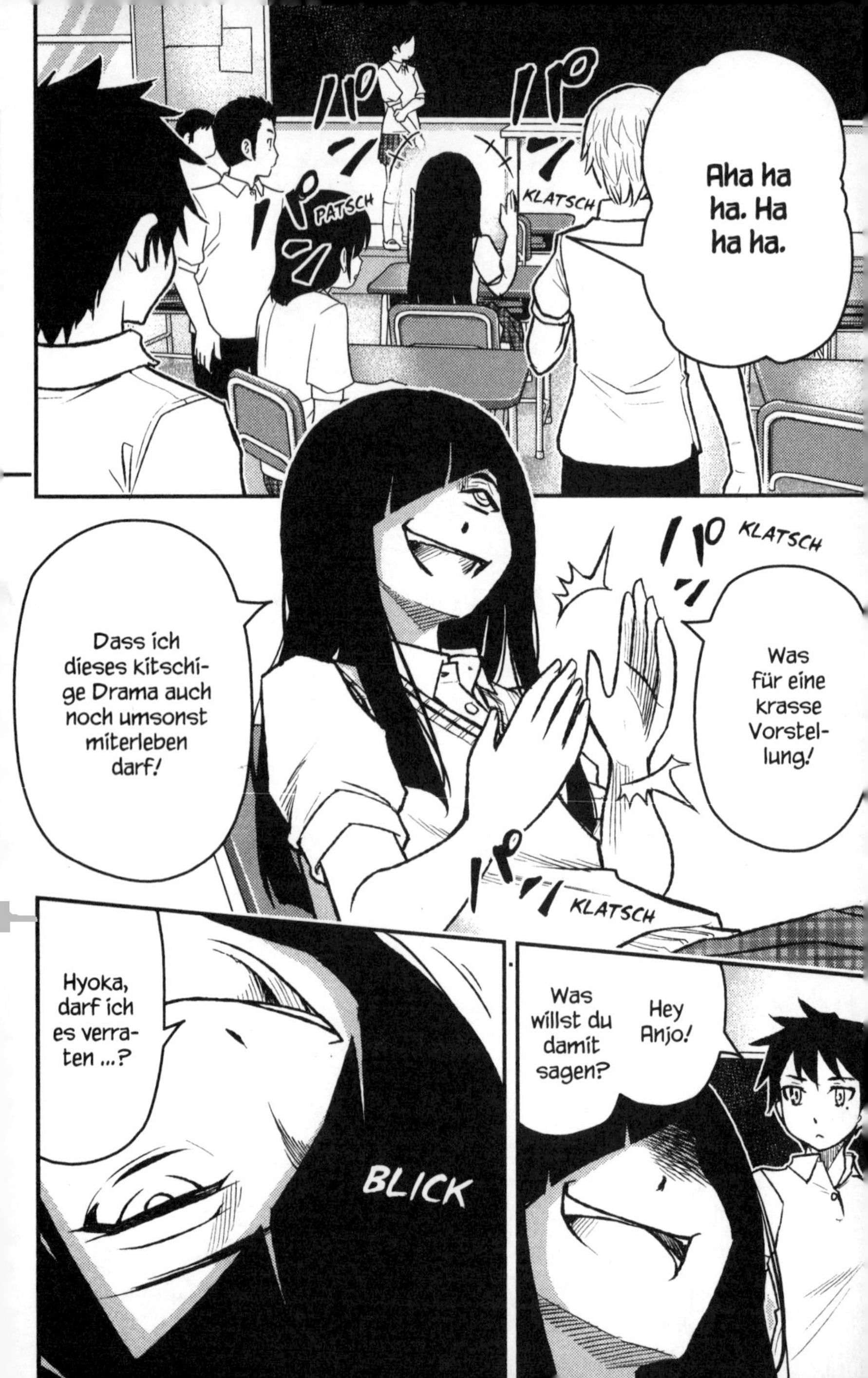
Aha ha ha. Ha ha ha.
KLATSCH
PATSCH
KLATSCH
Was für eine krasse Vorstellung!
Dass ich dieses kitschige Drama auch noch umsonst miterleben darf!
KLATSCH
Hey Anjo!
Was willst du damit sagen?
Hyoka, darf ich es verraten ...?
BLICK

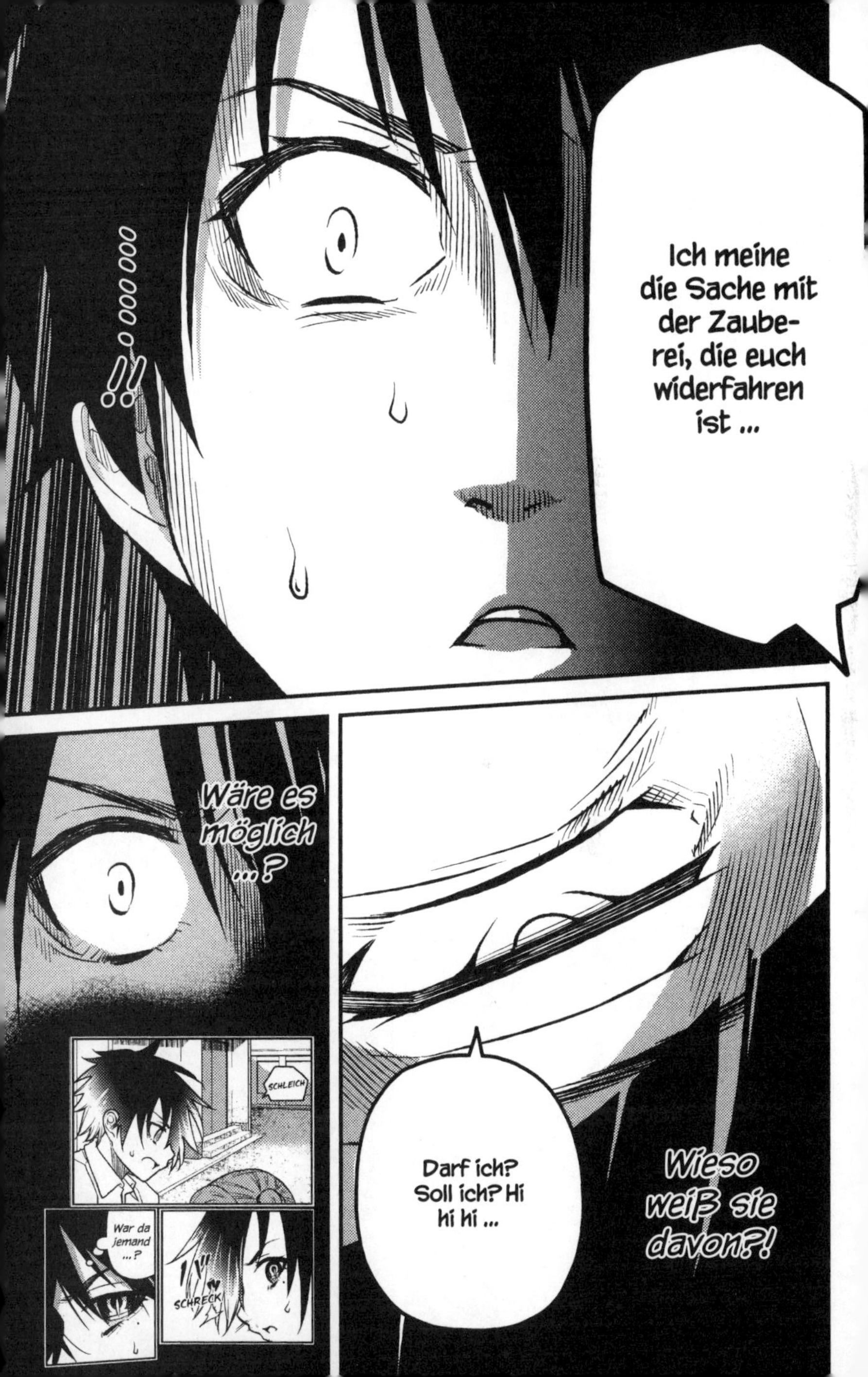
Ich meine die Sache mit der Zauberei, die euch widerfahren ist ...
ooooooooo!!
Wäre es möglich ...?
Darf ich? Soll ich? Hi hi hi ...
Wieso weiß sie davon?!
SCHLEICH
War da jemand ...?
SCHRECK

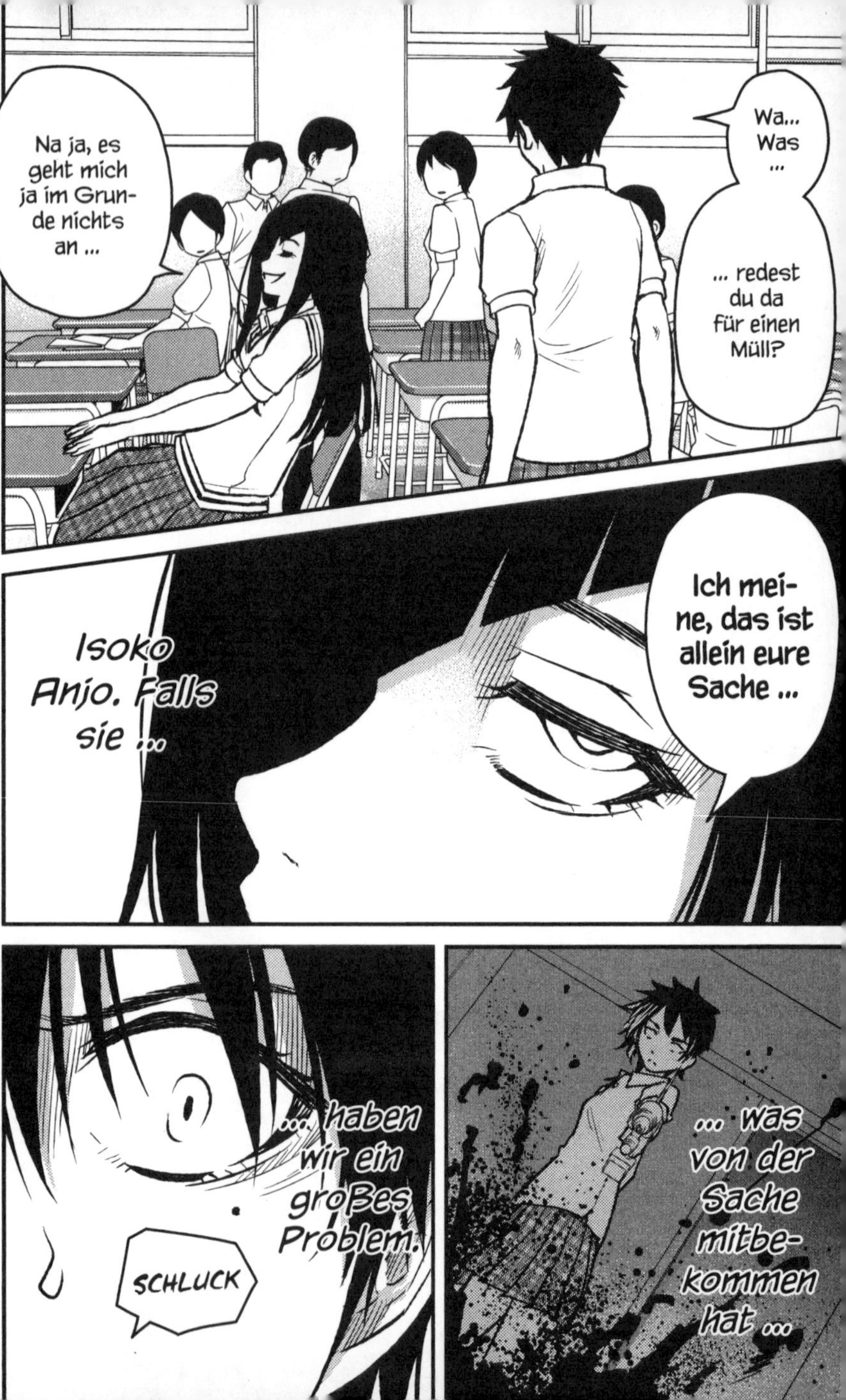

Wa... Was ...

... redest du da für einen Müll?

Na ja, es geht mich ja im Grunde nichts an ...

Ich meine, das ist allein eure Sache ...

Isoko Anjo. Falls sie ...

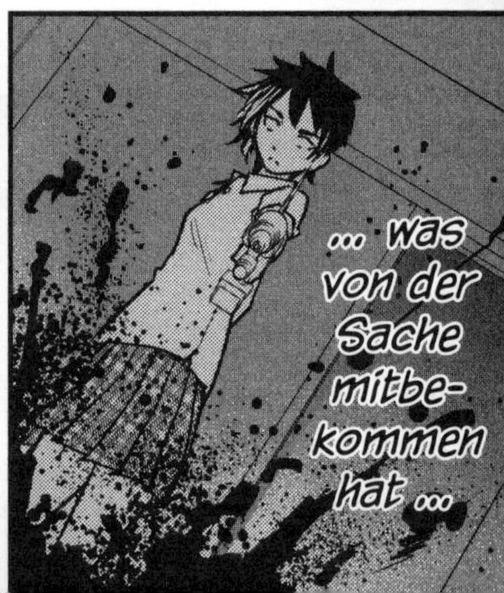

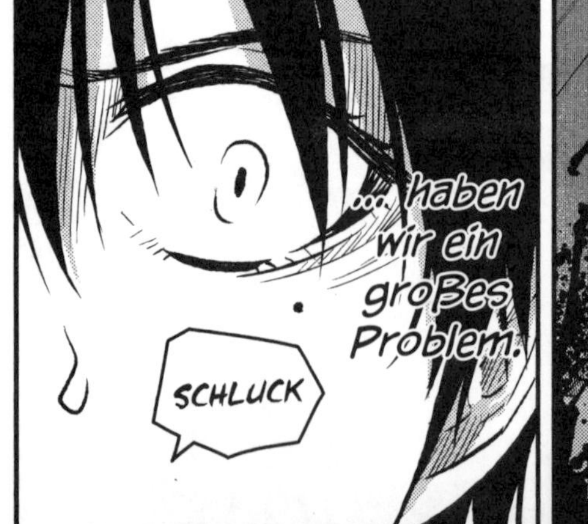

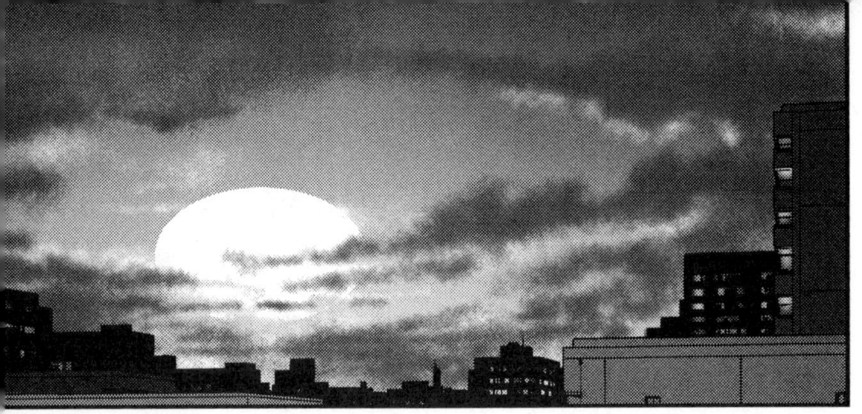

Einwilligungserklärung zum Schwangerschaftsabbruch

Frau ...

1. Bei der gynäkologischen Untersuchung wurde die ... Schwangerschaftswoche festgestellt.
2. Der Schwangerschaftsabbruch wird im Einklang mit § 218 StGB durchgeführt.
3. Im Rahmen der Durchführung ist ein ... Tage langer Krankenhausaufenthalt nötig.
4. Ich wurde über die Risiken und möglichen Folgen der Operation und der Narkose aufgeklärt.
5. Den Anweisungen des Arztes für die Zeit unmittelbar vor der Operation ist unbedingt Folge zu leisten.

Ich habe die Erklärungen und Hinweise verstanden.

Datum und Unterschrift

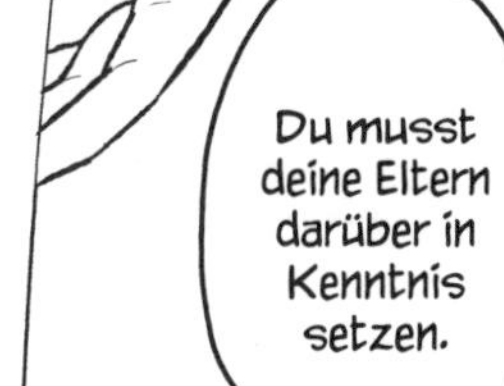

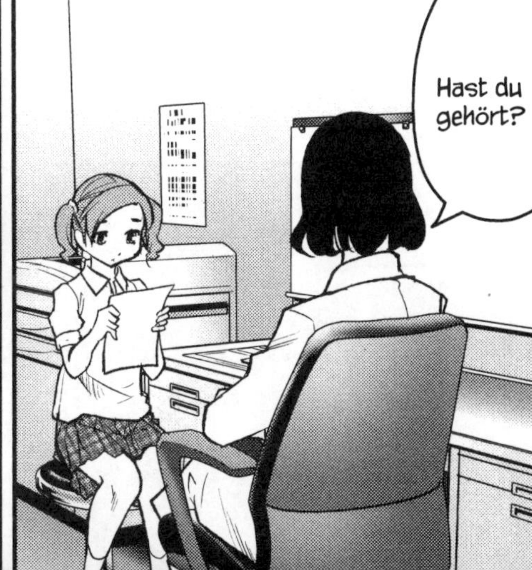

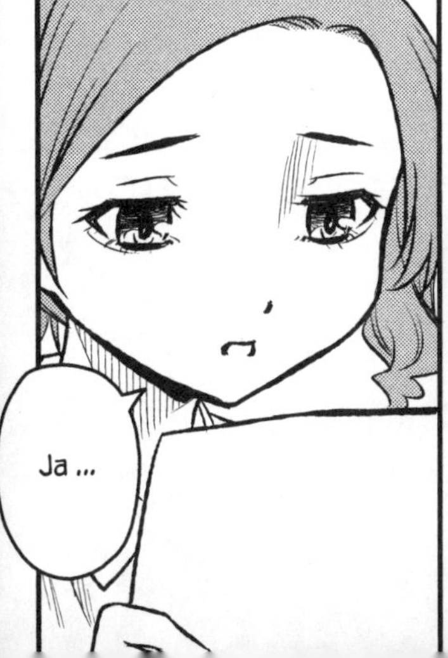

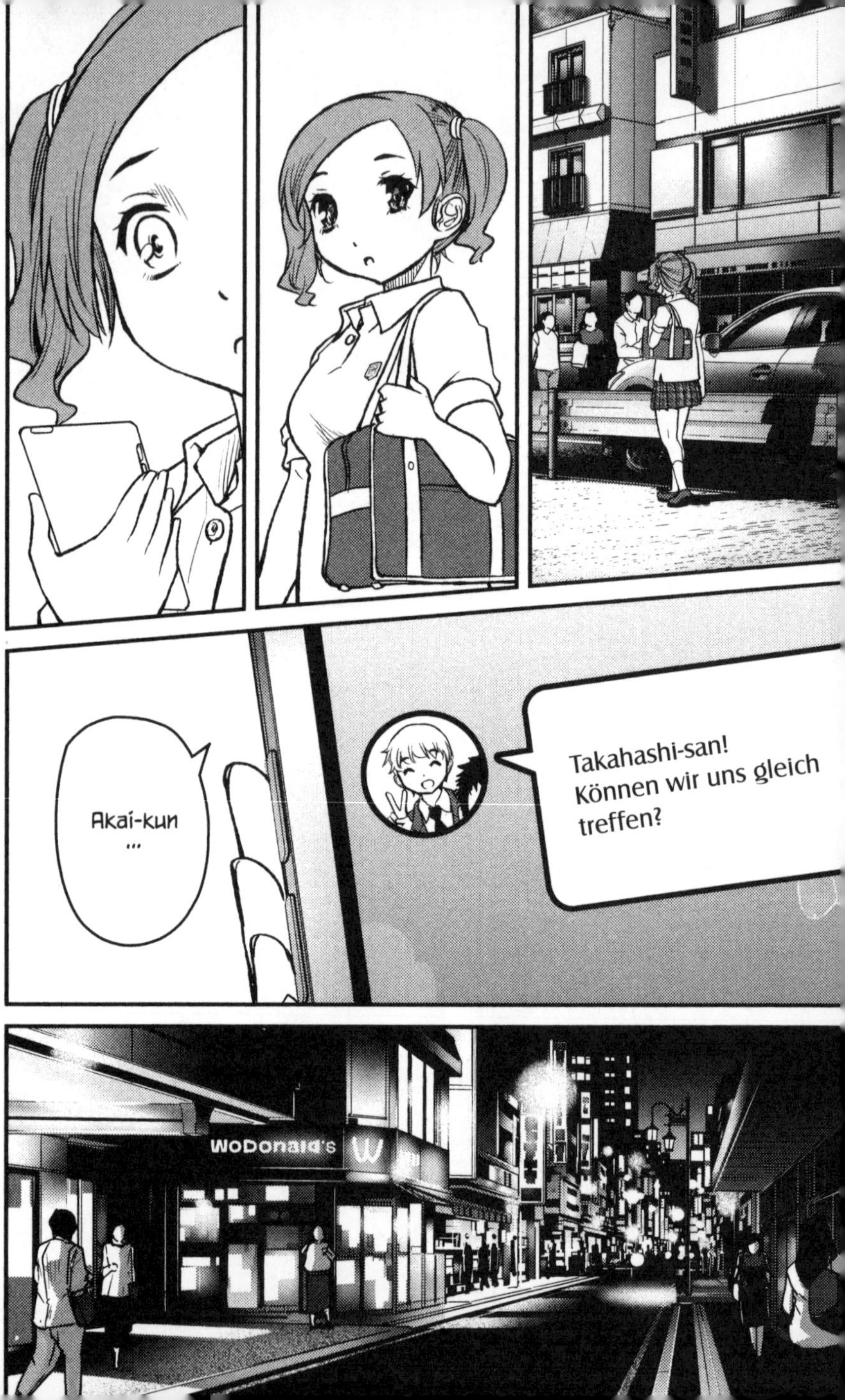

Takahashi-san! Können wir uns gleich treffen?

Akai-kun …

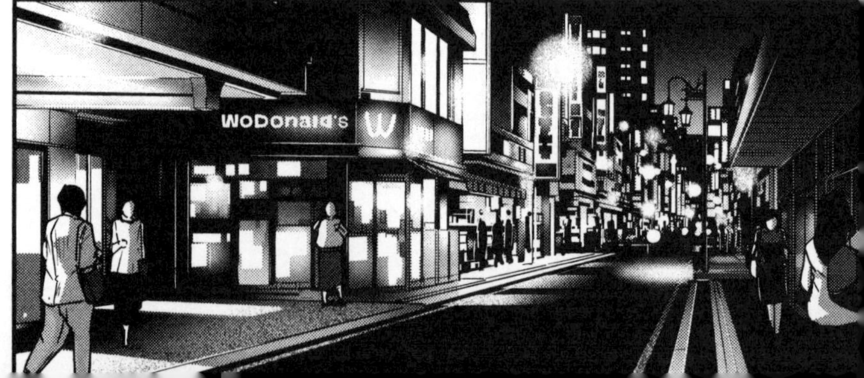

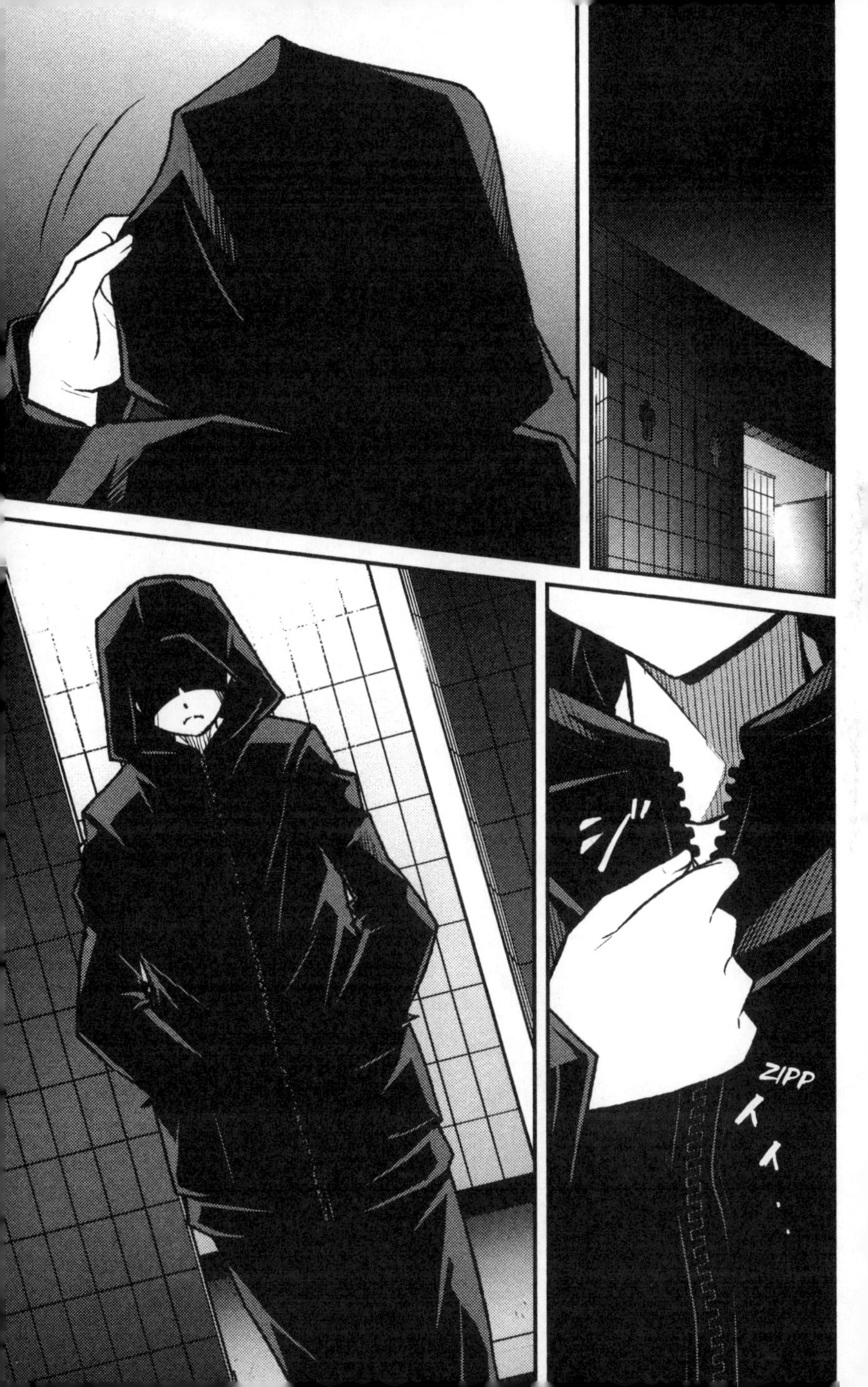
ZIPP

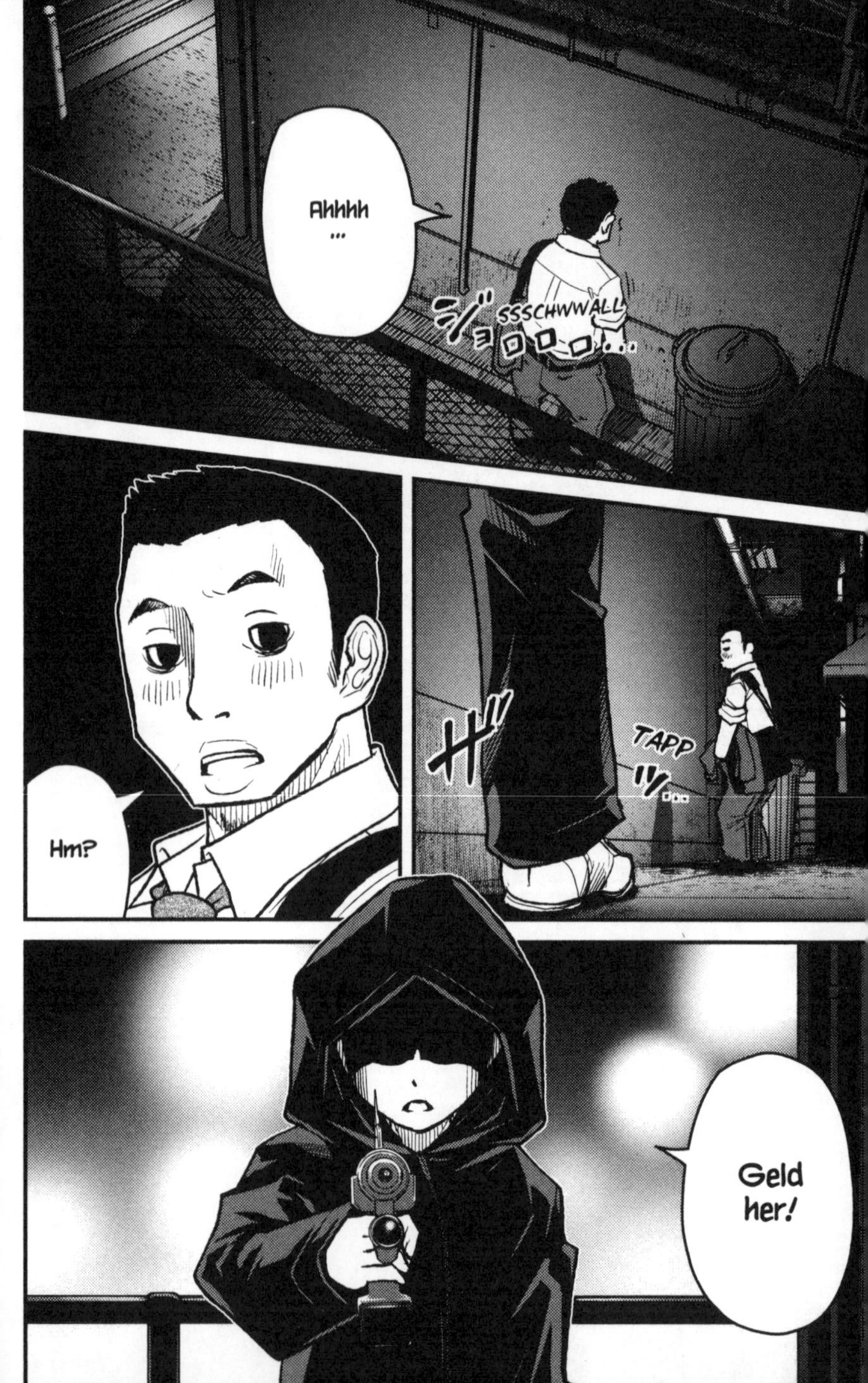
Ahhhh ...
SSSCHWWALL
Hm?
TAPP
Geld her!

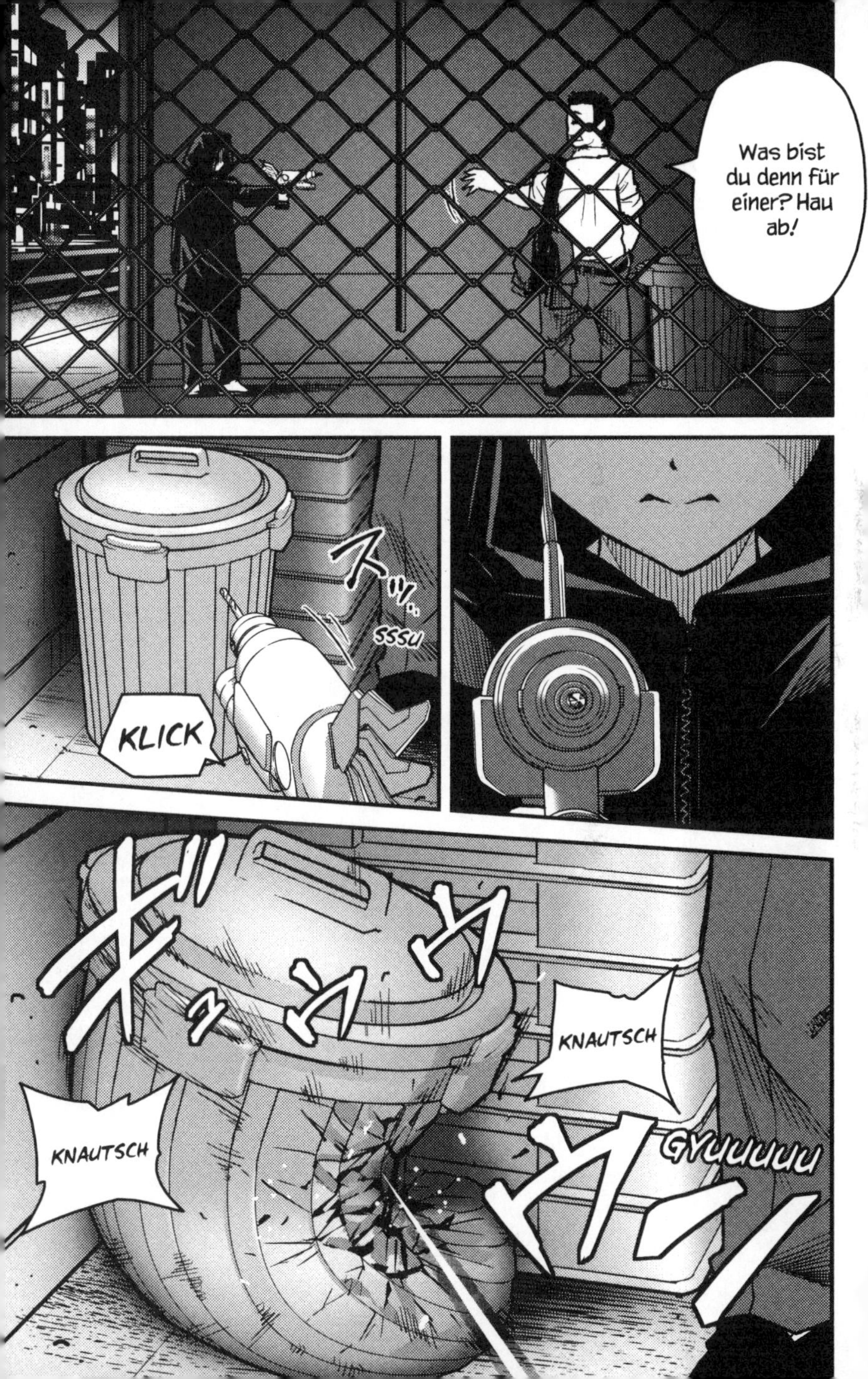
Was bist du denn für einer? Hau ab!
SSSU
KLICK
KNAUTSCH
GYUUUUU
KNAUTSCH

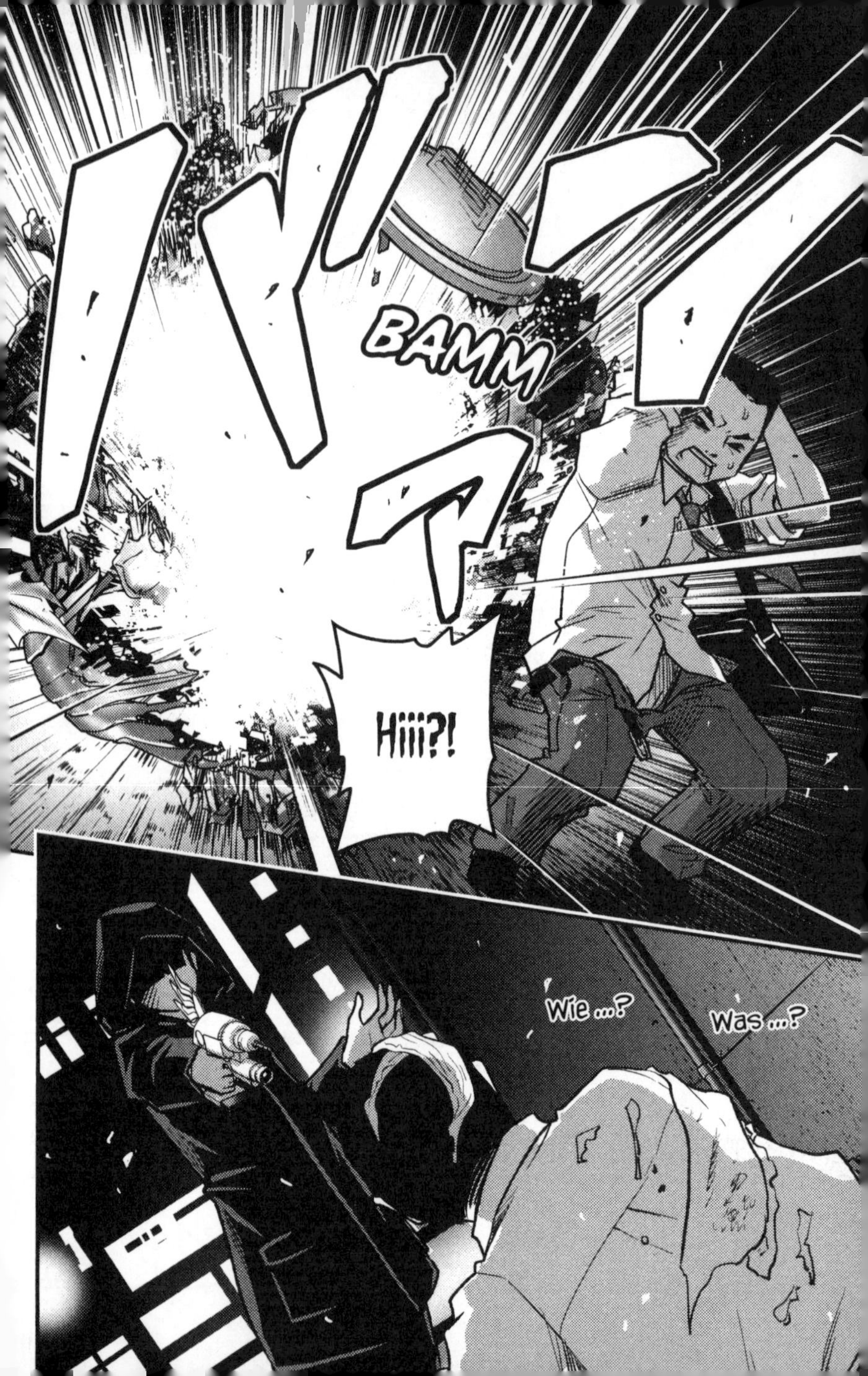
BAMM
Hiii?!
Was …?
Wie …?

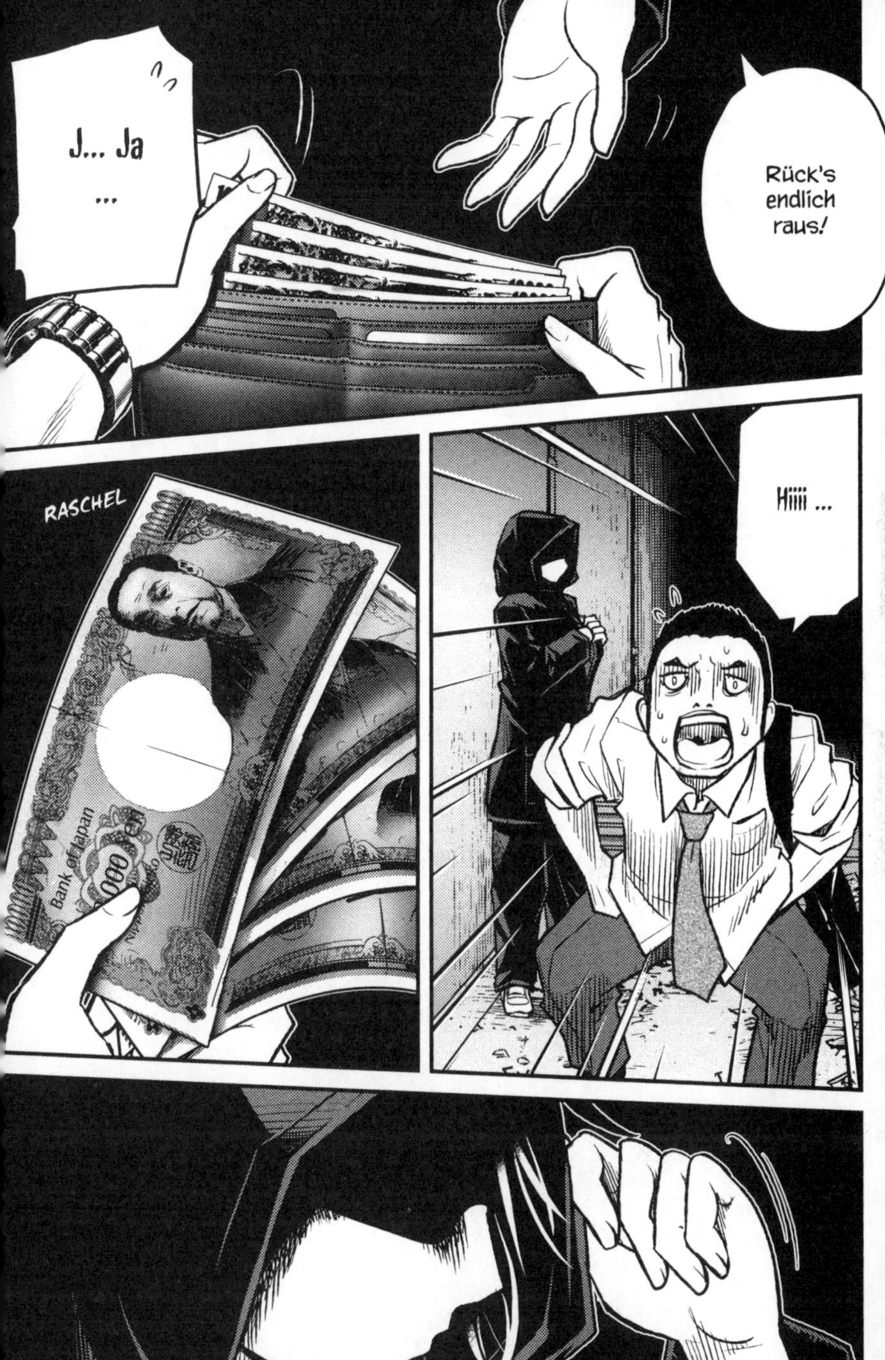
Rück's endlich raus!
J... Ja ...
Hiiii ...
RASCHEL
Bank of Japan

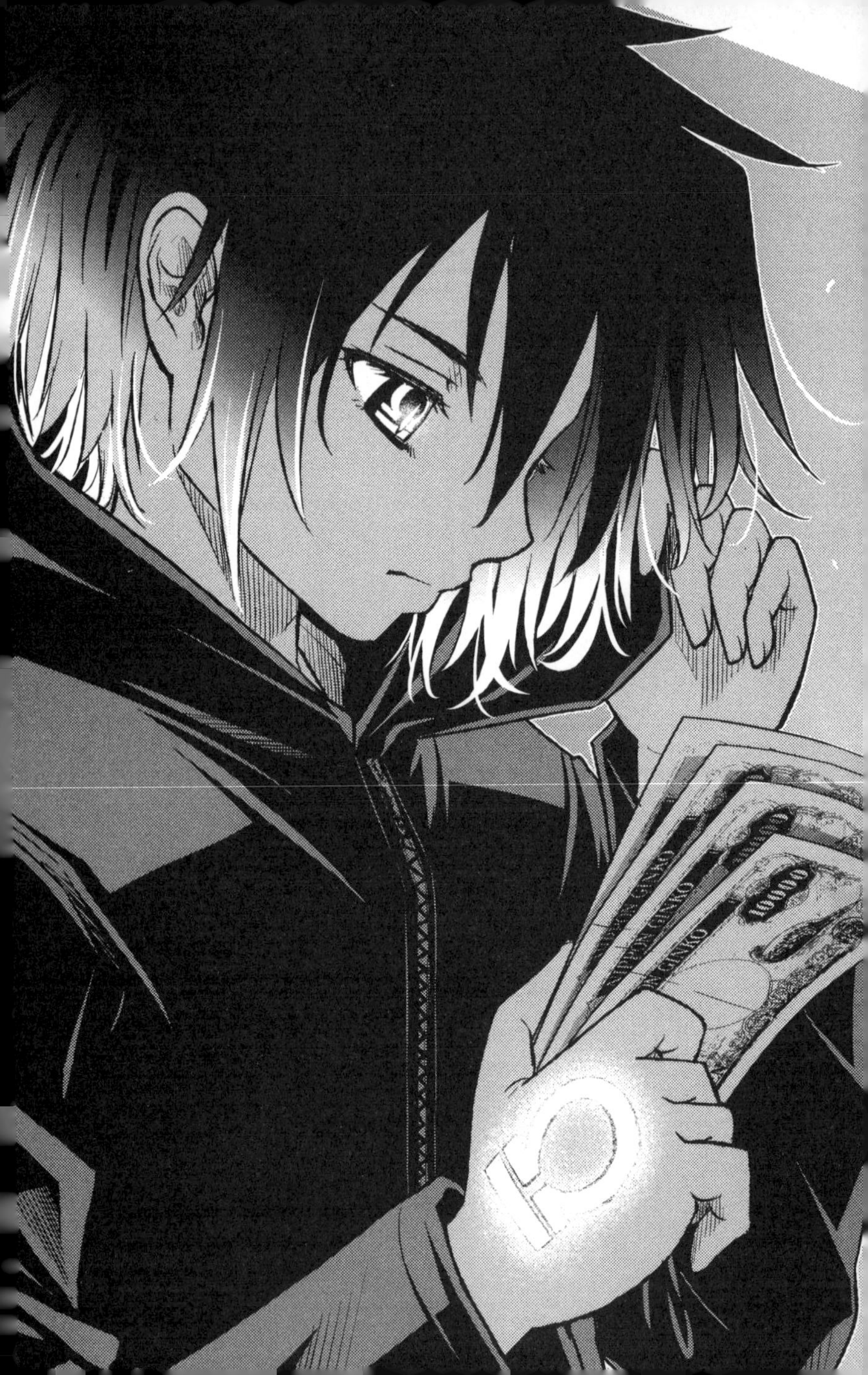

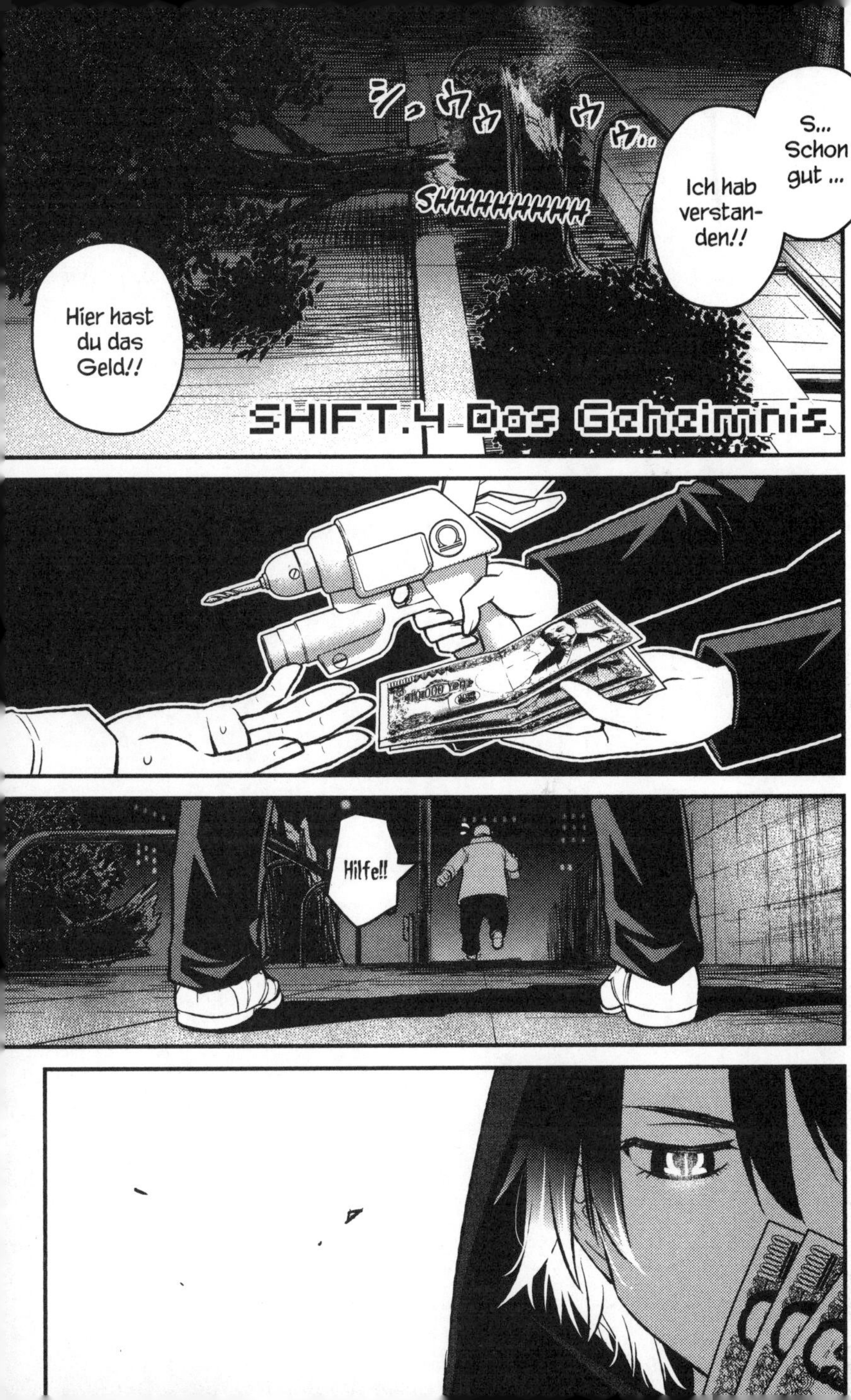

S... Schon gut ...

Ich hab verstanden!!

SHHHHHHHHH

Hier hast du das Geld!!

SHIFT.4 Das Geheimnis

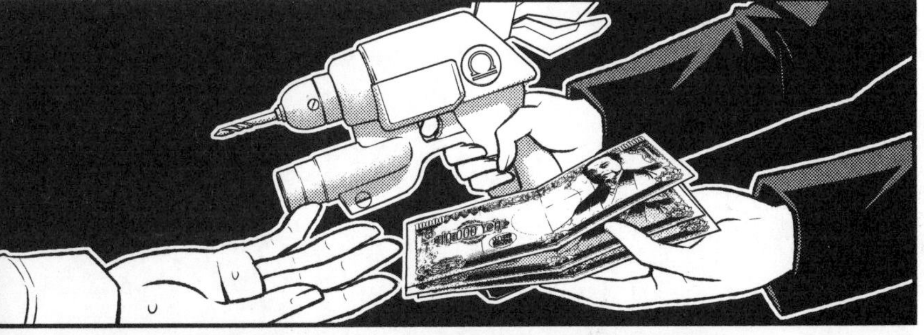

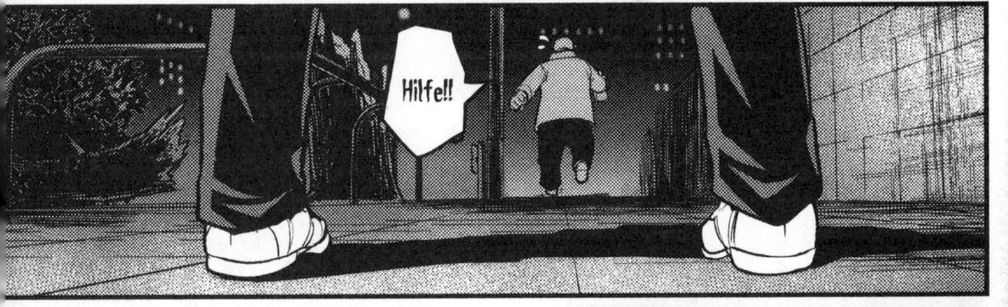

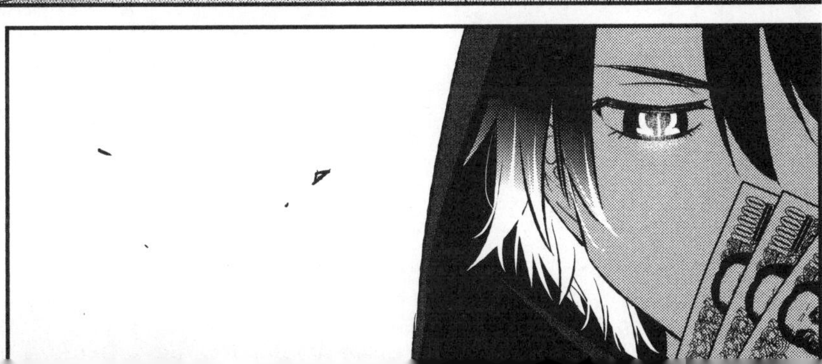

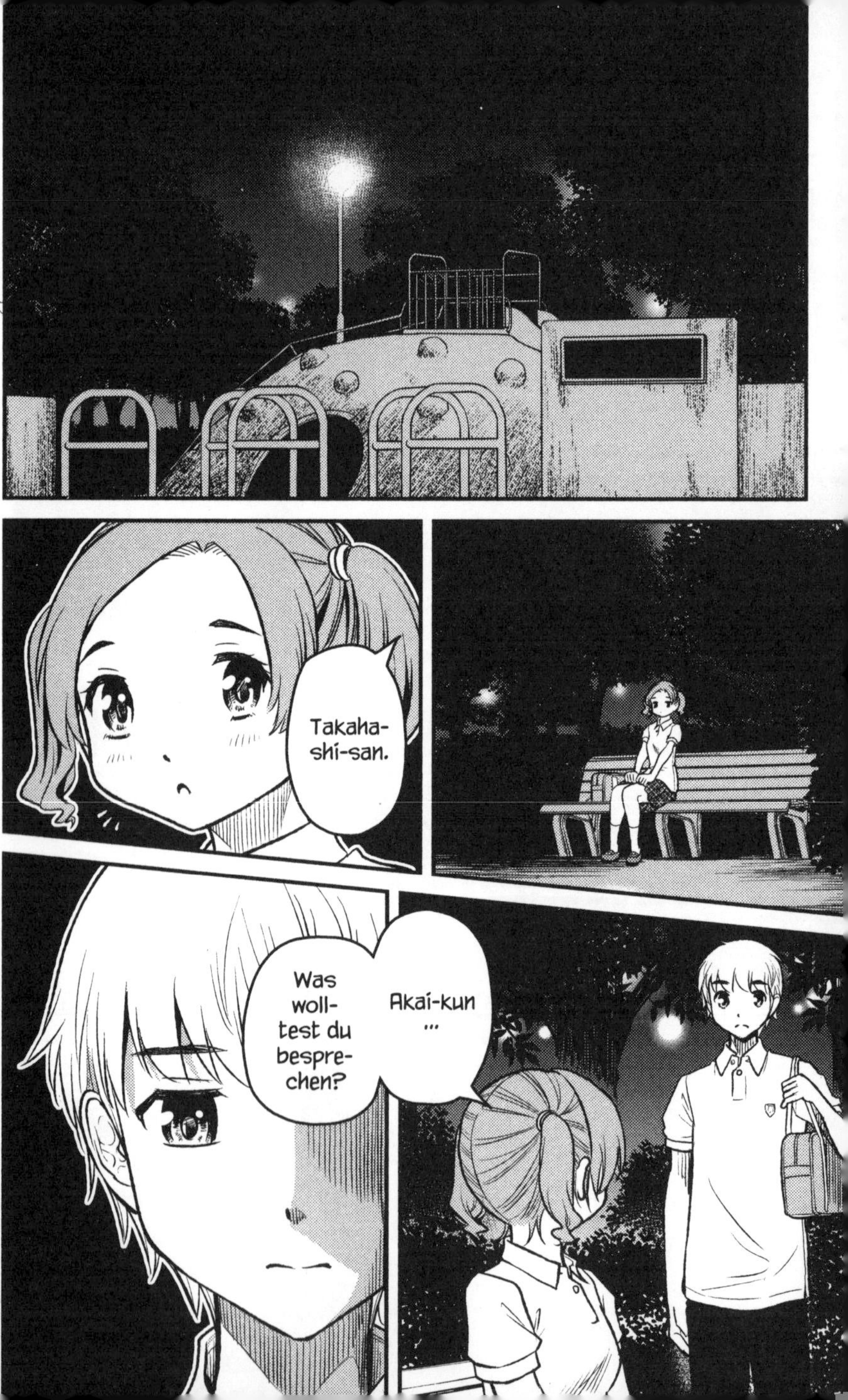

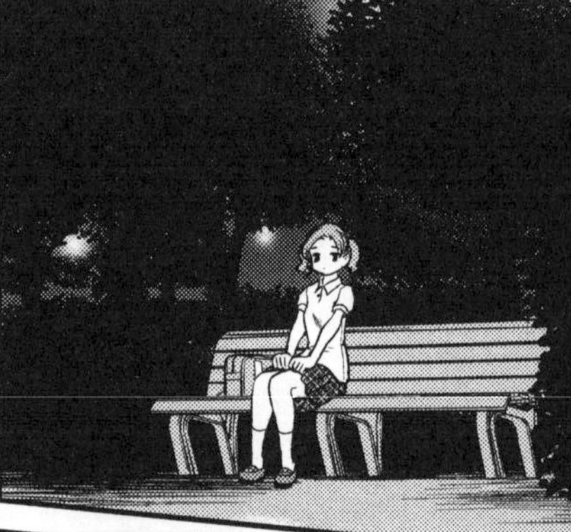

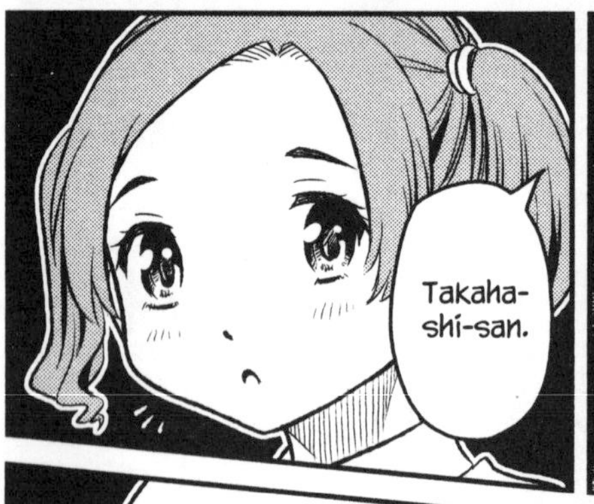
Takahashi-san.

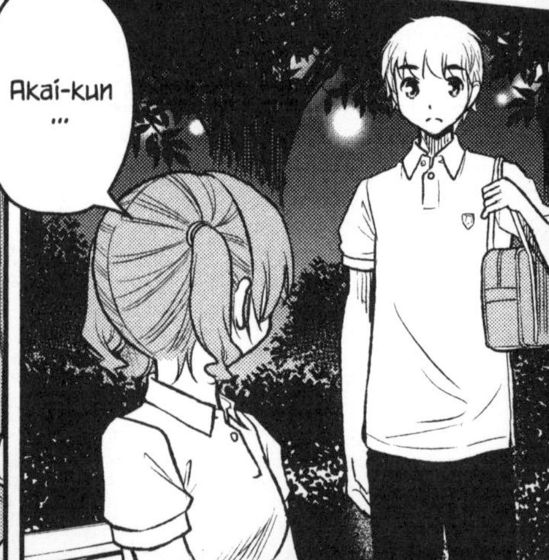
Akai-kun ...

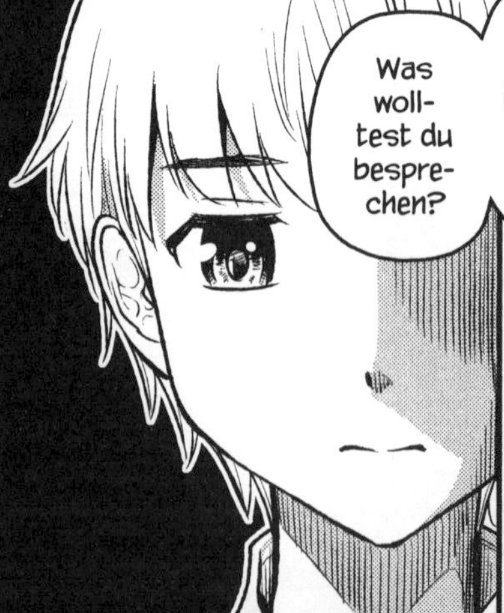
Was wolltest du besprechen?

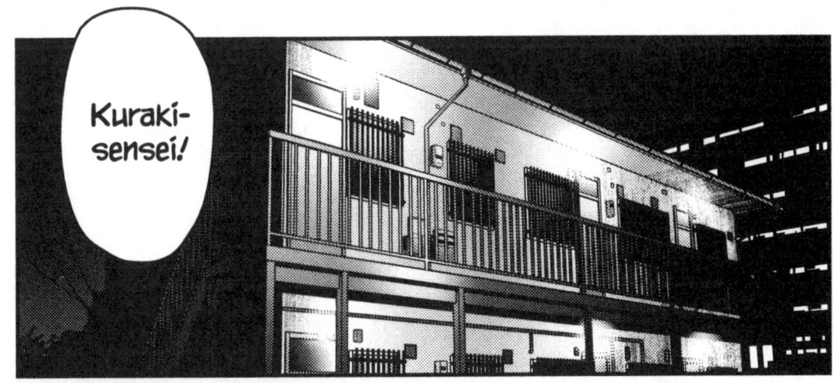
Kuraki-
sensei!

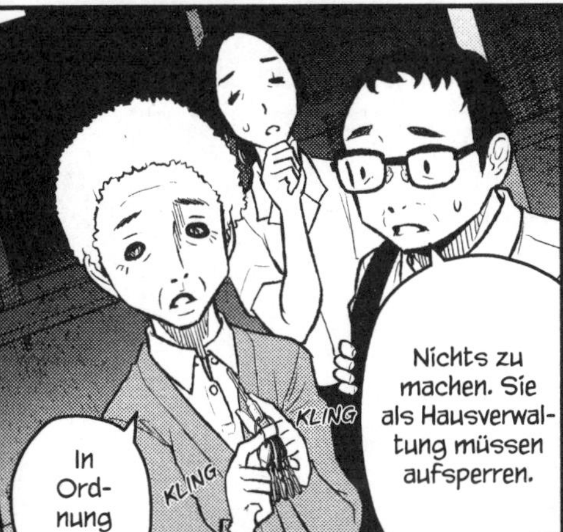
Nichts zu machen. Sie als Hausverwaltung müssen aufsperren.
KLING
KLING
In Ordnung ...

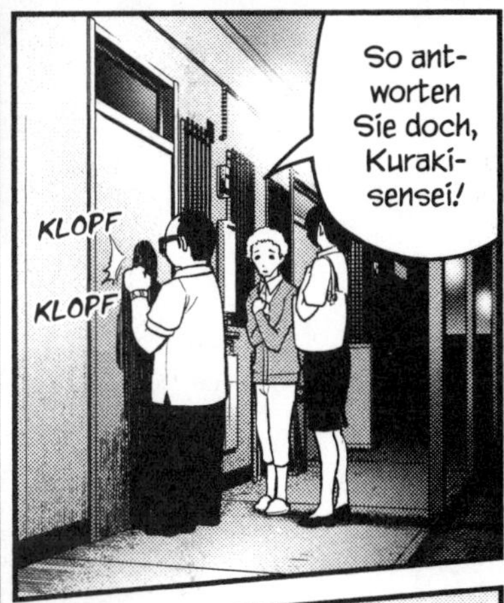
So antworten Sie doch, Kuraki-sensei!
KLOPF
KLOPF

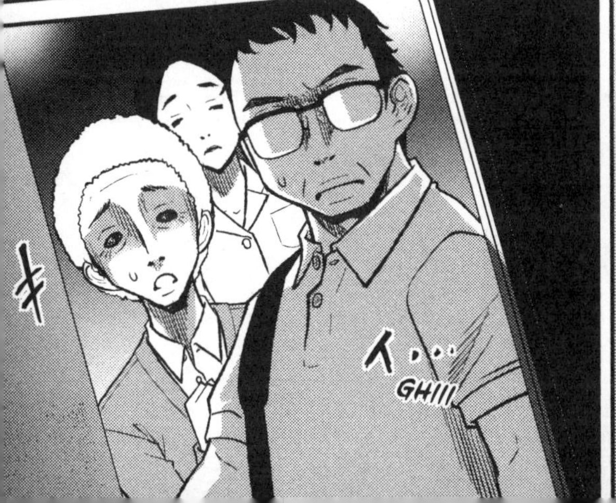
GHIII

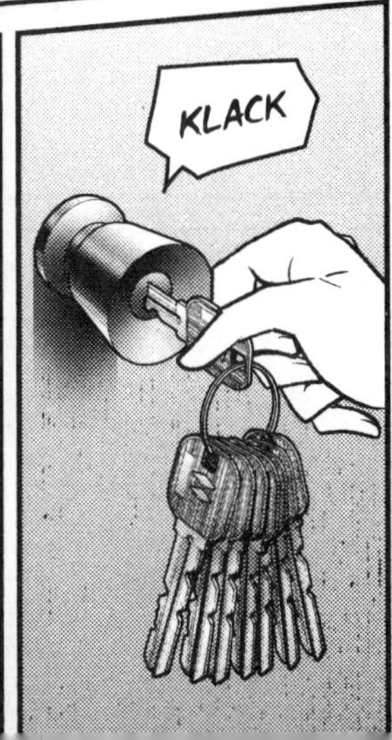
KLACK

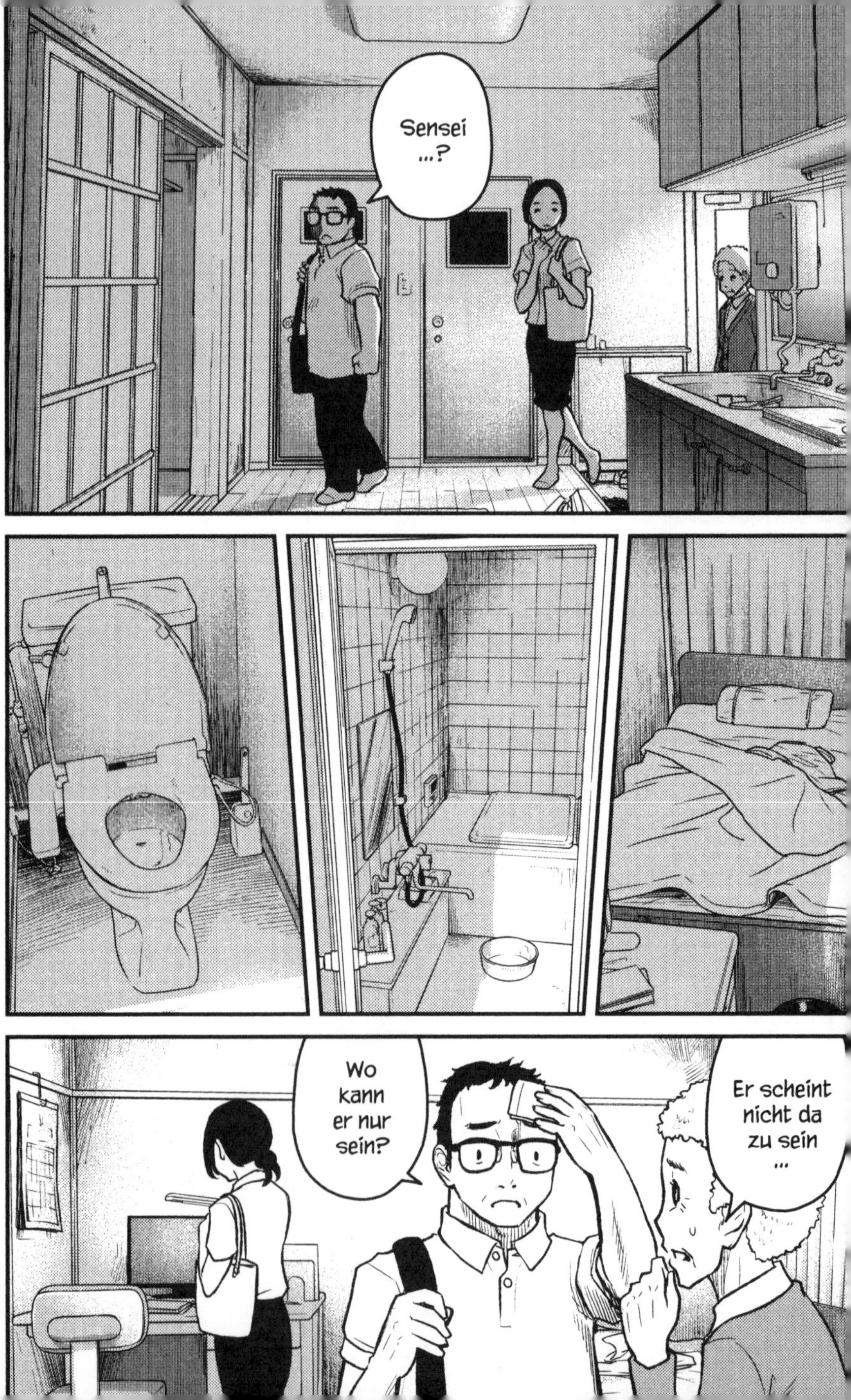

Sensei ...?

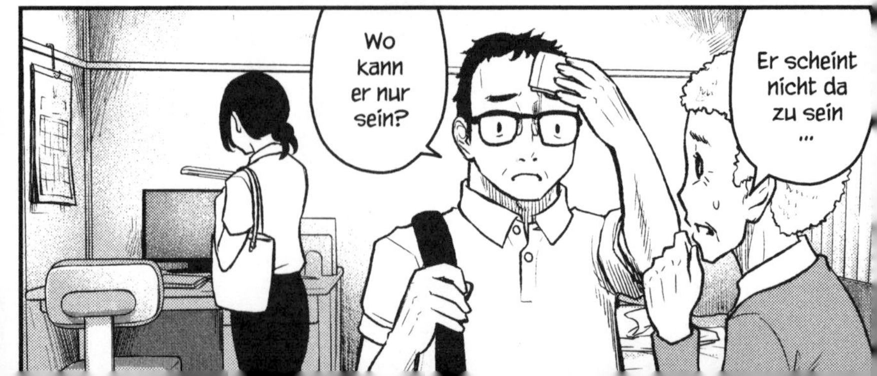

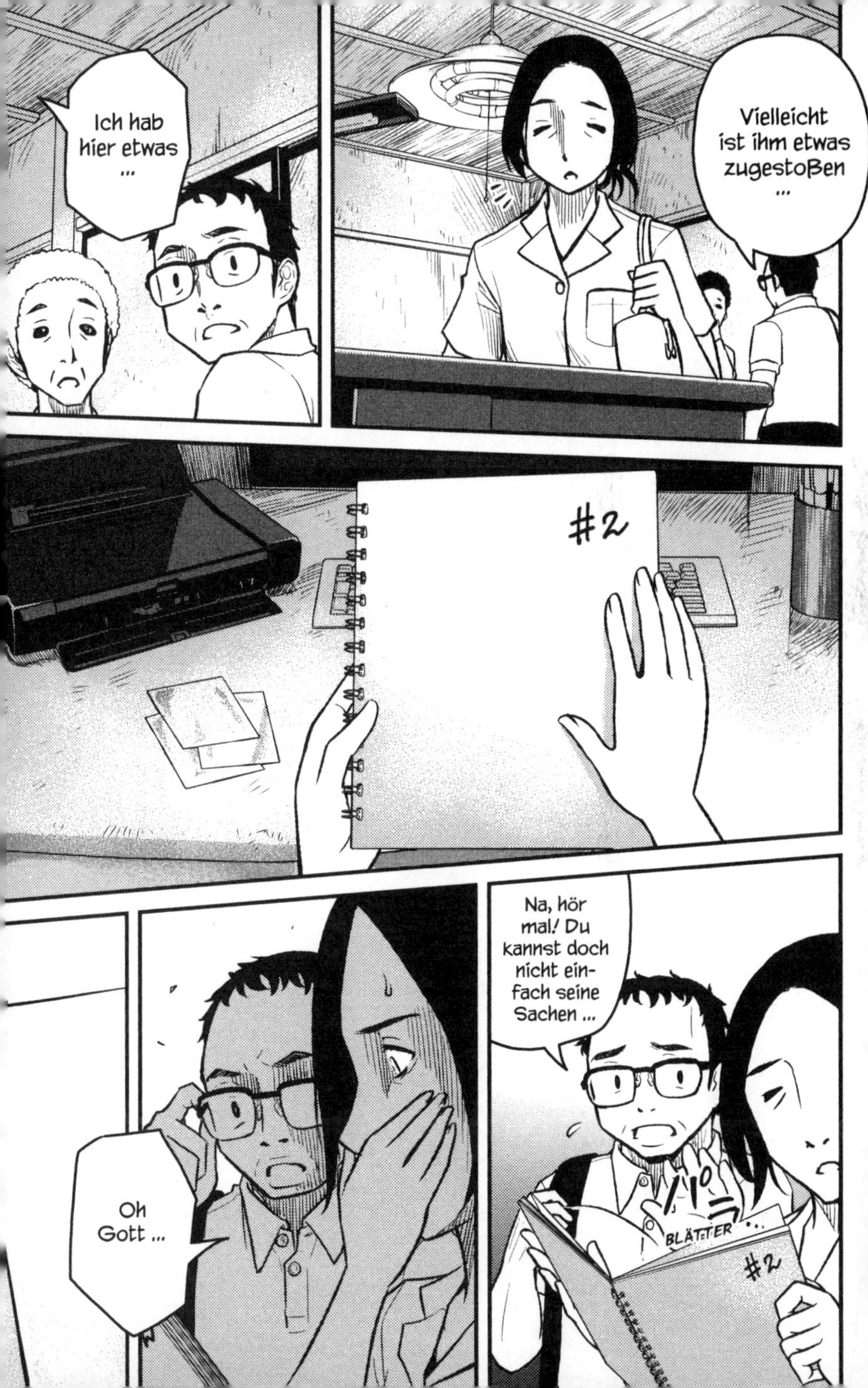
Vielleicht ist ihm etwas zugestoßen ...
Ich hab hier etwas ...
#2
Na, hör mal! Du kannst doch nicht ein-fach seine Sachen ...
BLÄTTER ...
#2
Oh Gott ...

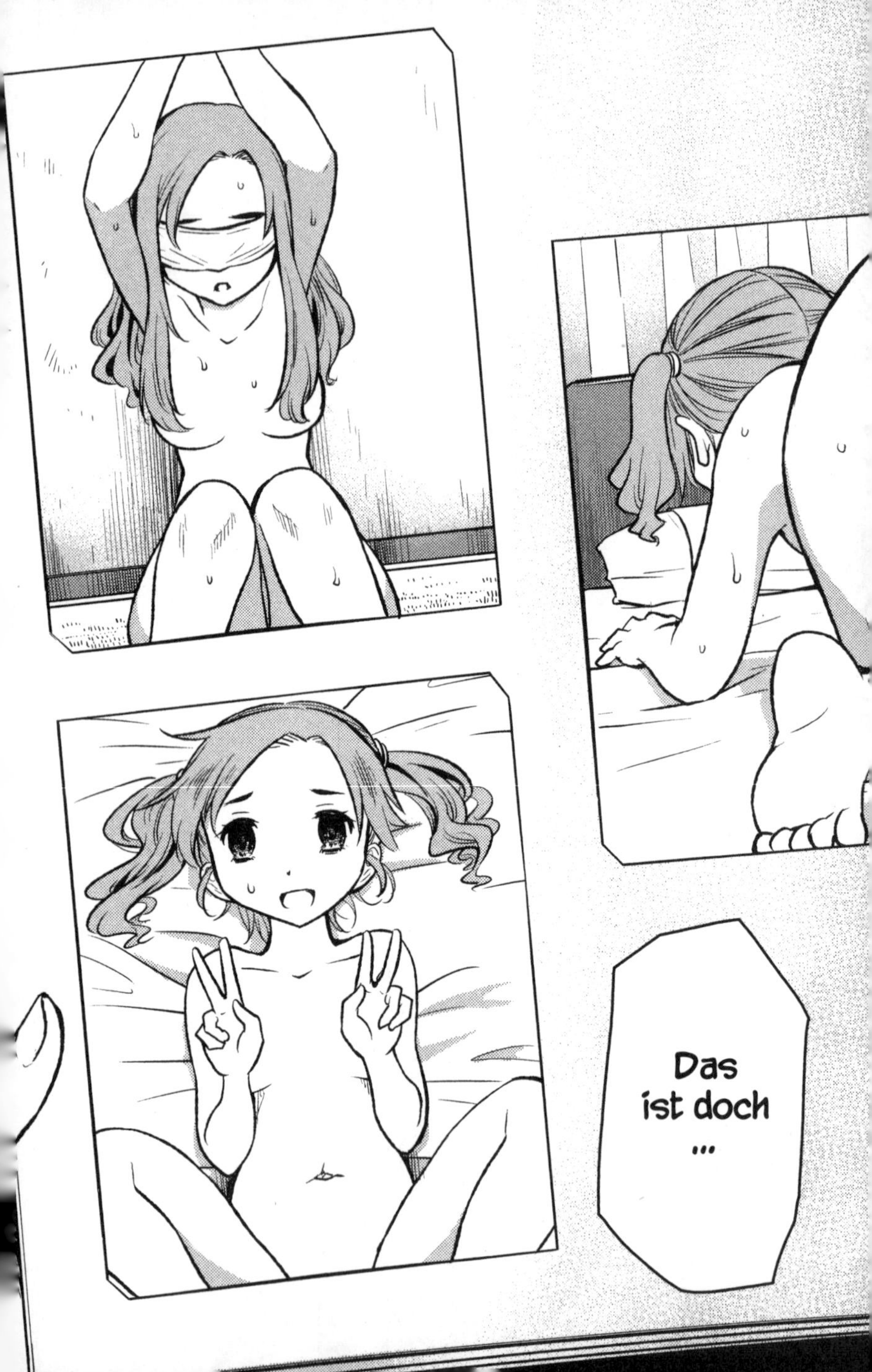
Das
ist doch
...

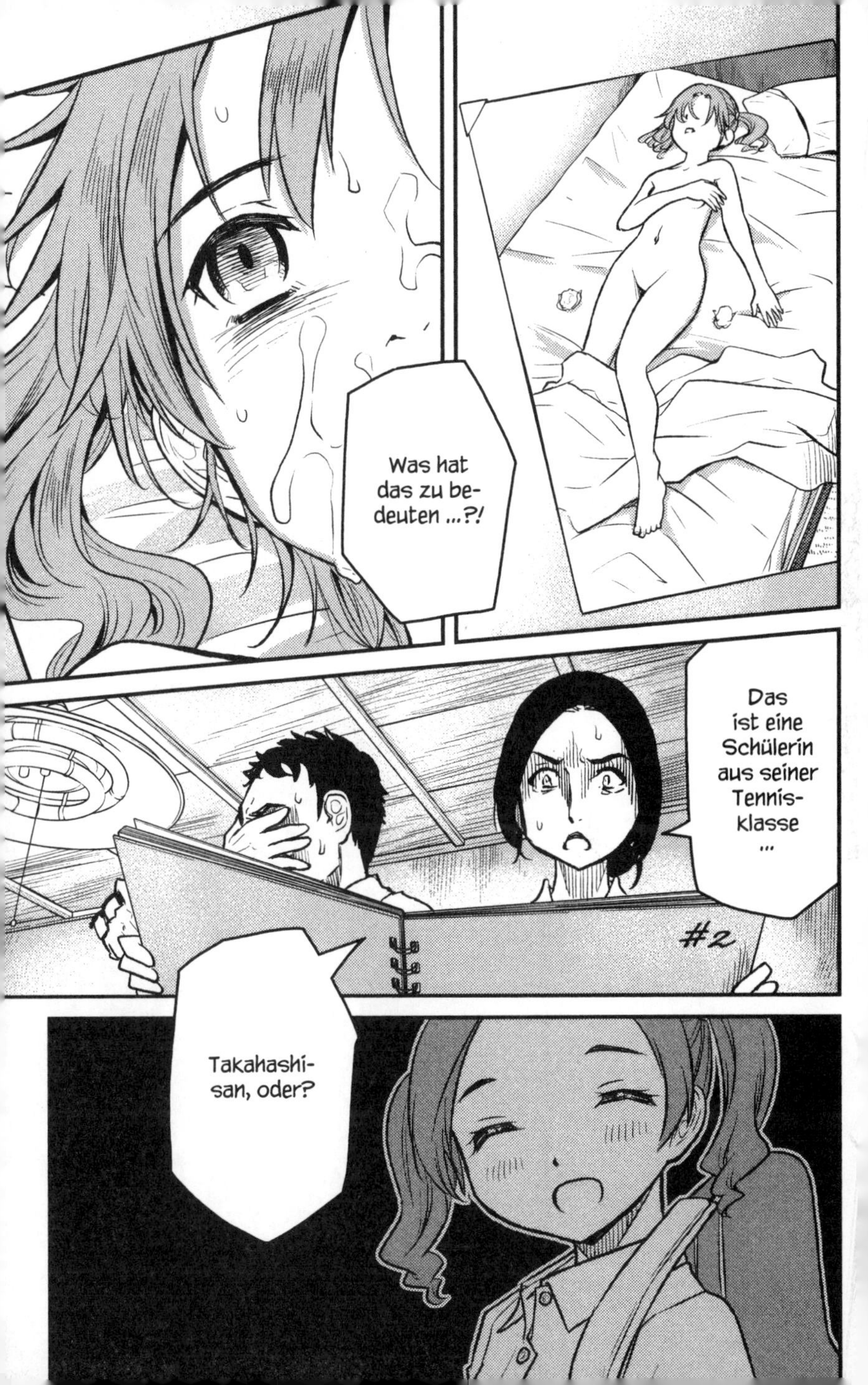
Was hat das zu bedeuten ...?!
Das ist eine Schülerin aus seiner Tennisklasse ...
#2
Takahashi-san, oder?

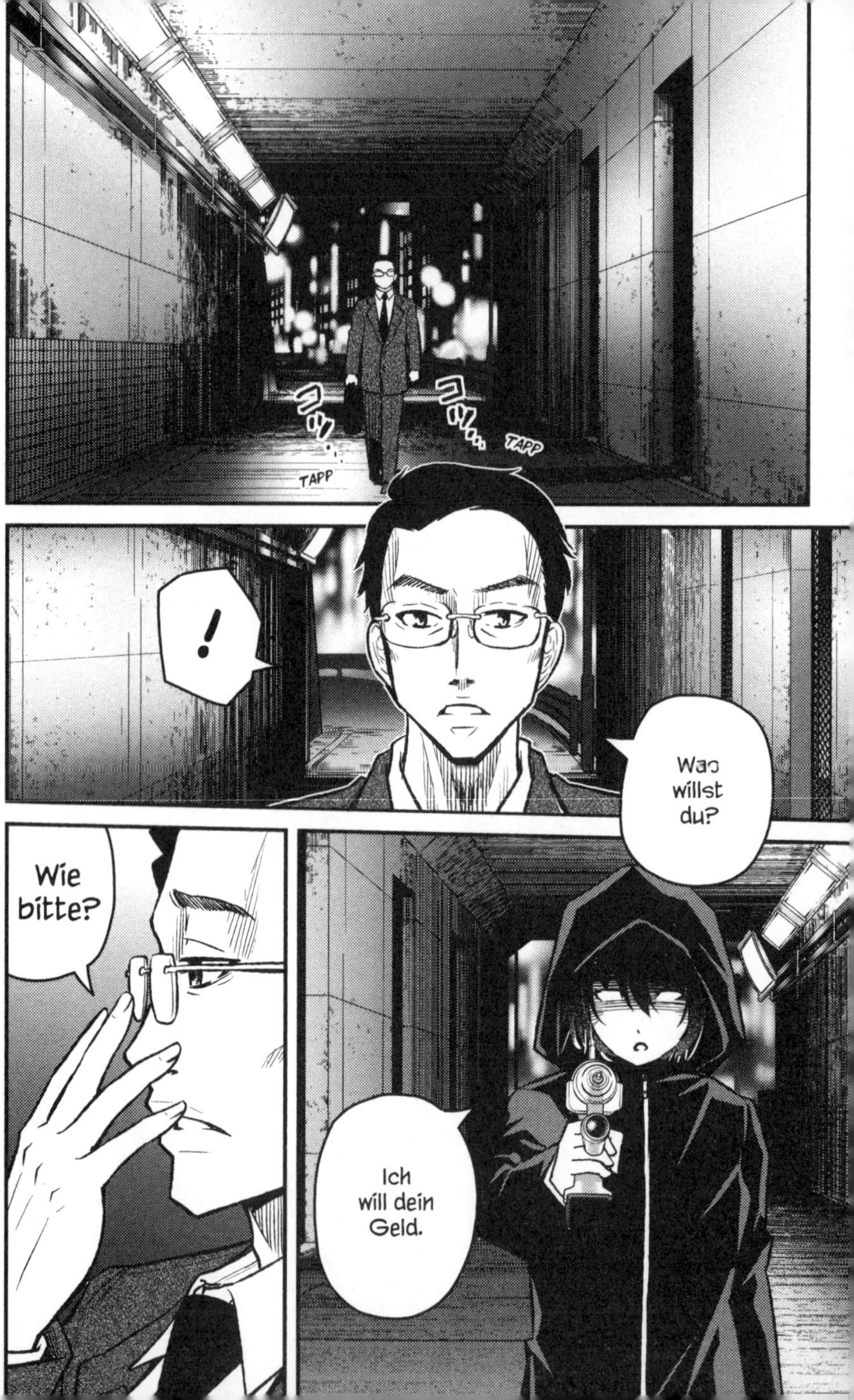

TAPP
TAPP

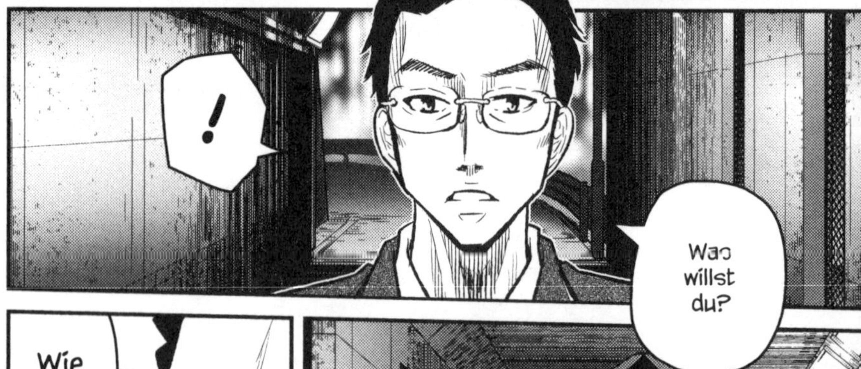

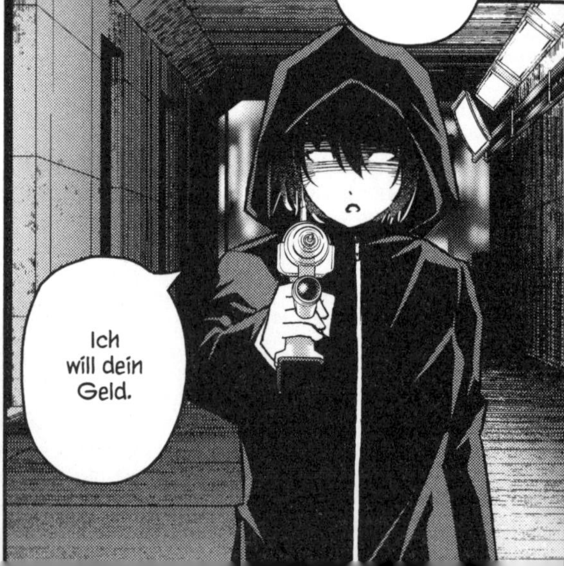

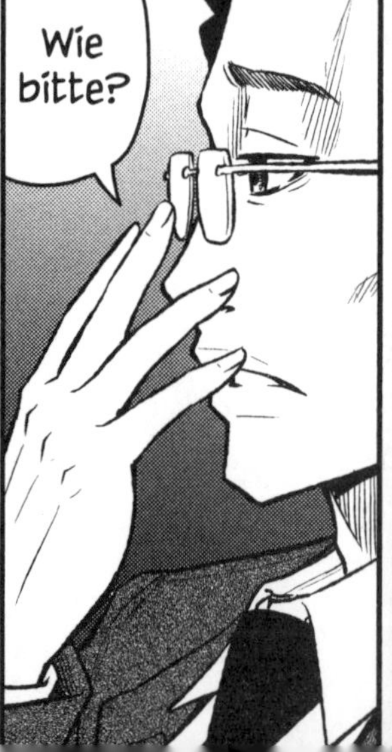

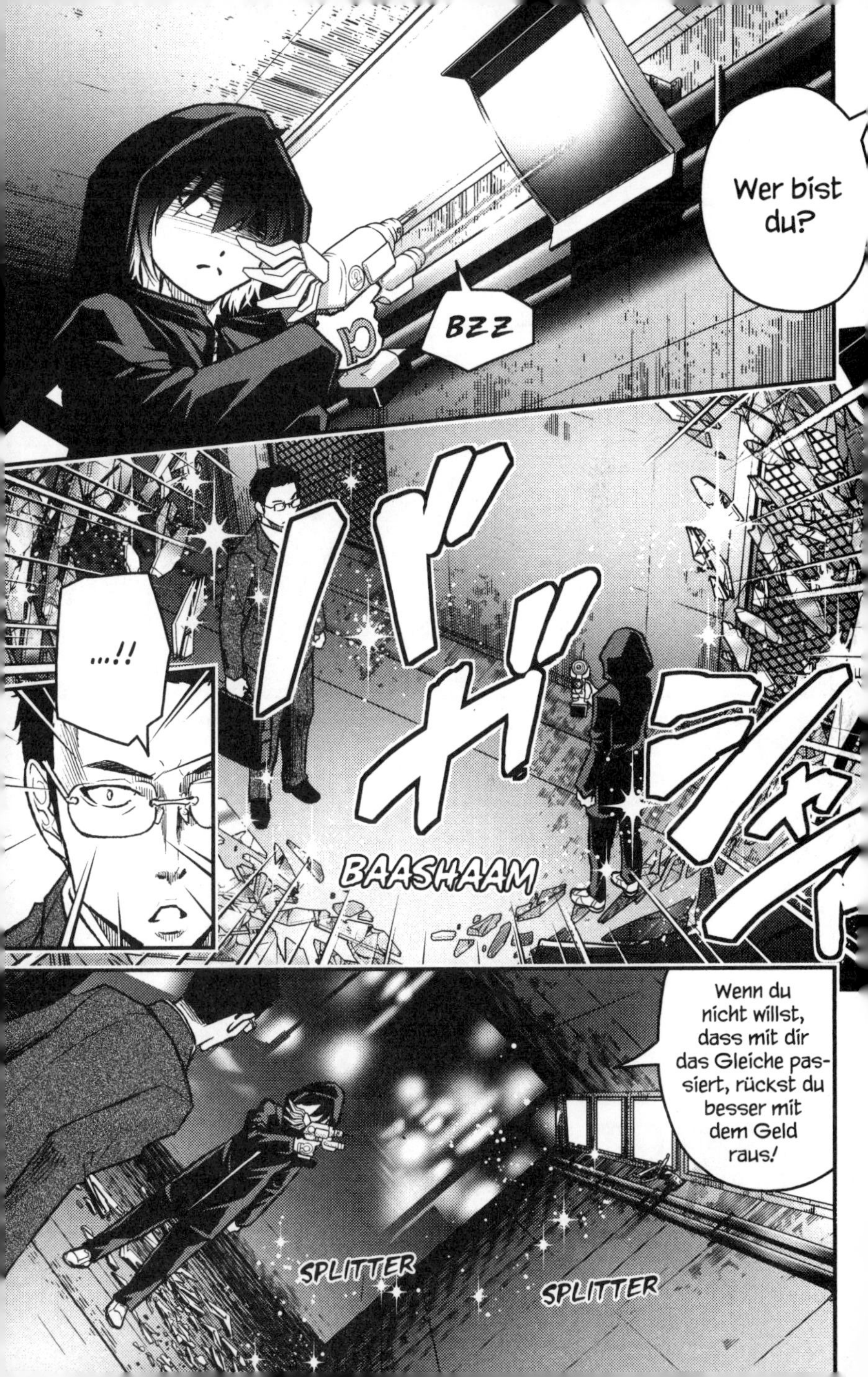
Wer bist du?
BZZ
...!!
BAASHAAM
Wenn du nicht willst, dass mit dir das Gleiche passiert, rückst du besser mit dem Geld raus!
SPLITTER
SPLITTER

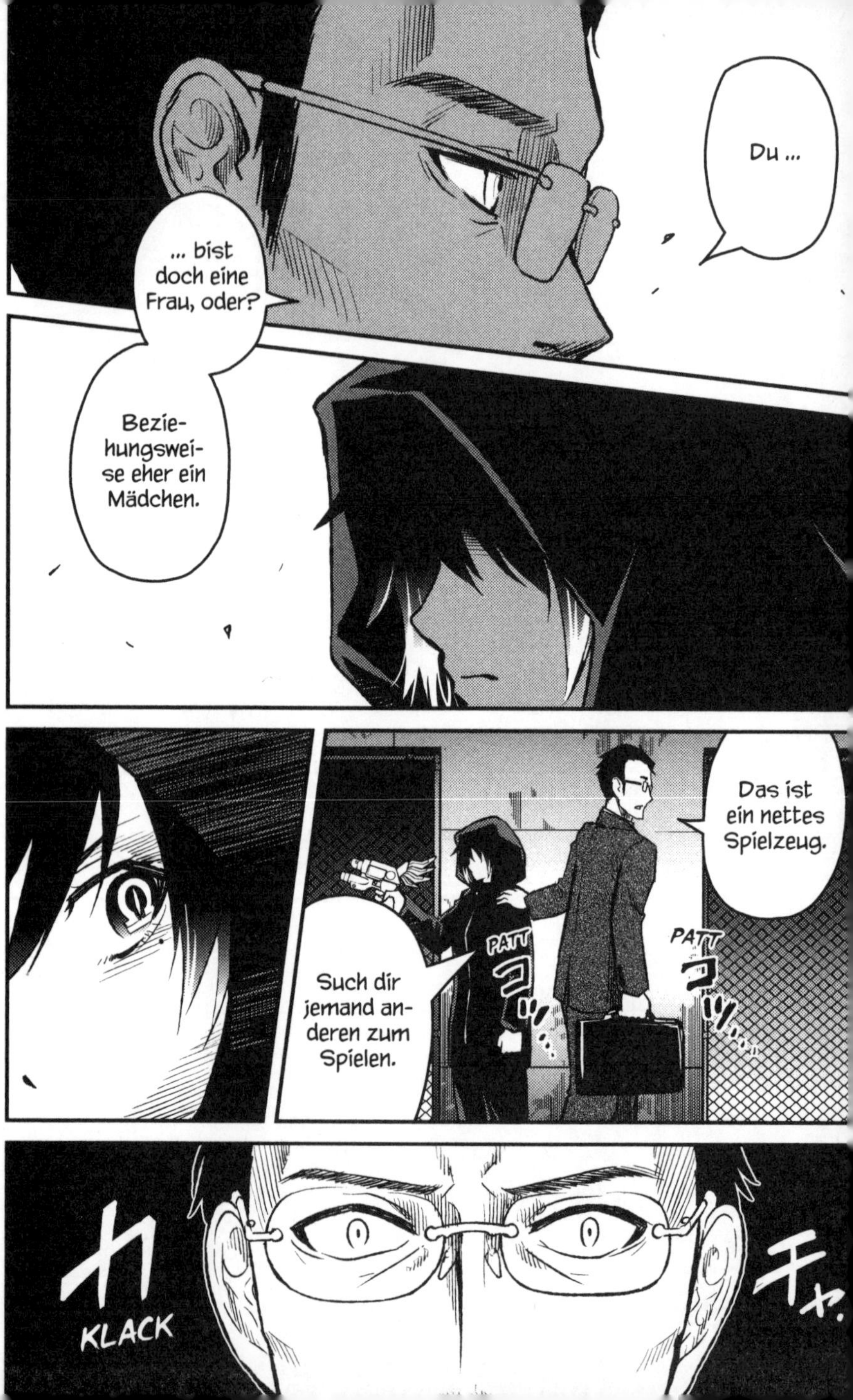

Du ...

... bist doch eine Frau, oder?

Bezie-
hungswei-
se eher ein Mädchen.

Das ist ein nettes Spielzeug.

PATT

Such dir jemand an-
deren zum Spielen.

PATT

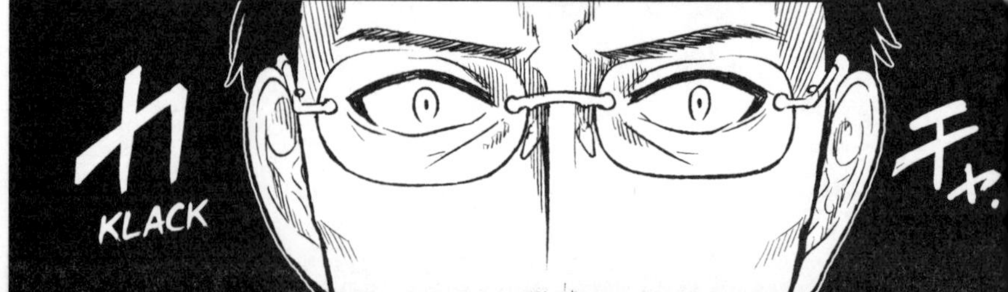

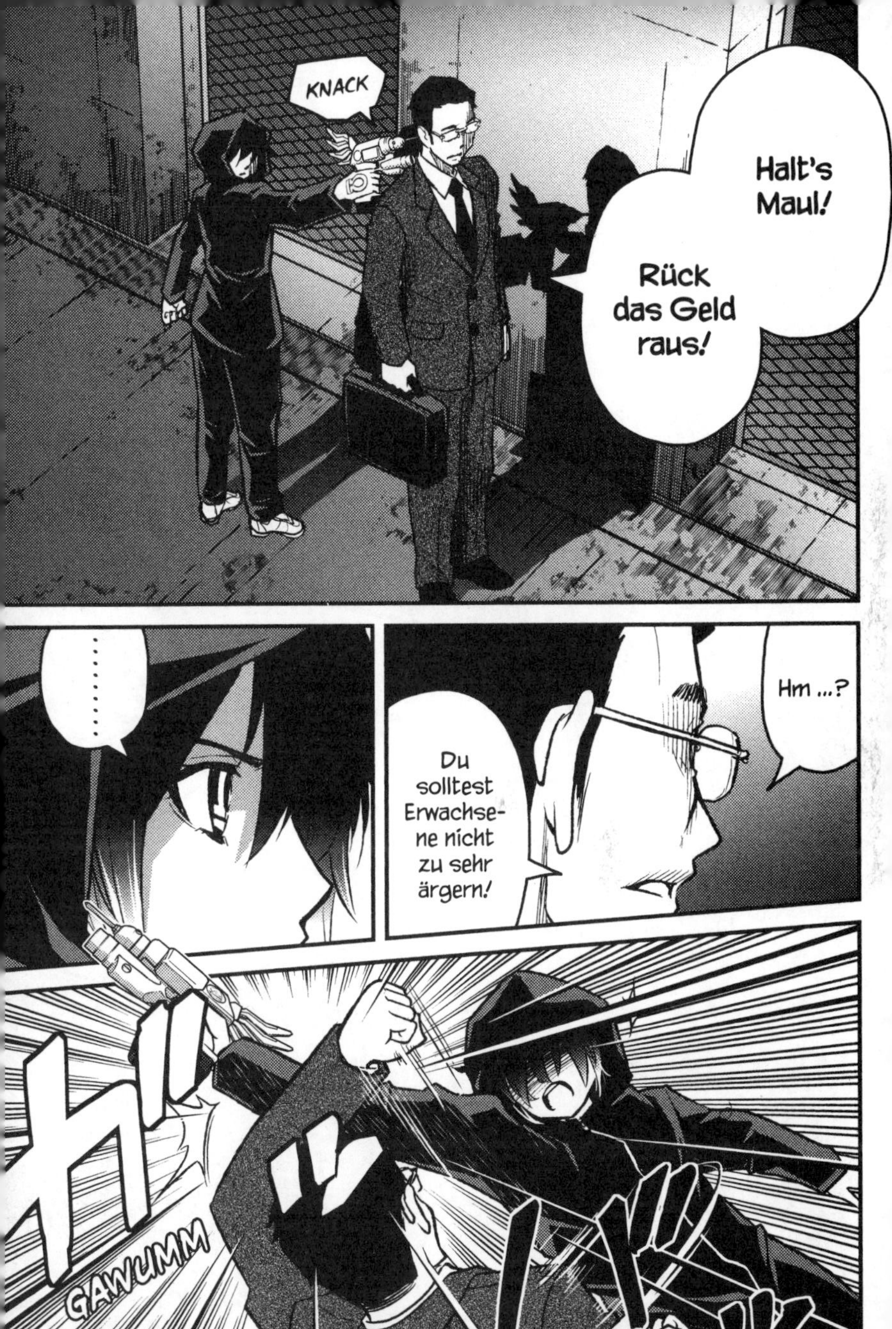
Halt's Maul!
Rück das Geld raus!
KNACK
Hm ...?
Du solltest Erwachsene nicht zu sehr ärgern!
......
GAWUMM

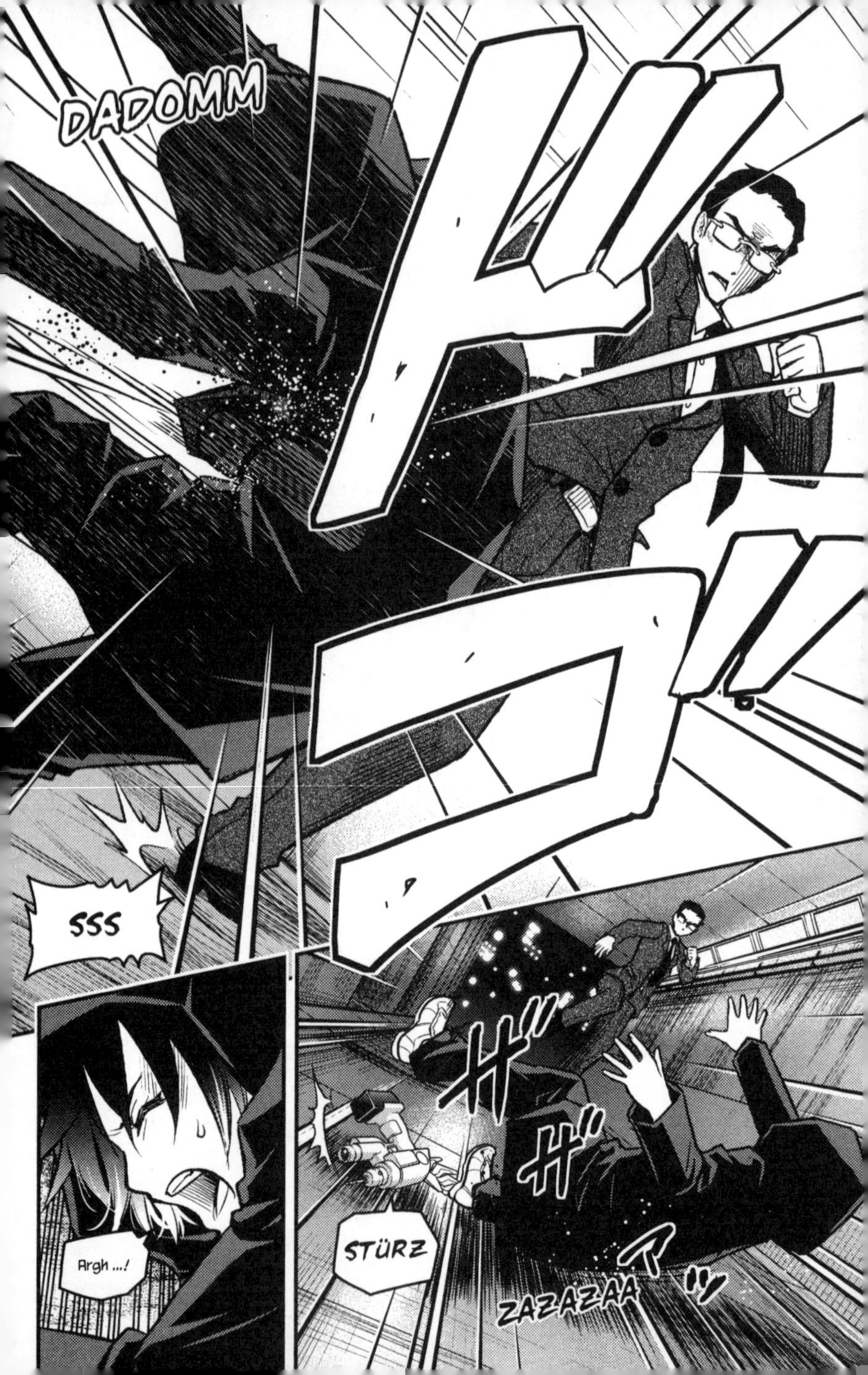
DADOMM
SSS
Argh ...!
STÜRZ
ZAZAZAA

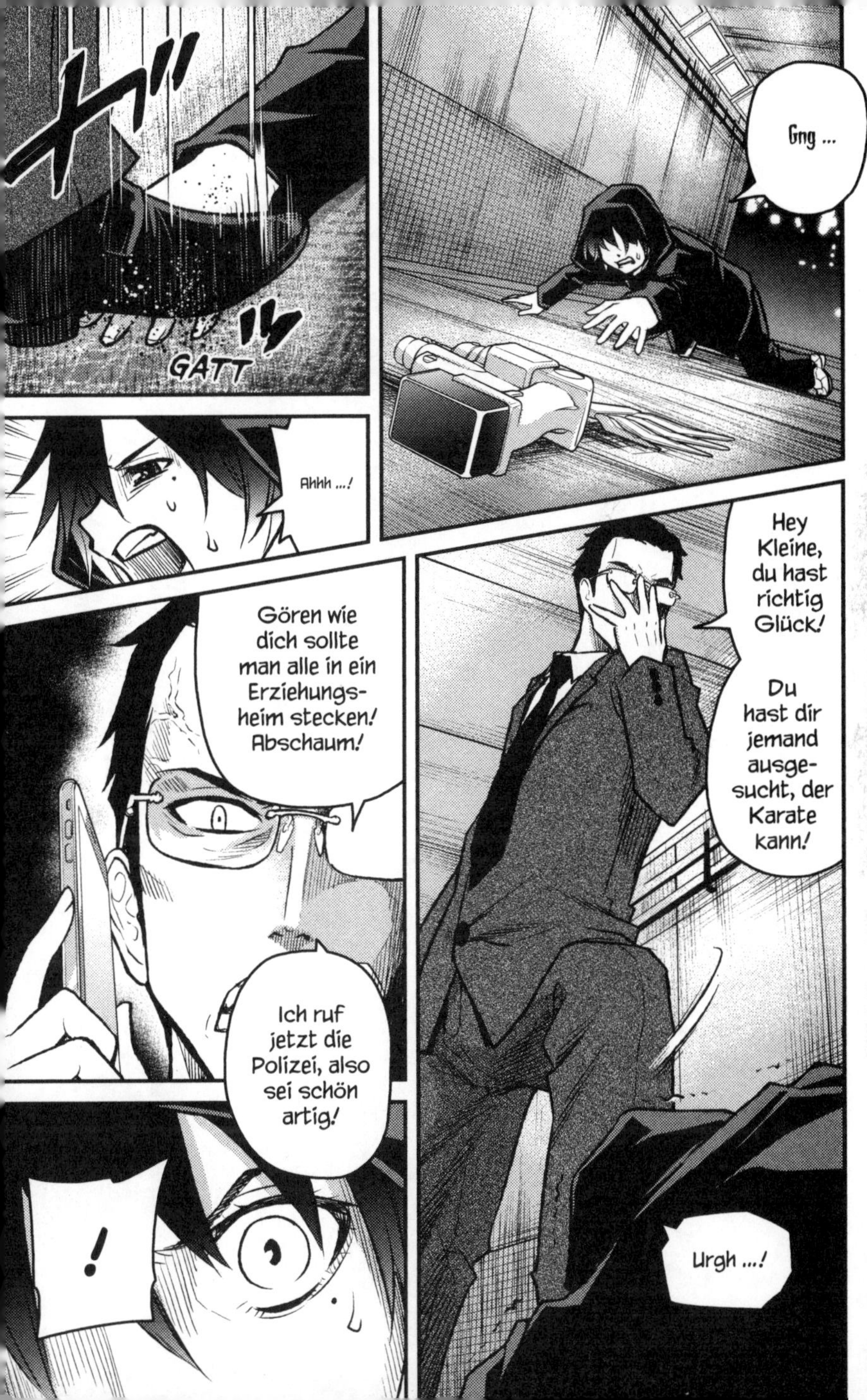
Gng ...
GATT
Ahhh ...!
Hey Kleine, du hast richtig Glück!
Du hast dir jemand ausgesucht, der Karate kann!
Gören wie dich sollte man alle in ein Erziehungsheim stecken! Abschaum!
Ich ruf jetzt die Polizei, also sei schön artig!
Urgh ...!
!

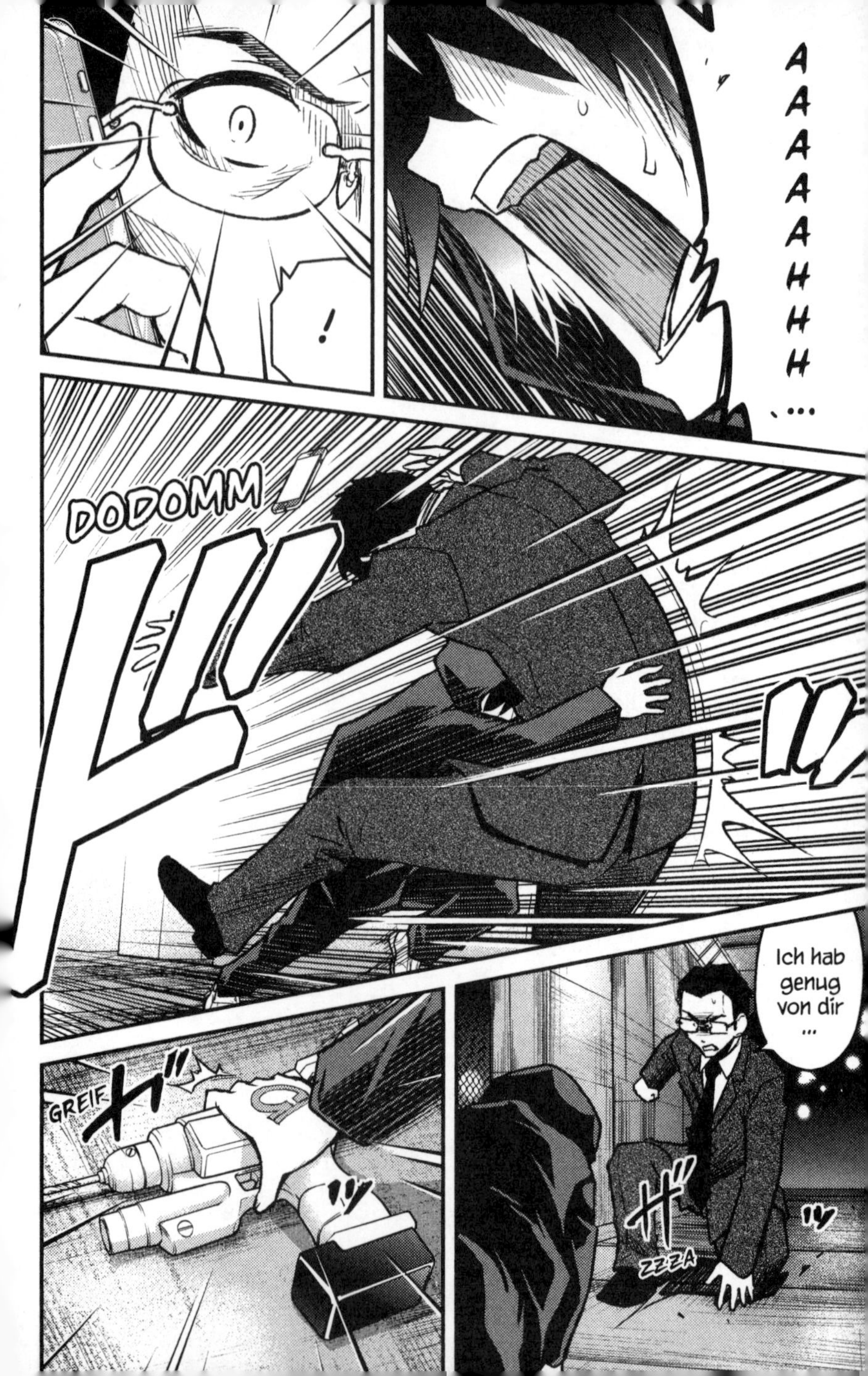

AAAAAAHHHH...
!
DODOMM
Ich hab genug von dir ...
ZZZA
GREIF

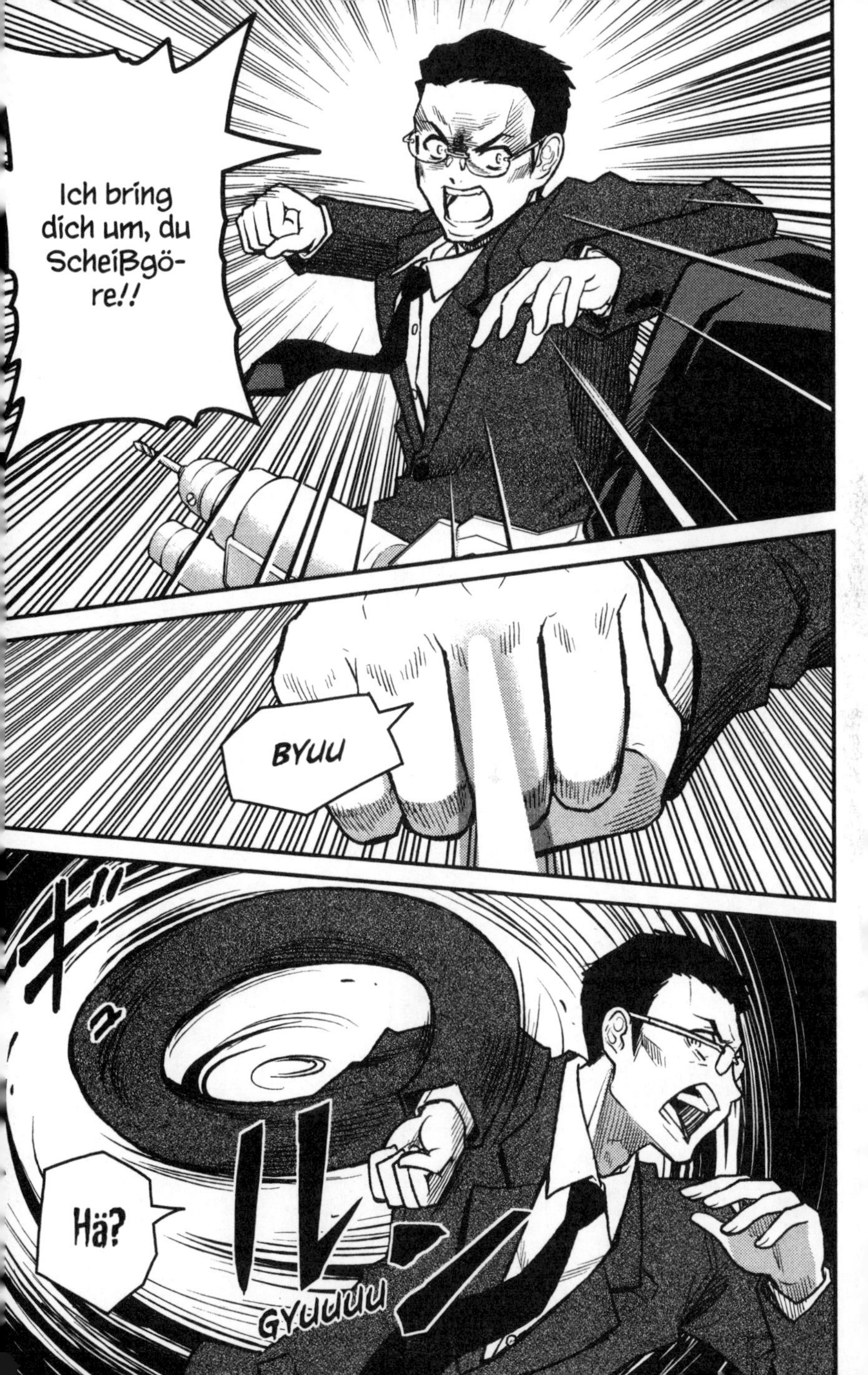
Ich bring dich um, du Scheißgöre!!
BYUU
Hä?
GYUUUU

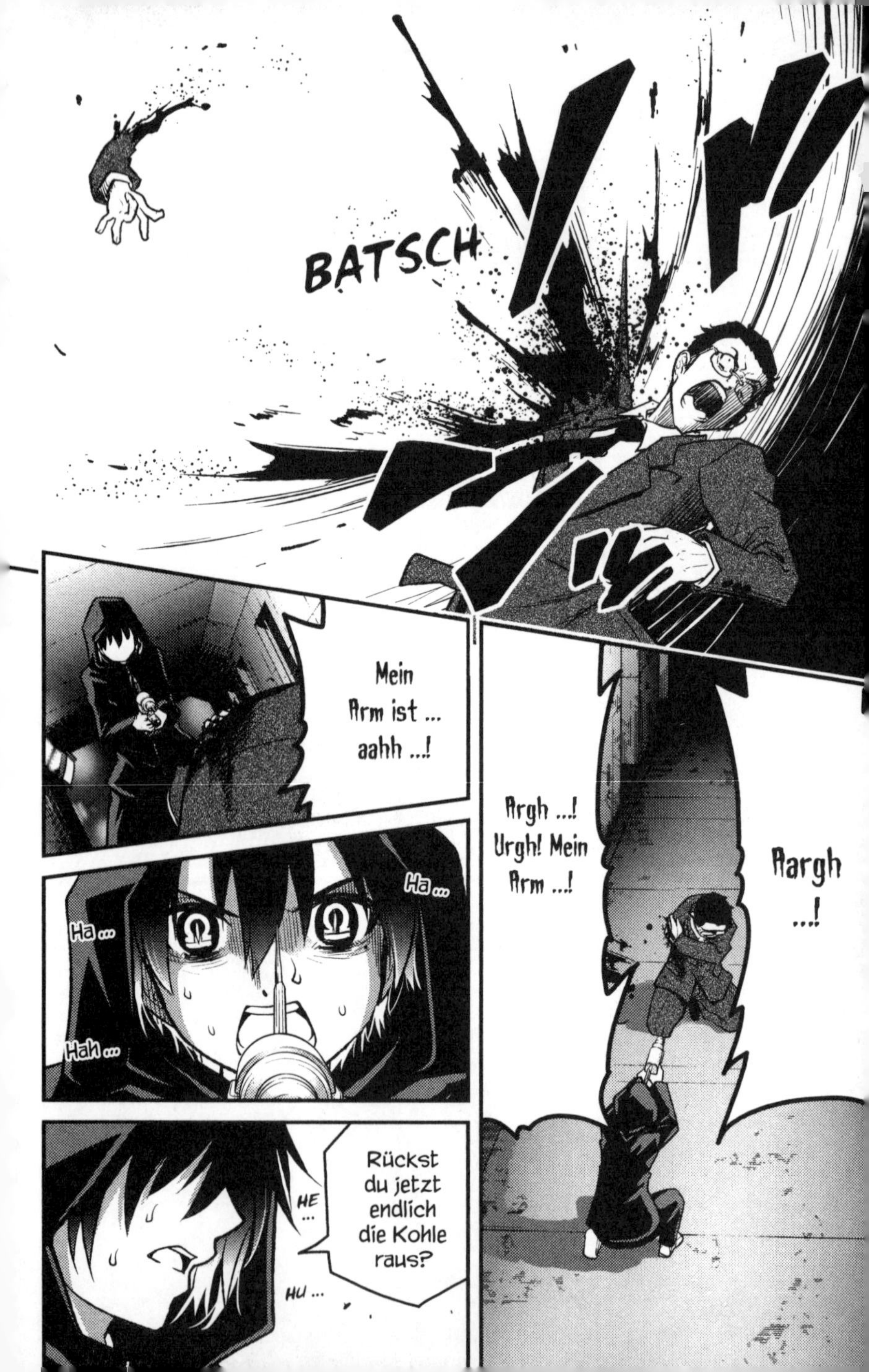

BATSCH
Aargh ...!
Argh ...! Urgh! Mein Arm ...!
Mein Arm ist ... aahh ...!
Ha ...
Ha ...
Hah ...
Rückst du jetzt endlich die Kohle raus?
HE ...
HU ...

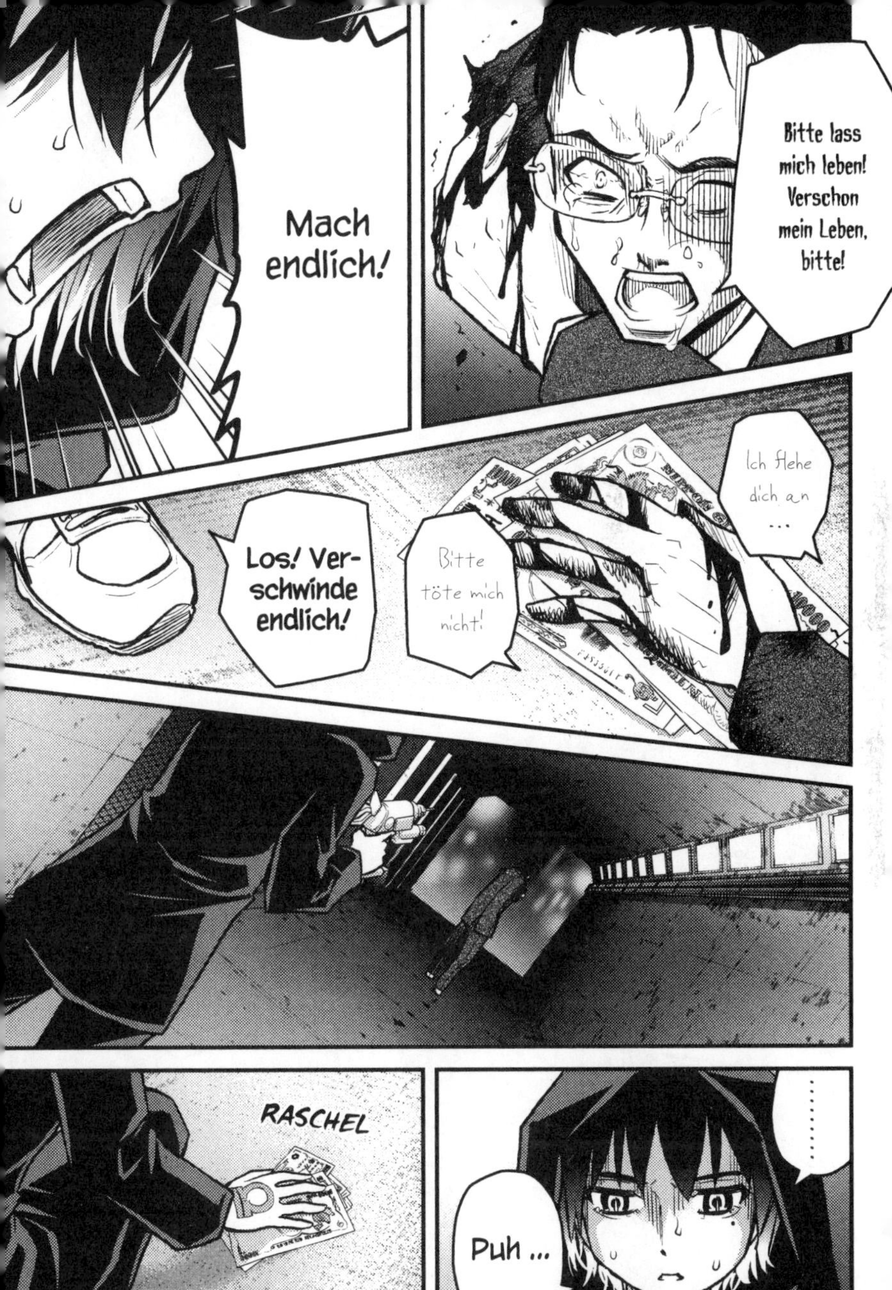
Bitte lass mich leben! Verschon mein Leben, bitte!
Mach endlich!
Ich flehe dich an …
Bitte töte mich nicht!
Los! Verschwinde endlich!
……
Puh …
RASCHEL

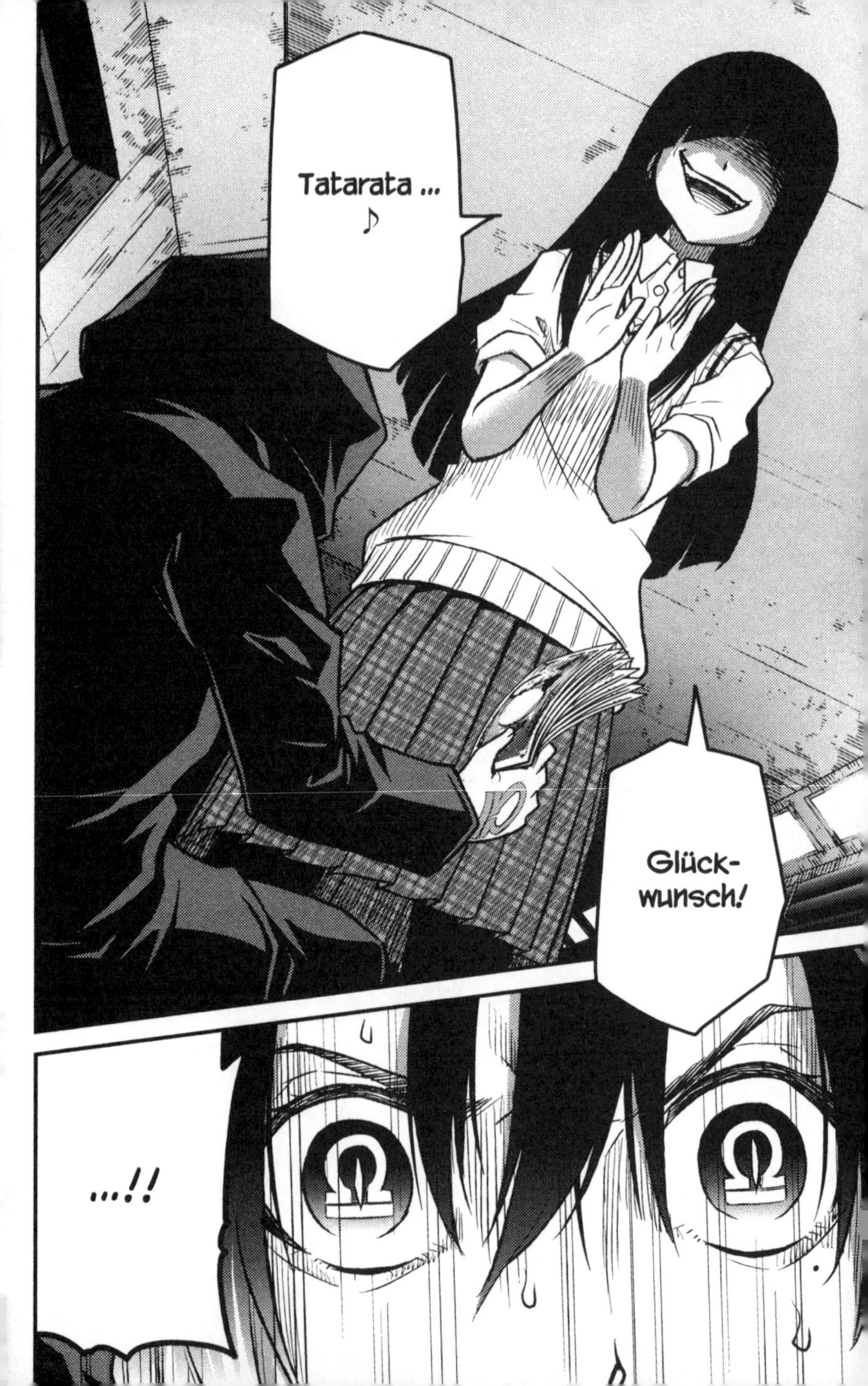
Tatarata ... ♪
Glück-
wunsch!
...!!

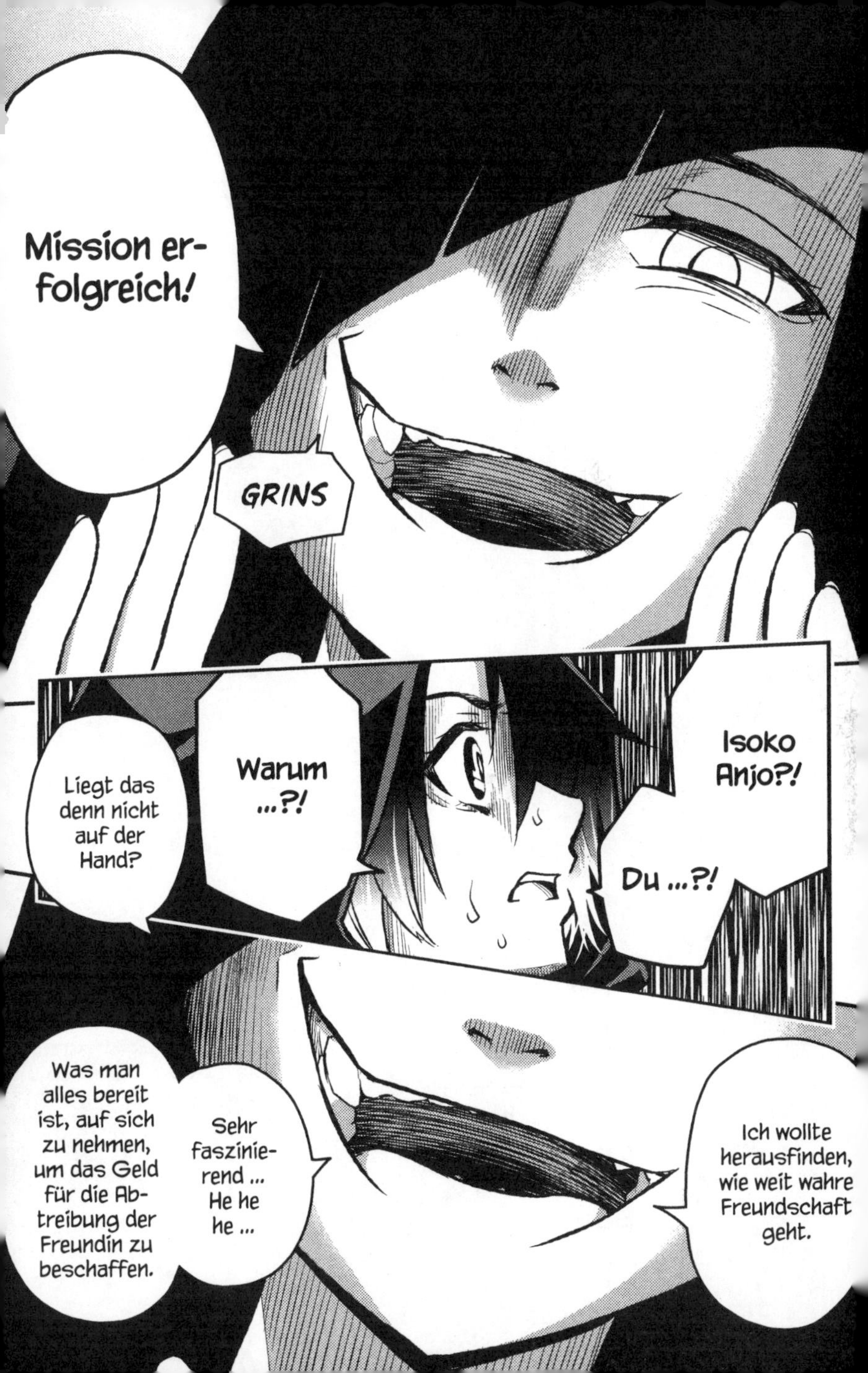
Mission erfolgreich!
GRINS
Isoko Anjo?!
Du ...?!
Warum ...?!
Liegt das denn nicht auf der Hand?
Ich wollte herausfinden, wie weit wahre Freundschaft geht.
Sehr faszinierend ... He he he ...
Was man alles bereit ist, auf sich zu nehmen, um das Geld für die Abtreibung der Freundin zu beschaffen.

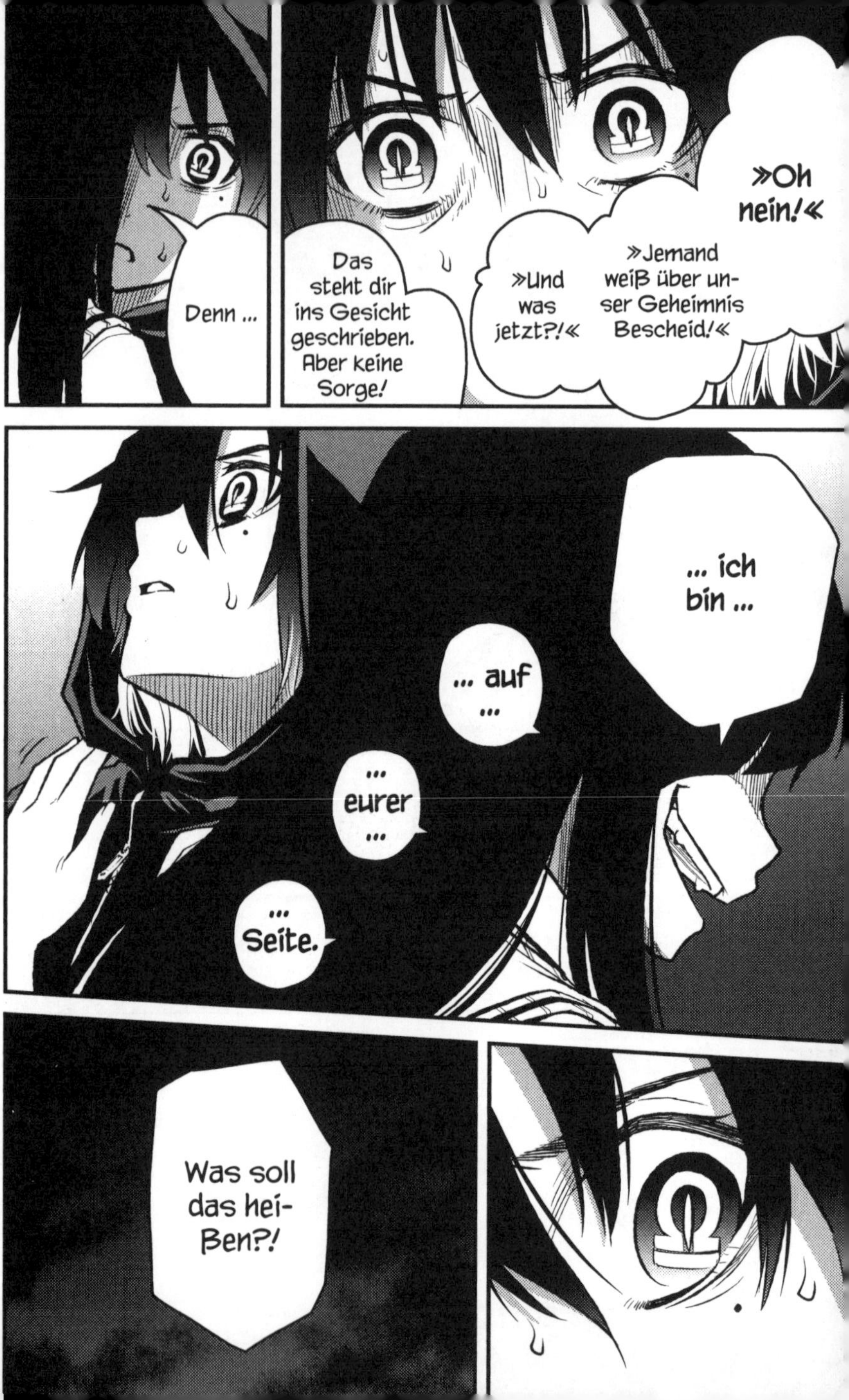

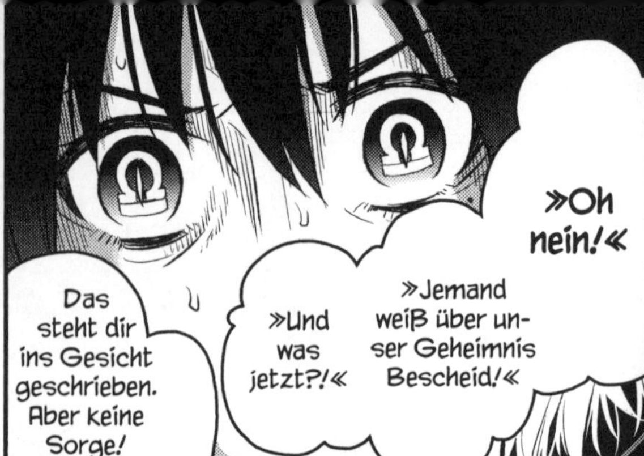

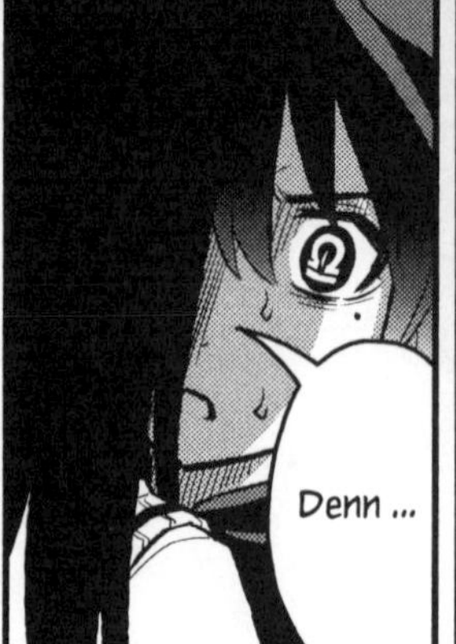

... ich bin ...

... auf ...

... eurer ...

... Seite.

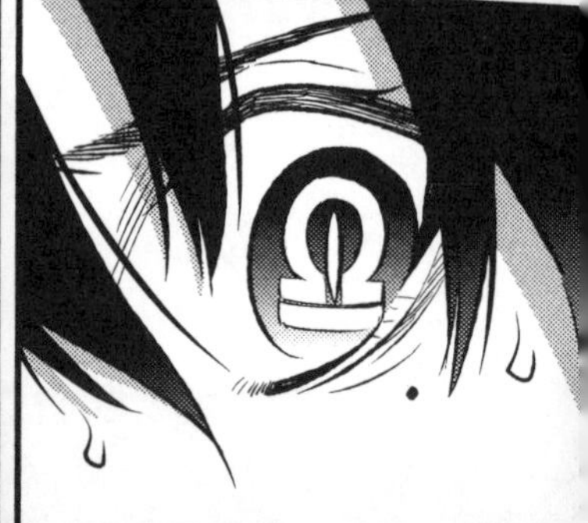

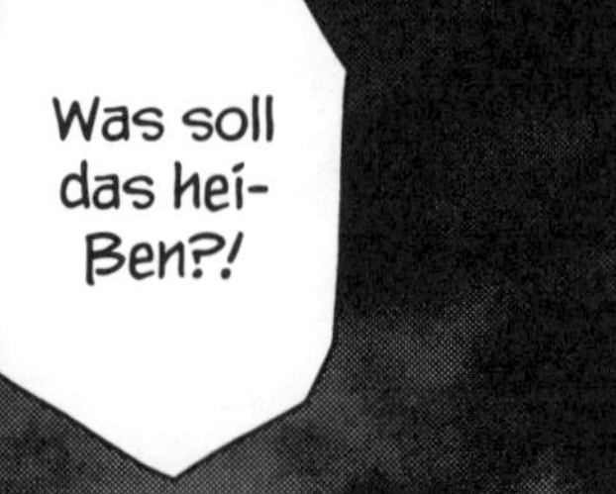

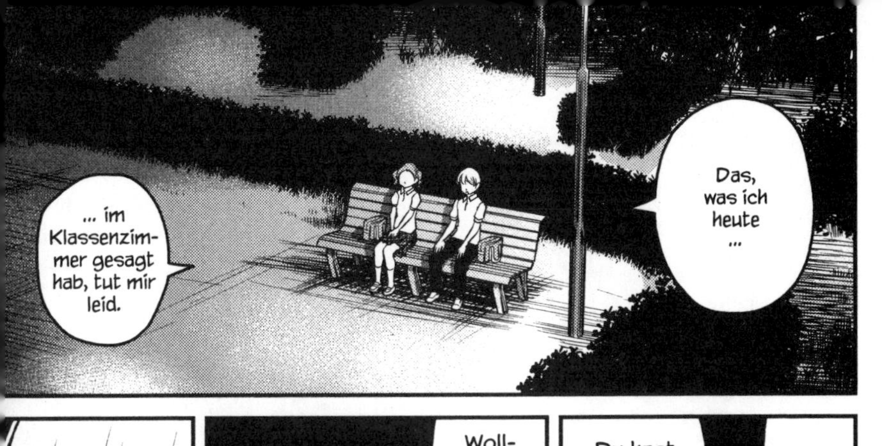
Das, was ich heute ...
... im Klassenzimmer gesagt hab, tut mir leid.

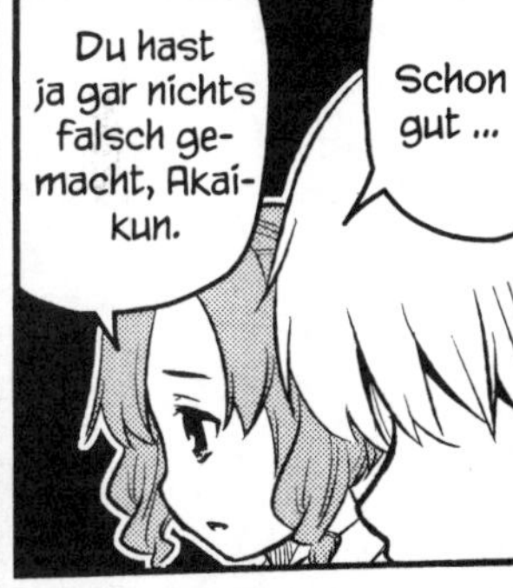
Schon gut ...
Du hast ja gar nichts falsch gemacht, Akai-kun.

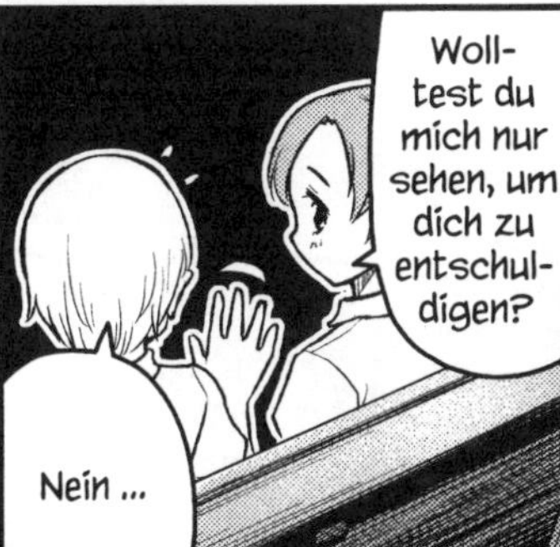
Wolltest du mich nur sehen, um dich zu entschuldigen?
Nein ...

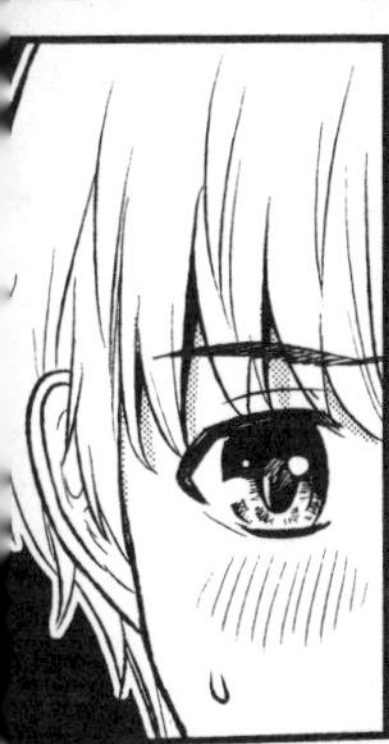

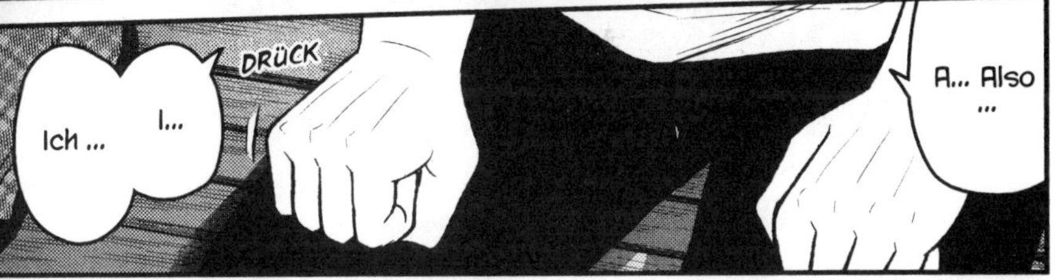
A... Also ...
DRÜCK
I...
Ich ...

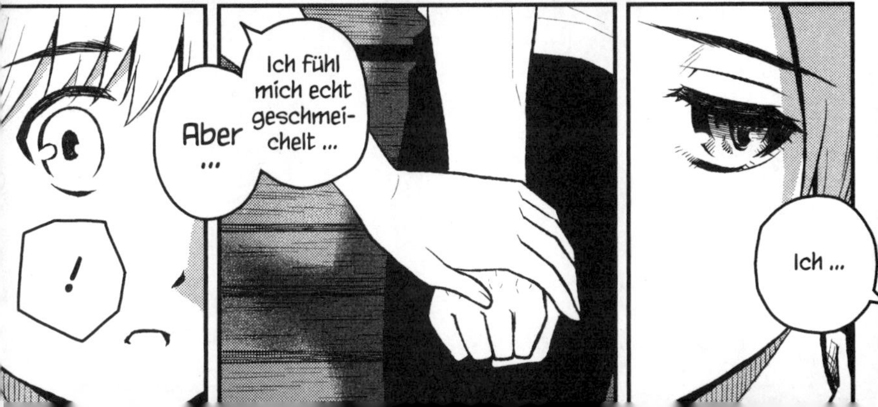
Ich ...
Ich fühl mich echt geschmeichelt ...
Aber ...
!

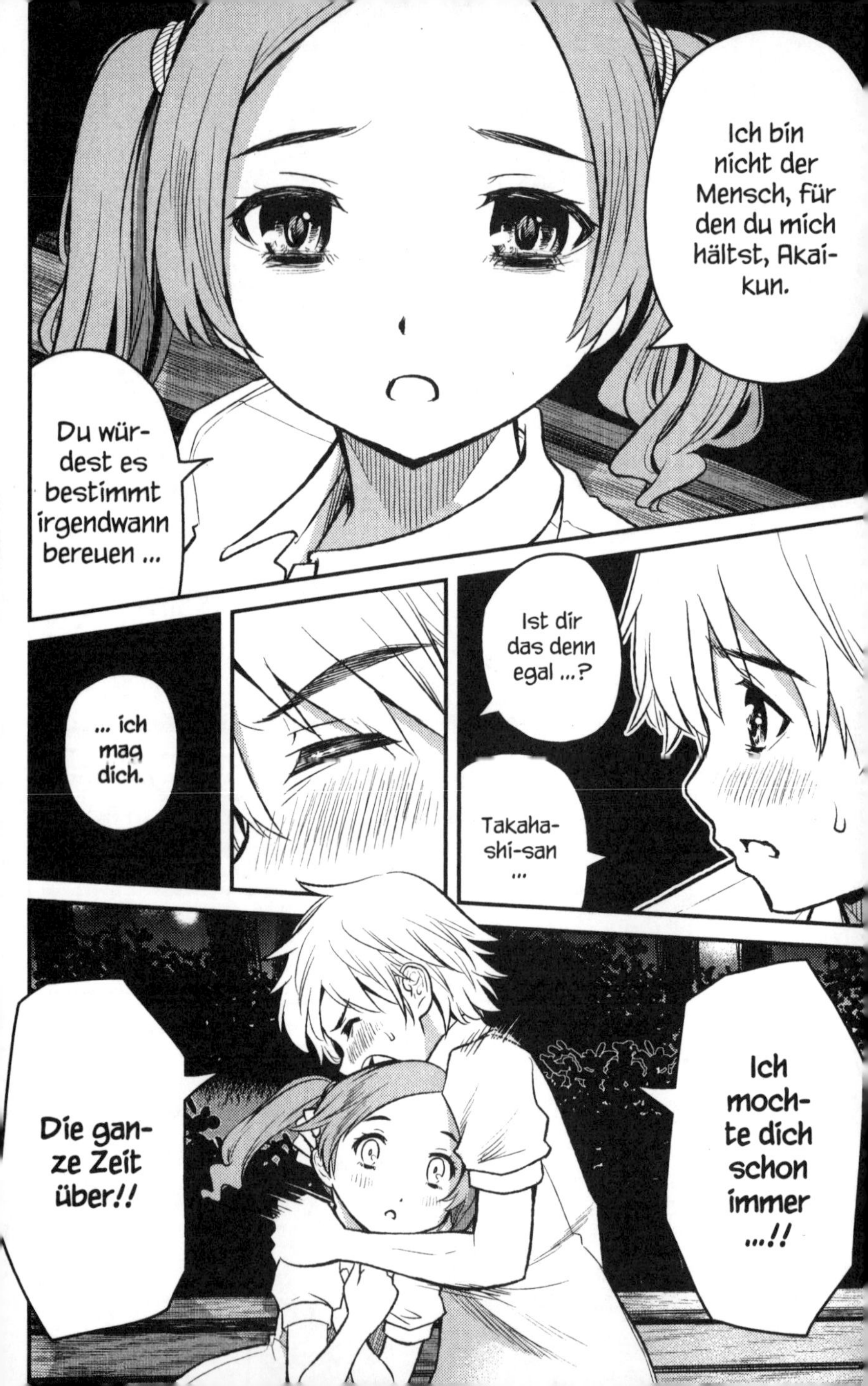
Ich bin nicht der Mensch, für den du mich hältst, Akai-kun.
Du würdest es bestimmt irgendwann bereuen ...
Ist dir das denn egal ...?
Takahashi-san ...
... ich mag dich.
Ich mochte dich schon immer ...!!
Die ganze Zeit über!!

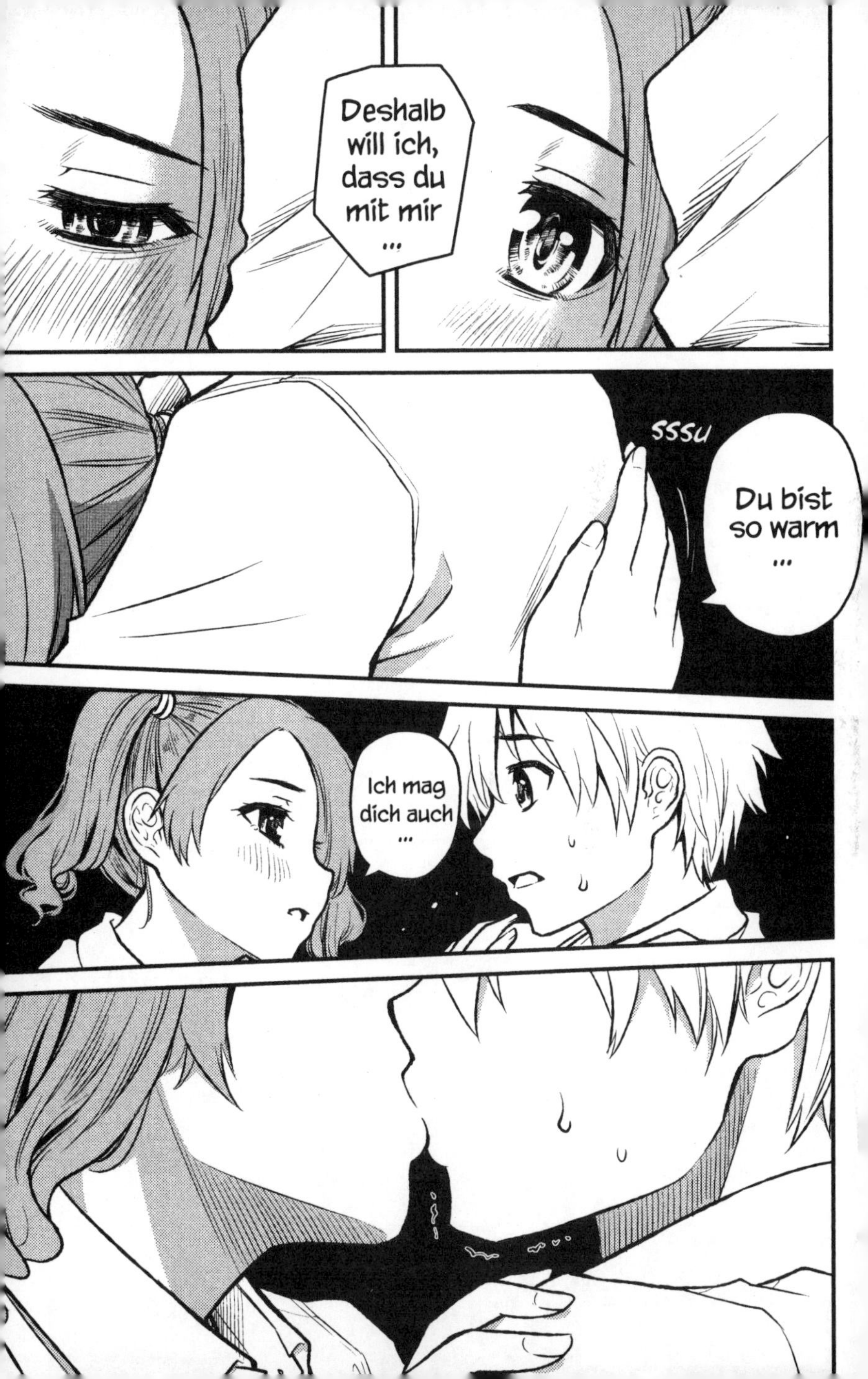
Deshalb will ich, dass du mit mir …
SSSU
Du bist so warm …
Ich mag dich auch …

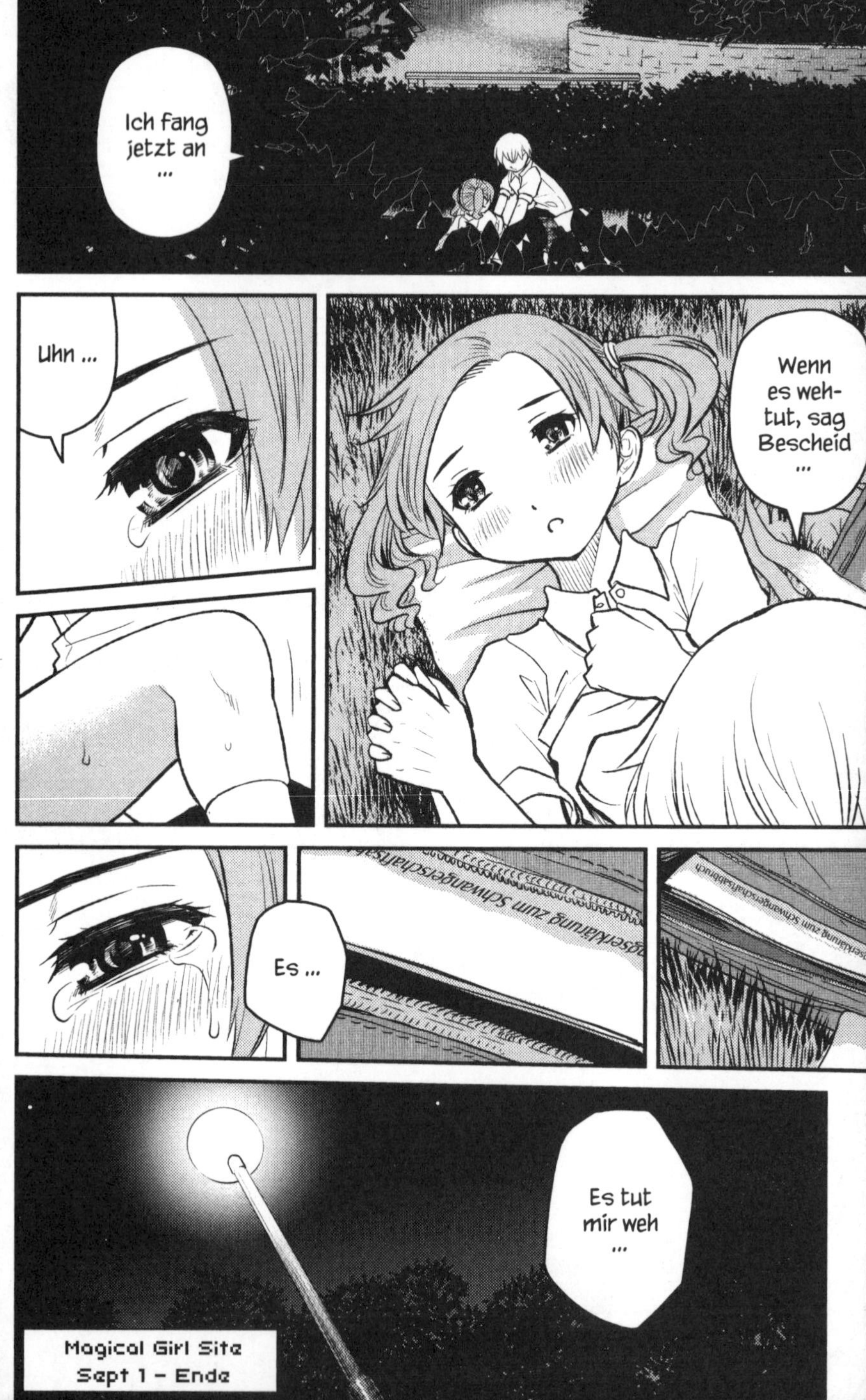

Ich fang jetzt an ...
Wenn es weh-tut, sag Bescheid ...
Uhn ...
Es ...
Es tut mir weh ...
Magical Girl Site
Sept 1 – Ende

Loading . . . Please Wait

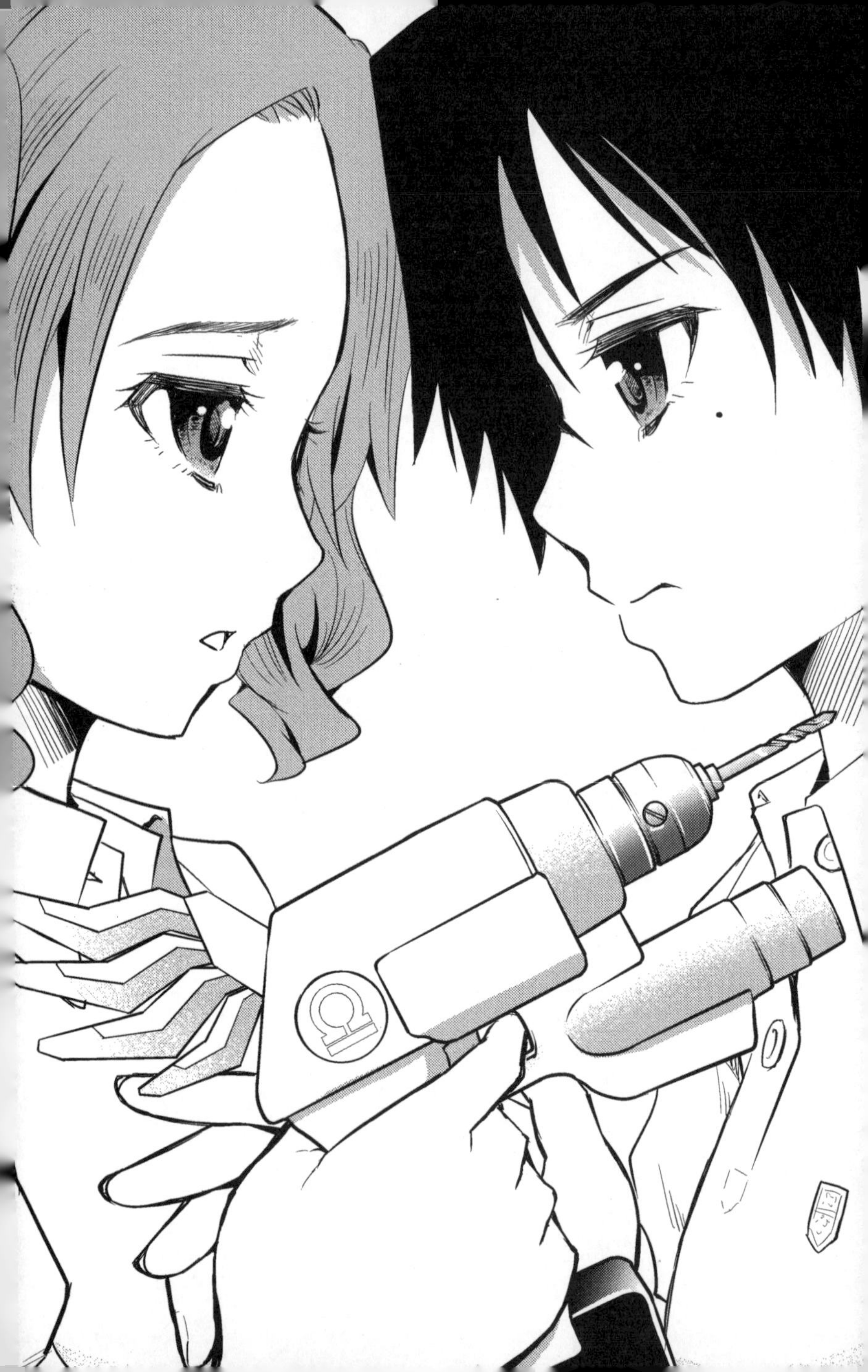

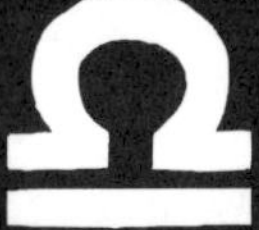

Zu zweit besteht man
auch die härteste Prüfung.

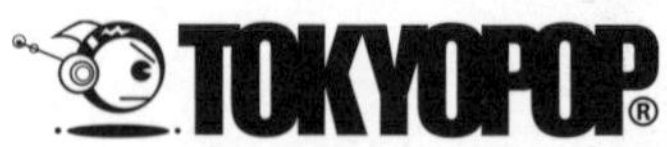

TOKYOPOP GmbH
Hamburg

TOKYOPOP
1. Auflage, 2019
Deutsche Ausgabe/German Edition

Aus dem Japanischen von Noreen Adolf

MAGICAL GIRL SITE SEPT volume 1

First published in Japan in 2018
by Akita Publishing Co., Ltd., Tokyo
German translation rights arranged
with AKITA PUBLISHING CO., LTD.
through Tuttle-Mori Agency, Inc., Tokyo

Redaktion: Aranka Schindler
Lettering: Vibrant Publishing Studio
Herstellung: Nils Bornemann
Druck und buchbinderische Verarbeitung:
CPI - Clausen & Bosse GmbH, Leck
Printed in Germany

ISBN 978-3-8420-5124-9

www.tokyopop.de